번암집

한국고전번역원 한국문집번역총서

번암집 4

樊巖集

채제공 지음
蔡濟恭

권경열 옮김

일러두기

1. 이 책의 번역 대본은 한국고전번역원에서 간행한 한국문집총간 235~236집 소재 《번암집(樊巖集)》으로 하였다. 번역 대본의 원문 텍스트와 원문 이미지는 한국고전종합DB(http://db.itkc.or.kr)에서 확인할 수 있다.
2. 역주는 내용이 간단하면 간주(間註)로, 길면 각주(脚註)로 처리하였다.
3. 한자는 필요한 경우 이해를 돕기 위하여 넣었으며, 운문(韻文)은 원문을 병기하였다.
4. 문장 부호는 '한글 맞춤법'에 규정된 용법을 따랐으며, 그 밖에 새로 만들거나 용법을 달리하여 사용한 부호는 다음과 같다.

「 」: ' ' 안의 재인용을 나타낼 때 사용한다.

『 』: 「 」 안의 재인용을 나타낼 때 사용한다.

《 》: 책명 및 각주의 전거(典據)를 나타낼 때 사용한다.

〈 〉: 편명, 작품명, 논문 제목을 나타낼 때 사용한다.

…… : 번역문에서 원문의 '云云'을 처리할 때, 각주에서 긴 인용문을 처리할 때, 각주의 표제어가 네 어절 이상일 경우 생략되는 말을 처리할 때 사용한다.

- - : 본문에서 소자(小字) 원문 주(註)의 처음과 끝에 사용한다.

차례

번암집 제10권

시 詩

번암집 제11권

시 詩

번암집 제12권

시 詩

관서록 關西錄

번암집 제13권

번암집

제10권

詩시

경진년(1760, 영조36) 12월에 경기 관찰사에 임명되다
庚辰臘月拜畿伯

세상에 이바지할 재주와 명망 얕은데도	供世才名淺
벼슬은 관찰사라는 높은 자리 차지했네	爲官按使尊
승명[1]에서 멀리 이별하는 게 아니라는	承明非遠別
은혜로운 임금 말씀을 승지가 전해 주네	記注誦恩言
감영의 막사를 큰길가로 옮기고	營幕臨街路
거처는 성곽 문 근처에 마련했네	興居倚郭門
소의간식의 노고를 잘 아는 터라	深知勞旰食
정히 백성들을 구제하고 싶은 마음이라네	端欲急黎元

1 승명(承明) : 한(漢)나라 때 임금의 침소(寢所)인 승명전(承明殿)이나 그 곁에 딸린 시신(侍臣)들의 숙직 장소인 승명려(承明廬)를 가리키는데, 빈암이 도승지로 있었기 때문에 이렇게 표현한 것이다.

신사년(1761, 영조37) 10월에 경기 관찰사에서 공조 참판으로 옮겼으니, 대개 성상의 명이었다. 교대하는 자리에서 신임 관찰사 김시묵 대감이 말하기를 "잠깐 사대하는 성은을 입었는데, 상께서 '전임 관찰사의 치적이 매우 훌륭하였으니, 경은 매사를 전임 관찰사를 본보기로 삼으라.'라고 하교하셨다." 하였다. 황감한 마음을 금할 길이 없어 절구 한 수를 지어 신임 관찰사에게 보이다

辛巳十月自畿伯內遷工曹參判蓋上命也交龜之席新伯金台 時默 以爲俄蒙賜對上教若曰舊伯治甚善卿其每事以舊伯爲法焉不勝惶感以一絶示新伯

관찰사의 중한 책임 내가 어찌 감당하리　　旬宣責重我何堪
평소에 배운 〈소남〉[2]을 헛되이 저버렸네　　虛負平生學召南
열한 달 있으면서 한일자도 긋지 못했으니　　十一月中無畫一
장차 다시 무슨 법을 조참에게 주랴[3]　　更將何法與曹參

2 소남(召南) : 《시경》의 편명으로, 주(周)나라 소공(召公)이 남쪽 나라를 순행(巡行)하면서 문왕(文王)의 정사를 펼 적에 더러 감당나무 아래에 머물렀는데, 훗날 백성들이 그의 선정(善政)을 그리워하여 차마 감당나무를 베지 못하고 소중하게 여겼다는 고사가 담겨 있다. 《詩經 召南 甘棠》

3 한일자도……주랴 : 자신이 제대로 이룬 업적이 없어서 후임에게 본보기가 될 만한 것이 없다는 말이다. 한일자를 긋는다는 것은, 법령을 만든 것이 일(一) 자처럼 누구나 알 수 있을 만큼 간단하고 명료하다는 뜻이다. 한(漢)나라 초기에 재상 소하(蕭何)가 법을 이처럼 간편하게 제정하였는데, 조참(曹參)이 그의 뒤를 이어 상국(相國)이 된 뒤에도 변경하는 일 없이 그대로 준수하자, 백성들이 노래를 지어 부르면서 "소하가 제정한 법이 일 자를 긋듯 분명했는데, 조참이 뒤를 이은 뒤에도 지켜서 실추하지 않았다네.〔蕭何爲法, 顜若畫一, 曹參代之, 守而勿失.〕"라고 찬미한 고사가 있다. 《史記 曹相國世家》

11월에 특별히 도승지에 제수되었는데, 수십 일이 못 되어 어린것이 죽는 바람에 꺼리는 것이 있어서 감히 나아가지 못하고 체직을 허락받았다. 12월에 한성부 우윤에서 특별히 예조 참판으로 옮겨 제수되었다. 패초하여 사대할 적에 함흥으로 나아가 화릉의 석물을 봉심하라고 명하셨다. 이는 대개 북백의 장계가 있었기 때문이다. 다음 날 5일에 하직하고, 6일에 길을 떠났는데, 때마침 또 큰 눈이 내렸다. 동문을 나가며 억지로 읊어 회포를 풀다

十一月特除都承旨未數旬因夭慘拘忌不敢進蒙遞十二月自京兆亞尹特授禮曹參判牌招賜對命進咸興奉審和陵石物蓋以有北伯狀也翌日初五辭陛初六啓行時又大雪出東門强吟遣懷

풍패[4]의 깊은 동산에 서리 이슬 흠뻑 젖었는데[5] 豊沛園深霜露滋
예관은 명을 받고 조정을 하직하네 禮官銜命下瑤墀

4 풍패(豊沛) : 한(漢)나라 고조(高祖)의 고향으로, 고조는 이곳에서 처음으로 봉기하여 천하 통일의 위업을 이루었다. 황제가 된 뒤에 이곳에 들러 성대한 잔치를 베풀고 노래를 지어 부르는 등 각별한 감회를 드러내 보이기도 하였는데, 후에 풍패향은 제왕(帝王)이나 영웅의 고향, 또는 창업지(創業地)를 지칭하는 말로 쓰이게 되었다. 조선에서는 함흥 일대를 가리킨다.

5 서리……젖었는데 : 《예기(禮記)》 〈제의(祭義)〉에 "서리와 이슬이 내렸을 때 군자가 그것을 밟게 되면 반드시 슬픈 마음이 일어나니, 추워서 그런 것이 아니다. 봄에 우로가 내려 적셨을 때 군자가 그것을 밟게 되면 반드시 놀라는 마음이 있어서 장차 어버이를 다시 뵈올 듯이 한다.〔霜露旣降, 君子履之, 必有悽愴之心, 非其寒之謂也. 春雨露旣濡, 君子履之, 必有怵惕之心, 如將見之.〕"라고 하였는데 조상을 추모하는 마음을 중의적으로 표현한 것이다.

험한 물결에 차마 시냇물 내려보는 감회를 말하지 못하고 驚波忍說臨川感
백발은 변방으로 나가는 시를 짓기 어려워라 華髮難爲出塞詩
저녁 눈 속에 가늘게 동쪽 성곽 길이 나 있고 晩雪細通東郭路
저녁 해는 상림의 가지 위로 희미하게 사라지네 夕陽微斂上林枝
훤위[6]는 점점 멀어지고 초반은 가까워지니[7] 萱闈漸遠椒盤近
수레가 더디다고 이상하게 생각 마소 莫怪征軒步步遲

6 훤위(萱闈) : 모친을 가리킨다. 훤(萱)은 훤초(萱草)로, 망우초(忘憂草)라고도 한다. 고인(古人)들이 이것을 북당(北堂)에 많이 심었는데, 북당은 주부(主婦)가 거처하는 곳이므로 모친을 가리키는 말로 쓰인다. 《시경》 〈위풍(衛風) 백혜(伯兮)〉에 "어떻게 하면 훤초를 얻어 이것을 북당에 심을꼬.〔焉得諼草, 言樹之背?〕"라고 한 데서 나왔다. 위(闈)는 고대에 후비들이 거처하던 전각인데, 후대에는 내실(內室)을 뜻하는 말로 쓰였다. 모친을 자위(慈闈)라고 하는 것도 이 때문이다.

7 초반(椒盤)은 가까워지니 : 새해가 가까워졌다는 말이다. 초반은 산초를 담는 쟁반을 말하는데, 옛날에 정월 초하루에 어른들에게 산초를 담은 쟁반을 올려 술을 마실 때 술잔 속에 산초를 띄워 먹도록 하였던 고사가 있다.

풍전으로 가는 도중에 눈을 만나다
豊田道中遇雪

가득하게 먼지가 이는 것 같고	藹藹如塵起
자욱하게 안개가 감싼 듯하네	濛濛似霧廻
봉우리 중턱은 자주 자태를 바꾸고	中峯紛變態
멀리 객점은 아스라이 분명치 않네	遙店莽難開
나그네는 급히 연기 오르는 인가를 찾고	行旅尋煙急
돌아가는 나무꾼은 서둘러 물을 건너네	歸樵渡水催
찬 날씨 속 사마를 모는 나그네는	天寒駟馬客
나랏일로 날마다 수고롭다네	王事日勞哉

김화로 가는 도중에 매사냥꾼을 만나 읊다
金化路中遇鷹獵者有吟

매 부르는 소리가 푸른 솔숲 모퉁이에서 나자	呼鷹聲出碧松隈
구름 눈 덮인 산머리에서 박차 올라 돌아오네	雲雪岡頭蹴踏回
우스워라, 유관이 참으로 나를 그르치니[8]	堪笑儒冠眞誤我
휘장 친 수레에 인형을 싣고 오는구나	襜帷載得偶人來

8 유관(儒冠)이……그르치니 : 두보(杜甫)의 시 〈봉증위좌승장(奉贈韋左丞丈)〉에 "비단 바지 입은 이들은 굶어 죽지 않지만, 유자의 관을 쓴 이들은 대부분 몸을 그르쳤네.〔紈袴不餓死, 儒冠多誤身.〕"라고 한 데서 온 말로, 시서(詩書)에만 얽매여서 일신의 처세에 어두웠다는 뜻이다.《杜少陵詩集 卷1》

피금정에 오르다

上披襟亭

내 삶이 자못 속되지 않으니	吾生頗不俗
이 이름난 정자에 세 번이나 올랐네	三上此名亭
눈이 내려 들판의 다리가 흰데	雪下野橋白
안개 속 산골 마을은 푸르스름하네	煙生山縣青
신선의 근원[9]이 옛날부터 외져서	仙源終古僻
사신의 부절이 석양 속에 멈춰 섰네	使節夕陽停
유유자적하며 백구(白鷗)를 바라보노라니	自在看漚鳥
내내 물아일체의 경지에 빠지게 되네	何曾物我形

9 신선의 근원 : 신선이 사는 곳으로, 경치가 뛰어난 안식처를 가리키는 말로 쓰인다.

철령에서 두보의 〈검문〉 시에 차운하다

鐵嶺次老杜劍門韻

철령에는 원래 눈이 많다지만	鐵關固善雪
올해처럼 많이 내린 적은 없었다네	無如今歲壯
조헌[10]을 여러 사람에게 메게 하여	雕軒肩百夫
푸른 하늘을 향해서 가네	去作青天向
산꼭대기에 어둠이 내리는데	絶頂値曛黃
먼 바다에는 기이한 형상이 많네	遠海多異狀
먹구름은 끝없이 불어나	頑雲漲無垠
벼랑 골짜기 곁에 가득 끼었네	隊隊崖谷傍
그리워라, 백사의 노래[11]여	懷哉白沙謠
백 년 뒤에도 남은 슬픔이 있구나	百年有餘愴
얼음 폭포가 백 자나 매달려 있어	氷溜懸百尺
어둠 속 빛이 멀리까지 비치네	暝裏光遠放
무서운 마음에 작은 가마로 갈아타니	凌兢改小輿
인부들 간담이 서늘해지려 하네	徒御膽欲喪

10 조헌(雕軒) : 화려하게 조각하고 채색으로 장식을 한 수레로, 고관이나 부귀한 자들이 주로 탄다.

11 백사(白沙)의 노래 : 백사는 이항복(李恒福)의 호이다. 광해군 때 인목대비(仁穆大妃) 폐위에 반대하다가 북청(北靑)으로 유배를 가면서 지은 "철령(鐵嶺) 높은 봉에 쉬어 넘는 저 구름아. 고신원루(孤臣冤淚)를 비 삼아 띄워다가, 님 계신 구중심처(九重深處)에 뿌려 본들 어떠리."라는 시조를 가리킨다.

세찬 바람이 화각[12]인 양	猛風欺畫角
때때로 홀연 소리가 왕성해지네	有時聲忽王
왕사라 우선 길을 재촉하게 되니[13]	王事且叱馭
어찌 선뜻 고인에게 양보하리	何遽古人讓
변경이 지금부터 시작이 되니	關塞自玆始
제향은 천 겹 봉우리 밖에 있네	帝鄉落千嶂
현로도 신하의 본분이니	賢勞亦臣分
어찌 원망하고 어찌 슬퍼하랴	奚怨復奚悵

12 화각(畫角) : 서강(西羌)에서 전래된 관악기의 하나로, 죽통과 비슷하며 대나무나 가죽 등으로 만든다. 겉에 채색 그림이 있어 화각이라는 이름이 붙었다. 군대에서 저녁과 새벽을 알릴 때, 사기를 진작시킬 때, 왕이 순행할 때 등에 사용하였다.

13 왕사(王事)라……되니 : 나랏일을 위해 험난한 상황도 마다하지 않고 진력하는 것을 뜻한다. 한(漢)나라 때 왕양(王陽)이 익주 자사(益州刺史)가 되어 공래(邛郲)의 구절판(九折阪)에 이르렀을 때, 그 험한 산세를 보고 탄식하기를 "선인(先人)께서 물려주신 몸으로 어떻게 이 험난한 곳을 자주 오르겠는가."라고 하고는, 병을 핑계로 돌아가 버렸는데, 후에 왕존(王尊)이 자사가 되어 그곳에 이르렀을 때는 망설이는 부하들을 꾸짖으면서 재촉하기를 "왕양은 효자이지만, 왕존은 충신이니라.〔王陽爲孝子, 王尊爲忠臣.〕"라고 한 고사가 있다. 《漢書 王尊傳》

고산역에서 새벽에 읊다

高山驛曉吟

맡은 일은 언제나 끝날 것인가 有役何時歇
이제 섣달도 얼마 남지 않았네 無多此臘餘
새벽바람은 변방의 나무에 걸려 소리를 내고 曉風關樹響
새벽달은 역사의 빈 누대를 비추고 있네 曙月驛樓虛
훌쩍 깨는 것은 장안으로 가는 꿈이요 忽忽長安夢
유유히 가는 것은 사신의 수레로다 悠悠使者車
지나온 곳마다 겨울 눈이 심하니 所經冬雪甚
앞길에는 또 어떠할는지 前去更何如

덕원부에서 묵다

宿德源府

땅은 원산 때문에 높아 보이고	地以黿山盛
하늘은 학야[14]로 이어져 둥그렇네	天連鶴野圓
발상지라 왕의 자취 많이 남아 있어	發祥王跡最
교제창(交濟倉)의 곡식은 특별한 성은일세	交糴聖恩偏
군의 누각은 창해를 엿보고	郡閣窺滄海
나그네는 적전[15]에 절을 하네	行人拜赤田
전에 한 번 묵었던 곳이라 추억해 보니	尙思曾一宿
강물과 나무들 모두 변함이 없네	水樹盡依然

'적전'은 곧 익조(翼祖)의 옛 집터이기에 시편 안에서 언급하였다.

14 학야(鶴野) : 한(漢)나라의 거취현(居就縣) 지역으로, 발해 때에는 계산현(鷄山縣)이었는데, 옛날에 정영위(丁令威)의 집이 이곳에 있었다고 한다.

15 적전(赤田) : 함경북도 덕원군(德源郡)에 있는데, 용주리(湧珠里)라고도 한다. 조선 태조의 선대 목조(穆祖)가 삼척(三陟)에서 이곳으로 이사를 와 살면서 익조(翼祖)를 낳은 유래가 있다.

봉화대

烽臺

흰 구름 사이로 곳곳에 봉화대가 있으니　　煙臺處處白雲間
앉아서 조는 봉수군 하루 종일 한가롭네　　坐睡烽軍盡日閑
오로지 사신들 내왕하던 길에서만　　惟有使星來往路
평온하게 포성이 청산에 울리네　　穩將砲響答靑山

내가 평사로 행차했을 적[16]에 쌍성관에 도착하여 시판(詩板)에 걸린 종조부 희암 선생[17]의 시에 차운하여 걸어 두었는데, 이제 또 나랏일로 이르게 되었다. 그사이의 세월을 계산해 보니 8년이었다. 달밤에 배회하다가 마침내 다시 차운하여 서울을 떠나온 감회를 풀어 본다

余於評事之行到雙城館次從祖祖父希菴先生板上韻以揭之今又以王事至計其間爲八年矣月夜徘徊乃敢復次以紓去國之懷

남궁[18]의 사절이 성은을 입고	南宮使節仗恩波
풍패[19]의 산하에 두 번째 들렀네	豐沛山河再度過
푸른 바다에 백년토록 우격이 없으니[20]	青海百年無羽檄
화려한 누각엔 초승달 아래 노랫소리 들리네	畫樓初月有絃歌
봉성[21]은 하늘처럼 멀어 오는 편지가 드물고	鳳城天遠書來少

16 평사(評事)로 행차했을 적 : 번암이 35세이던 1754년(영조30) 봄에 북도의 평사가 되었다.

17 종조부 희암(希菴) 선생 : 채팽윤(蔡彭胤, 1669~1731)을 가리킨다. 본관은 평강(平康), 자는 중기(仲耆), 호는 희암이다.

18 남궁(南宮) : 예조의 별칭으로, 번암이 이때 예조 참판이었다.

19 풍패(豐沛) : 함흥 일대를 가리킨다. 35쪽 주4 참조.

20 우격(羽檄)이 없으니 : 변방에 급한 변고나 전란이 없음을 뜻한다. 우격은 새의 깃털을 꽂은 격문(檄文)이라는 뜻으로, 격문은 군대에서 쓰이는 공문이라 성격상 급하게 전달할 필요가 있었으므로 나는 새처럼 빨리 전달하라는 의미에서 새의 깃털을 꽂았다고 한다. 《史記 韓信盧綰列傳》

21 봉성(鳳城) : 도성(都城)의 미칭으로, 한양(漢陽)을 가리킨다. 당(唐)나라 두보

용도[22]에 봄기운 생겨나 눈이 많이 녹았네　　龍渡陽生雪坼多
임금과 어버이 생각에 내내 잠 못 드는데　　一念君親長耿耿
이처럼 배회하니 얼마나 좋은 밤인가　　徘徊如此夜良何

(杜甫)의 시 〈야(夜)〉에 "처마 밑을 걸으며 지팡이에 기대어 북극성을 바라보니, 은하수가 멀리 봉성에 접했네.〔步簷倚杖看牛斗, 銀漢遙應接鳳城.〕"라고 하였는데, 구조오(仇兆鰲)가 주석에서 "진(秦)나라 목공(穆公)의 딸이 퉁소를 잘 불어 봉황이 그 성에 내려왔으므로, 인하여 단봉성(丹鳳城)이라고 불렀는데, 그 후에 경성(京城)을 말할 때 봉성이라고 한다."라고 하였다.

22 용도(龍渡) : 덕원부의 용진(龍津)에 있던 나루이다.

징청각에서 읊어서 조 안사 화숙[23] 명정 에게 보여 주다

澄淸閣吟示趙按使和叔 明鼎

성 동쪽에서 이별한 뒤로 세월이 훌쩍 흐르니 東城一別歲華催
역로의 매화[24] 통해 소식 듣기 어려웠네 消息難憑驛路梅
천 리 광활한 곳에 영부[25]가 웅장한데 營府雄臨千里闊
안사의 수레가 막 구천에서 내려왔네 使車新自九天來
향기 서린 연침에는 거문고 노래 들리고 香凝宴寢絃歌進
달 뜬 원문[26]에는 눈비가 개었네 月上轅門雨雪開
동료이자 벗으로 우의가 깊은지라 僚誼友情傾倒甚
저문 거리에 종 울려도 돌아갈 줄 모르네 暮街鍾動未言回

23 조 안사 화숙(趙按使和叔) : 조명정(趙明鼎, 1709～1779)으로, 본관은 임천(林川), 자는 화숙, 호는 노포(老圃), 시호는 문헌(文獻)이다. 안사는 관찰사의 이칭이다.

24 역로(驛路)의 매화 : 공문서나 서신을 전달하는 사람을 비유한다. 남북조 시대 송(宋)나라의 육개(陸凱)와 범엽(范曄)은 절친한 사이였는데, 강남(江南)에 있던 육개가 언젠가 매화 가지 하나를 꺾어 장안(長安)에 있는 범엽에게 부치면서 시를 짓기를 "꽃가지 꺾다가 역사를 만나, 농두의 사람에게 보내 준다네. 강남에는 마땅히 드릴 것이 없기에, 그저 한 가지의 봄을 보내는 것이라네.〔折花逢驛使, 寄與隴頭人. 江南無所有, 聊贈一枝春.〕"라고 하였다. 《太平御覽 卷970 梅》

25 영부(營府) : 장수가 기거하는 곳을 말한다. 조선조에는 관찰사가 지방의 병권을 겸하여 쥐고 있었으므로 이렇게 표현한 것이다.

26 원문(轅門) : 군대를 거느린 장수의 군문(軍門)을 가리키는 말로, 관찰사가 흔히 군사를 지휘하는 절도사를 겸임하였으므로 관찰사의 감영을 가리키는 말로도 쓰인다.

안사가 두 번째 시를 지어 화답을 청하므로, 그 자리에서 지어서 답하다

按使再疊求和立草以復

동지에 양이 생겨 가관이 급하니[27]	冬至陽生葭琯催
수레 몰며 시름겹게 변방의 매화를 보네	驅車愁見隴頭梅
돌아보니 도성은 어디쯤인지 아득한데	帝鄉回首杳何在
변방에 인연을 따라 이제 다시 왔네	關塞隨緣今又來
풍진 속 나그네 고초 믿기지 않아	未信塵埃爲客苦
즐거이 회포를 그대에게 털어놓네	好將懷抱向君開
함흥의 지관에는 밝은 달빛 가득하니	咸山池館多明月
하루에 백 번이라도 만난들 어떠하리	不厭相隨日百回

27 가관(葭琯)이 급하니 : 시간이 빠르게 흘러 11월 동지가 되었음을 말한다. 관(琯)은 음(音)을 정하는 기구인 율관(律管)이고, 가(葭)는 갈대를 태운 재이다. 옛날에는 이 재를 율관에 넣어 밀실 안에 놓아두고 그 재가 어느 구멍으로 날리는지를 보면서 기후를 측정했는데, 예를 들어 동지의 절후가 황종(黃鍾)의 율(律)에 해당하면 그 율관 안에 든 재가 날렸다고 한다.

안사와 함께 화릉을 봉심하고, 세 번째 시를 지어 화답을 청하다

同按使奉審和陵三疊求和

기러기 다 돌아가고 골짜기 뱀이 서둘러 나오는데	賓鴻度盡蟄蛇催
꽃 시든 외로운 산, 매화는 몇 번이나 피었던고	花老孤山第幾梅
섣달의 눈 멀리까지 변방의 숲을 덮었는데	臘雪迴連關樹遍
조복에는 아직도 어향[28]의 향기가 풍겨 나네	朝衣猶襲御香來
겹겹 성엔 구불구불 인가의 연기 어우러지는데	重城繚繞人煙合
어진 성주는 밀랍 초를 맞이하여 열어 보네	賢主逢迎蠟燭開
함께 교릉[29]을 알현하고 초저녁에 돌아오니	竝謁喬陵歸薄暮
부지런한 모습 어찌 그리 대궐에서와 비슷한고	聯翩何似禁門回

28 어향(御香) : 왕릉을 봉심하러 갈 때 사용하도록 왕이 하사한 향을 말한다.

29 교릉(喬陵) : 중국 섬서성(陝西省) 교산(喬山)에 있는 능으로, 옛날에 황제(黃帝)를 장사 지낸 곳이라고 한다. 여기서는 화릉을 뜻한다.

새벽에 덕안릉[30]에 나아가 네 번째 시를 지어 안사에게 보여 주다

晨詣德安陵四疊示按使

함흥의 관사 속 새벽닭이 재촉하여	咸山觀裏曉鷄催
잠 깨어 주렴 걷으니 내린 눈이 매화 같네	睡起排簾雪似梅
병 많다고 감히 원습의 노고[31]를 말하랴	多病敢言原隰苦
소신은 오직 능을 살피려고 왔다네	小臣端爲寢園來
구의[32]에는 서리 이슬이 짙게 내려오고	九疑霜露離離近
천불[33]에는 은하수가 흐릿하게 펼쳐졌네	千佛星河黯黯開
서둘러 대궐로 돌아가 아뢸 일 급하니	計日重宸歸奏急
주인이여, 사신의 수레를 붙들지 마소	主人休挽使車回

30 덕안릉(德安陵) : 덕릉과 안릉의 합칭이다.

31 원습(原隰)의 노고 : 외국으로 사신(使臣)을 가거나 어사(御史)의 임무를 수행하는 것을 말한다. 《시경》 〈소아(小雅) 황황자화(皇皇者華)〉에 "잔란하게 핀 꽃들, 저 언덕과 습지에 있도다. 내달리는 사신 일행이여, 매번 잘 해내지 못할까 걱정하네.〔皇皇者華, 于彼原隰. 駪駪征夫, 每懷靡及.〕"라고 한 데서 나왔다.

32 구의(九疑) : 순(舜) 임금을 장사 지낸 산으로, 중국 호남성(湖南省)에 있다. 《사기(史記)》 〈오제본기(五帝本紀)〉에 "순 임금을 강남의 구의산에 장사 지내니, 이것이 영릉이 된다.〔葬於江南九疑, 是爲零陵.〕"라고 하였다.

33 천불(千佛) : 함흥(咸興)에 있는 산이다. 조선 태조 이성계(李成桂)가 이곳에서 왜구를 대파한 사실이 있다.

덕안으로 떠나는 날이 마침 12월 19일이었는데, 이날은 우리 대인[34]의 생신이다. 만세교에 이르러, 절구 한 수를 지어 축원하는 정성을 부치다

德安之行適臘月十九日是日家大人生辰也到萬歲橋吟成一絶用寓祈祝之誠

산악의 눈, 먹구름에 온 땅이 어두운데	嶽雪溟雲滿地陰
새벽 등불 아래 북당으로 돌아가는 꿈이 깊네	北堂歸夢曉燈深
먼 타향의 소자가 생신을 맞아 축원하니	天涯小子逢辰祝
만세교 머리에서 감회가 끝이 없네	萬歲橋頭不盡心

34 대인(大人) : 번암의 아버지 채응일(蔡膺一)을 가리킨다.

낙민루 노래. 조 안사와 작별하다
樂民樓歌留別趙按使

낙민이란 높은 누각 하늘 아래 웅장하니	樂民高樓天下壯
안사가 누대 위에서 나를 배웅하네	按使送我樓之上
누대 위엔 화려한 자리 구름 위로 펼쳐 있고	樓上華筵拂雲開
누대 아래엔 너른 들판이 하늘에 닿아 있네	樓下大野連天曠
지금은 한겨울 십이월이라	是時窮冬十二月
막막한 산하에는 현음[35]이 넘쳐 나네	山河漠漠玄陰漲
박산이라는 쇠 화로[36]엔 수탄이 타고	博山金爐烘獸炭
미인이 데운 술엔 노을 무늬가 일렁이네	美人暖酒霞紋漾
사방 자리 고운 노래 차례로 들리는데	四座姸唱次第起
이별하는 난곡[37]들 모두가 슬퍼하네	離鸞別鵠盡怊悵
그대와 나는 시를 지어 주고받으면서	君贈我詩我贈君

35 현음(玄陰) : 겨울이 다해 갈 무렵의 강한 음기(陰氣)를 말한다.

36 박산(博山)이라는 쇠 화로 : 박산은 옛날에 유명한 향로(香爐)의 이름으로, 향로 뚜껑의 모양이 전설 속의 해중(海中) 명산(名山)인 박산과 흡사하다고 하여 그런 이름이 생겼다고 한다. 후대에는 귀한 명품 향로를 가리키는 말로 쓰였다.

37 난곡(鸞鵠) : 남의 훌륭한 자제를 비유하는 말로, 봉황새가 멈춰 서고 고니가 우뚝하게 서 있다는 난정곡치(鸞停鵠峙)의 준말이다. 당(唐)나라의 문장가 한유(韓愈)의 〈전중소감마군묘지(殿中少監馬君墓誌)〉에 "내가 보기에 소부(少傅)는 푸른 대나무와 푸른 오동에 봉황새와 고니가 멈춰 서 있는 것 같아서 그 가업을 잘 지킬 수 있는 자이다."라고 한 데서 나왔다. 《韓昌黎集 卷33》

취기 속 붓을 다투어 양보하지 않네	醉墨爭多兩不讓
생각나네, 그대와 대궐에서 함께하며	憶與君趨翔鳳闕
성상의 글을 편차했었지[38]	編次宸翰傍仙仗
어찌 알았으랴, 천 리 변방 산하에서	豈意關河一千里
노래하고 화답하며 마주 보고 웃을 줄	我唱君酬笑相向
누대가 아름다운들 내 땅이 아니니[39]	樓臺信美非吾土
괴로이 왕사를 만나 떨어지지 못하네	苦遭王事不相放
이별주에 취하기 전에 나 먼저 일어나니	別酒未闌我先起
말 머리의 구름과 눈, 천 겹 봉우리에 가득하네	馬前雲雪滿千嶂
무지개다리 한번 건너면 곧 하늘 끝이니	虹橋一渡卽天末
내일이면 그리움에 부질없이 슬피 바라보리라	明日相思空悵望

38 성상의 글을 편차했었지 : 영조의 어제(御製)를 모아 편집한 것을 말한다. 《영조실록》 33년 6월 8일 기사에 "조명정(趙明鼎), 구윤명(具允明), 채제공(蔡濟恭)을 어제 편차인으로 삼았다."라는 내용이 있다.

39 내 땅이 아니니 : 중국 삼국 시대 건안칠자(建安七子)의 한 사람인 왕찬(王粲)이 형주(荊州)에 있을 때 성루(城樓) 위에 올라가 울울한 마음으로 고향을 생각하며 지은 〈등루부(登樓賦)〉에 "참으로 아름답시만 내 땅이 아니니, 어찌 잠시인들 머물 수 있으리오.〔雖信美而非吾土兮, 曾何足以少留?〕"라고 한 내용이 있다.

만세교에서 슬프게 읊다

萬歲橋悵吟

견여 타고 서둘러 성 머리를 내려가니 肩輿草草下城頭
황운[40] 속 화각 소리 고향 생각 자아내네 畫角黃雲萬里愁
구대와 비단옷 입은 이[41] 서로 나란히 서서 裘帶綺羅相竝立
나무 끝으로 보이는 누대 돌아보지 못하네 不堪回望樹梢樓

40 황운(黃雲) : 변방의 구름을 말하는 것으로, 중국의 변방 사막에서는 늘 모래 먼지로 구름이 누렇게 보였기 때문에 붙여진 이름이다.

41 구대(裘帶)와……이 : 지방의 군무를 관장하는 관찰사 조명정(趙明鼎)과 조정에서 내려온 번암을 표현한 말이다. 구대는 경구완대(輕裘緩帶)의 준말로, 진(晉)나라 장군 양호(羊祜)가 진중(陣中)에서 갑옷을 입는 대신, 가볍고 따뜻한 옷에 허리띠를 헐렁하게 매고 한가하게 소요했다는 고사에서 나왔다. 《晉書 羊祜列傳》

준원전에서

濬源殿

숨죽인 채 금벽을 바라보고 屛息瞻金碧
마음을 가다듬어 진한 단사(丹砂)에 절을 하네 齋心拜渥丹
날아올라 천고의 한을 씻고 飛騰洗千古
담소하며 삼한을 안정시켰네[42] 談笑靖三韓
기이한 기운이 높은 하늘까지 감돌고 異氣叢霄轉
남은 위엄은 슬해[43]를 안정시켰네 餘威瑟海安
제향(祭享)에 넘실넘실 강림하시는 건가 洋洋降芬苾
용가가 구름 끝에 보이는 듯하네 龍駕儼雲端

42 담소하며 삼한(三韓)을 안정시켰네 : 수월하게 전국의 혼란을 바로잡고 개국한 것을 가리킨다. 진(晉)나라 때 부견(苻堅)이 백만 대군을 거느리고 쳐들어왔을 때 정토대도독(征討大都督) 사안(謝安)이 태연하게 바둑을 두면서 부하들에게 임무를 부여하여 승리를 거두었던 고사를 인용해, 당(唐)나라 이백(李白)이 〈영왕동순가(永王東巡歌)〉라는 시에서 "다만 동산의 사안의 바둑돌만 쓰고도, 임금을 위해 담소하며 오랑캐를 진압했네.〔但用東山謝安石, 爲君談笑靜胡沙.〕"라고 한 것이 있다. 《李太白文集 卷6》

43 슬해(瑟海) : 경흥부(慶興府)에서 동쪽으로 4, 5십 리쯤 떨어진 바닷가이다.

학성관을 출발하여 저녁에 고산역에서 묵었다. 바람 부는 날이라 흐리고 추웠다. 회포를 달랠 길이 없어 억지로 읊어서 시름을 풀어 본다

發鶴城館暮宿高山驛風日陰冷懷緖無聊强吟以遣之

깃발이 펄럭펄럭 북풍에 날리는데	旗脚稜稜朔吹飛
수레 장막 얇아서 나그네 옷을 얼리네	襜帷陡薄氷征衣
유허의 안개 적막하여 온통 저녁 같은데	墟煙寂歷渾如暮
고개의 해 기울어 괴롭게도 빛이 적네	隴日悠揚苦少輝
백발은 참으로 오늘 저녁부터 생기리니	霜鬢定從今夕化
사신의 수레는 해를 넘겨 돌아가게 되었네	星軺便作隔年歸
변방의 성 다녀오는 길 멀다고 하지 마소	邊城莫以征行遠
깊은 성은 앞 내 몸이야 본래 미미하다네	恩重吾身本自微

신안

新安

신안의 첩첩 산봉우리 속	新安萬峯裏
외딴 객점이 쓸쓸도 하네	孤店冷蕭條
온갖 감회 생겨나기 쉬우니	容易生千感
하룻밤을 넘기기도 어려우리	應難度一宵
하늘의 별빛에 창 그림자가 이지러지고	天星窓影缺
울타리의 눈은 뿔피리 소리가 흔드네	籬雪角聲搖
내일 아침이면 서쪽으로 가다가	西去明朝事
맥판[44]의 다리에서 시름하겠네	仍愁麥坂橋

44 맥판(麥坂) : 강원도 금성현(金城縣)에 있는 맥판진(麥坂津)을 말한다.

금성현
金城縣

봉래[45]의 절경 때문인가	以有蓬萊勝
이곳에는 고을들이 말쑥도 하네	於玆郡邑淸
산안개 속에 작은 정자 서 있는데	煙嵐小亭立
물고기와 새가 한 시내를 가로지르네	魚鳥一川橫
지날 때마다 묵고 가는데	經過每信宿
앉았노라니 속된 생각이 사라지네	坐來無俗情
금아[46]가 어찌 나를 기억하리오	琴娥那記我
구레나룻에 하얗게 백발이 더했으니	的的鬢添莖

45 봉래(蓬萊) : 금강산(金剛山)을 가리킨다.

46 금아(琴娥) : 거문고를 연주하는 창기(娼妓)를 표현한 말이다.

김화현에서 선달 그믐날 밤에

金化縣除夕

오늘이 벌써 다가왔는데	今日已云屆
내 행차는 아직 돌아가지 못하고	我行猶未歸
쓸쓸히 외로운 객관에 앉아	悄然孤館坐
도리어 어린 시종과 함께하네	還與小傔依
나그네 시름은 명절 맞아 줄었는데	客抱逢辰弱
사람 소리는 밤이 되자 뜸해졌네	人聲入夜稀
멀리 상상되네, 백발의 양친께서는	遙知兩鶴髮
내내 석양 속 사립문에 기대서 계시리라	長倚夕陽扉

삼가 왕세손의 천연두 증상이 쾌차한 것을 축하하는 영상의 시에 차운하여 팔도의 기쁨을 드러내다 신사년(1761, 영조37)

謹次首揆慶賀王世孫痘候萬順韻以飾八域之喜 辛巳

궐내에 누워 치료받다 옷깃을 여미고 일어나니	臥內延醫起整襟
길상이 퍼져 나가 만백성에게 미쳤네	吉祥旁達囿林林
대궐에 서린 기쁜 기운 춘궁에서 접하니	凝鑾喜氣春宮接
머리맡 경전 소리 대낮 전각에 깊네	傍枕經聲晝閣深
목석처럼 사부의 가르침을 탓하지 않았으니	泥塑不愆師傅教
완치된 건 분명 조종의 마음이었으리	玉成端出祖宗心
새해에는 또 주량[47]의 예가 있다 하니	新蓂又報舟梁禮
얼음 풀린 강가 모래섬에 좋은 새가 울겠네[48]	氷泮河洲好鳥吟

47 주량(舟梁) : 제왕이 후비를 친영(親迎)하는 일을 뜻하는데, 여기서는 세손인 정조(正祖)의 혼례를 가리킨다. 주량은 배 위에 널빤지를 디하여 연결해서 통행할 수 있도록 만든 것으로 교량 역할을 하는 시설인데, 주(周)나라 문왕(文王)이 태사(太姒)를 친영할 때에 이를 사용했던 것에서 비롯되었다. 《시경》〈대아(大雅) 대명(大明)〉에 "납폐(納幣)하는 예(禮)로 그 길함을 정하시고, 위수(渭水)에서 친영하사, 배를 만들어 다리를 놓으시니, 그 빛이 드러나지 아니할까.〔文定厥祥, 親迎于渭, 造舟爲梁, 不顯其光?〕"라고 하였다.

48 강가……울겠네 : 왕비가 후덕하여 왕을 잘 보필하는 것을 가리키는데, 일반적으로 아내가 남편을 도와 가정을 잘 꾸려 나가는 것을 말한다. 《시경》〈주남(周南) 관저(關雎)〉에서 문왕의 후비(后妃)인 태사의 덕을 노래하면서 "끼룩끼룩 물수리는 강가 모래섬에 있네. 요조숙녀는 군자의 좋은 짝이로다.〔關關雎鳩, 在河之洲. 窈窕淑女, 君子好逑.〕"라고 한 데서 나왔다.

당시에 춘궁께서 세손과 함께 창덕궁(昌德宮)에 계셨는데, 상께서 경희궁(慶熙宮)에서 와서 보고 기뻐하며 하교를 내리셨다. 세손이 매번 강관(講官)을 불러 머리말에서 글을 읽게 하였다. 그래서 3구와 4구에서 언급하였다. 한창 천연두의 반점이 피었을 때는 도제조의 앙청(仰請)에 따라 엄숙하게 공수(拱手)하고 앉아서 한 번도 긁지 않았다. 그래서 제5구에서 언급하였다.

갑신년(1764, 영조40) 6월에 가대인을 모시고, 문생 수십 인을 데리고 연은문 서쪽 암천 가에서 노닐었다. 하루 전에 사람들과 약속하여, 각각 고문 한 편을 외우되 경전이든 제자든 상관치 않기로 했으며, 각각 시 한 수를 짓되 오언이나 칠언, 고시와 근체시를 따지지 않기로 했는데, 당일이 되어서 모두 약속을 지켰다. 하루 종일 매우 즐겁게 지내다 파하였고, 인하여 그 바위를 '영귀대'라고 이름 붙였다

甲申六月陪家大人率門生數十人遊延恩門西巖泉上前一日約人各誦古文一篇而無問經傳諸子人各製詩一首而無問五七言古詩近體及至竝如約盡日劇歡而罷仍名其巖曰詠歸臺

임금의 나라에 많은 선비들이 나니	王國生多士
우리 가문에도 준수한 인재를 얻었네	吾門得俊才
태평한 시대라 천수를 누리나니	明時際壽考
원기를 잘 길러야 하리	元氣好栽培
솔숲에 의관을 갖춘 선비들이 모였으니	松籟衣巾集
샘물의 빛이 대자리까지 비쳐 오네	泉華簟席來
느릿느릿 한낮의 해 길기만 하니	遲遲化日永
시냇가에서 연주하고 읊조리네	絃誦澗之隈

7월 19일에 조정에서 하직하고 개성 유후로 부임했는데,[49] 홍제원에서 조금 쉬면서 와서 작별하는 제생에게 읊어서 보여 주다

七月十九日陛辭赴松京留後少憩弘濟院吟示來別諸生

수월[50]을 지니고 관로에 임하고자	繡鉞臨關路
동궁을 지니고 대궐을 나서네	彤弓出禁闈
임금의 은혜는 지금 생에서 큰데	君恩此生大
즐거운 흥취는 작년과 다르다네	歡趣去年非
성궐에는 가을 그늘이 멀리까지 드리웠는데	城闕秋陰遠
솔밭에는 여름비가 부슬부슬 내리네	杉松暑雨微
여러 자제의 성의에 많이 부끄러우니	多慙諸子意
소매를 부여잡고 돌아가지 못하네	拚袂未能歸

전에 경기 감영으로 부임할 때는 두 노친을 모시고 갔었는데, 지금은 심제(心制)가 막 끝났기에[51] 제4구에서 말한 것이다.

49 개성 유후(開城留後)로 부임했는데 : 번암은 45세 되던 1764년(영조40) 7월 3일 개성 유수(開城留守)에 제수되었다. 유후는 관직명으로, 유수를 달리 일컫는 말이다.

50 수월(繡鉞) : 어명을 받아 지방으로 파견되는 관원의 복장인 수의(繡衣)와 지방의 병권과 형벌에 대한 전권 위임을 상징하는 부월(斧鉞)의 병칭으로, 주로 지방의 수령으로 나가는 관원을 가리키는 말로 쓰인다.

51 심제(心制)가 막 끝났기에 : 모친상의 상기가 막 끝난 것을 가리킨다. 심제는 심상(心喪)으로, 실제 상복(喪服)을 입고서 상주 노릇을 하는 것이 아니라 마음으로 애도하는 것을 말한다. 번암은 43세이던 1762년(영조38) 모친상을 당했는데, 이때까지 심상을 입은 이유는, 《의례(儀禮)》에 "아버지가 살아 있을 때 어머니의 상을 당한 경우에는

만월대에 오르다

登滿月臺

무너진 연로에 나무꾼 길만 이어지니	樵彴迤迤輦路傾
가을 피리 애절하여 차마 불지 못하네	秋笳咽咽不勝鳴
고려의 도읍엔 저녁 해가 금방 저물고	夕陽易歛高麗國
반월성[52]은 온통 시든 풀로 덮였네	衰草全迷半月城
통일의 위엄 넘치던 곳엔 새소리뿐이고	一統神威惟鳥語
팔관의 고회 열던 곳엔 솔바람 소리만 들리네	八關高會但松聲
누가 황폐한 만월대를 병풍으로 그려다가	誰能描就荒臺障
대궐로 가져가 밝게 거울삼으시도록 할까	持作重宸鑑戒明

두 번째 其二

숭산[53]의 구름이 한탄하고 찡그리는 듯하니	崧雲如恨又如嚬
화마 겪은 세상은 바다에 먼지가 이네[54]	金火人間海報塵

기년복을 입는다."라고 한 것과 그 주석에 "아들이 어머니에 대해서는 비록 아버지 때문에 낮춰서 기년복을 입지만, 심상은 여전히 3년이다."라고 한 것을 따른 것이다.

52 반월성(半月城) : 황해북도 개성시에 있는 개성나성(開城羅城)의 내성(內城)으로, 고려 말기인 1391년(공양왕3)부터 발어참성(勃禦槧城) 남동쪽 나성 안에 쌓기 시작하여 조선 초기인 1393년(태조2)에 완공하였다.

53 숭산(崧山) : 고려의 수도 개성의 진산(鎭山)인 송악산(松嶽山)의 이칭으로, 신숭(神嵩)이라고도 한다.

흥망은 서축[55]의 힘과 관계가 없으니	興廢未關西竺力
음란함은 의당 본조 신하의 교훈이 되네	邪淫宜戒本朝臣
구정[56]에 해 지니 외로운 연기 피어오르고	毬庭日落孤煙上
기장 들판 빈 가을에 흰 이슬이 새로 내리네	穄畝秋空白露新
선죽교 그 옆길을 한번 보게나	試看竹橋橋畔路
지금토록 봄에도 향기로운 풀이 자라지 않네	至今芳草不生春

세 번째 其三

초연히 수레 장막에 기대 한없이 바라볼 때	悄倚油幢縱目初
지는 해 속 슬픈 노래, 그 심정이 어떠하리	悲歌落日意何如
세상에 아직도 연등절이 있으니	人間尙有燃燈節
겁란(劫亂)[57] 후에 높은 건물 찾기가 어려워라	劫後難尋峻宇居

54 바다에 먼지가 이네 : 바닷물이 말라서 육지가 되는 상전벽해(桑田碧海)를 말하는 것으로, 나라가 망하는 큰 변화를 의미한다.

55 서축(西竺) : 옛날에 인도(印度)를 지칭하던 천축국(天竺國)으로, 불교의 교리가 이곳에서 전해졌으므로, 후대에는 불교 자체를 가리키는 말로 쓰였다.

56 구정(毬庭) : 고려 때 개성에 있던 격구(擊毬)를 위한 넓은 공터를 말하는데, 팔관회(八關會) 때는 높이 50자나 되는 봉래산(蓬萊山), 연화대(蓮花臺) 모양의 화려한 행사장이 설치되었고, 수많은 승려에게 식사를 제공하기도 하였다.

57 겁란(劫亂) : 불교에서 말하는 겁화(劫火), 즉 큰 화재를 뜻하는 용어로, 고려의 궁궐이 화재로 사라지고 말았음을 의미한다. 한(漢)나라 무제(武帝) 때 곤명지(昆明池)를 축조하기 위해 땅을 팔 적에 바닥에서 흑회층(黑灰層)이 나왔으므로 괴이하게 여겨, 서역의 승려를 초빙하여 물어보니 "천지의 운〔人劫〕이 다할 때 타고 남은 재입니다."라고 하였다는 고사가 있다. 《御定騈字類編 卷138 黑灰》

저물녘 등라 그늘이 버려진 우물에 생기고	薄暮蘿陰生廢井
깊은 가을 산색은 유허지에 가득하네	高秋山色滿遺墟
옛날 두문동이 인근에 있으니	杜門舊洞相隣近
도량 넓은 임금께서 문려에 예를 표하셨지[58]	宏達宸謨爲式閭

58 도량……표하셨지 : 1740년(영조16) 영조가 개성을 방문하였을 때, 직접 '부조현(不朝峴)'이라는 세 글자를 써 주고 그곳에 비석을 세우게 하였으며, 1751년에는 두문동 72현에게 제사를 지내도록 명하면서 "전 왕조의 충신들 지금 어디에 있는가. 특별히 그 동네에 비를 세워 그 절의를 표창하네.〔勝國忠臣今焉在? 特竪其洞表其節.〕"라는 시구를 친필로 하사하여 비를 세우도록 하였다.《英祖實錄 27年 8月 27日》

9월에 은혜로운 휴가를 받아 죽산의 송추에 성묘하러 갈 때, 파산을 지나면서 감회가 있어 읊다

九月蒙恩由往省竹山松楸過坡山感吟

하늘에 닿을 많은 한 황량한 언덕에 맺혔으니　　窮天萬恨結荒丘
짧은 상소로 슬프게 울어 옥루를 감동시켰네[59]　　尺疏哀鳴感玉樓
죽지 않고 다시 아름다운 계절을 맞이하니　　不死更堪逢令節
남은 인생은 홀로 파주를 지나가네　　餘生獨自過坡州
이승에선 눈물 속에 산하가 저물고　　人間涕淚山河暮
야외엔 안개 서리로 초목에 가을이 왔네　　野外煙霜草木秋
내일 출발할 생각에 잠 못 드는데　　明發有懷仍不寐
객창의 찬 달은 어느새 서쪽으로 흘러갔네　　旅窓寒月易西流

9일은 곧 선비(先妣)의 생신이다. 이날 제전(祭奠)을 행하려고 하였는데, 외가의 선영이 파주(坡州)에 있었다. 선비께서 일찍이 가서 참배했으면 하는 소원이 있으셨기 때문에 3구와 4구에서 말한 것이다.

59 짧은……감동시켰네 : 간단한 상소를 올려 휴가를 윤허받은 것을 말한다.

서적전[60]에서 영상을 기다리다

西耤田候領揆

역로가 서적전으로 이어지는데 驛路連西耤
천문을 보니 상태가 가까워지네[61] 天文近上台
누런 국화는 말 옆 길가에 피어 있고 黃花傍馬在
흰 탑은 사람이 걸어오는 듯하네 白塔似人來
가벼운 세금에 마을엔 밥 짓는 연기 가득하고 稅薄村煙盛
된서리에 들판 빛은 황량하게 변해 가네 霜深野色催
임금께서 시월의 이상 기후를 근심하시리니 九重憂十月
한양에 우레가 치는 일이 있었다 하네 聞有漢陽雷

60 서적전(西耤田) : 개성 동쪽 20리에 있었다. 원래는 고려 때의 교채공전(郊采公田), 즉 공신에게 지급할 곡물을 재배하기 위해 교외에 마련했던 경작용 토지인데, 조선에서는 종묘와 사직 등의 제수를 마련하려는 목적으로 운영하였다.

61 천문(天文)을……가까워지네 : 영의정이 가까이 오는 것을 가리킨다. 상태(上台)는 영의정을 가리키는데, 정승을 상징하는 삼태성(三台星)은 상태, 중태(中台), 하태(下台)로 이루어져 있다.

10월 보름에 달빛을 이용해 남문루에 올라 읊고 목유선[62] 만중 에게 보이다

十月之望乘月登南門樓吟示睦幼選 萬中

남루가 더욱 적막하니	南樓更寥廓
음악 소리 하늘에서 들리는 듯	絲竹半天疑
갠 하늘엔 별과 달이 가득한데	星月盈新霽
산하는 추운 저녁 자태로구나	山河冷夕姿
남여로 멀리 성을 둘러 오니	籃輿繞城遠
은촉이 천천히 사다리를 타고 내려오네[63]	銀燭下梯遲
청석령을 내일 아침에 이별하면	青石明朝別
서리 폭풍이 짧은 소매를 시리게 하리	霜飆短袂欺

62 목유선(睦幼選) : 목만중(睦萬中, 1727~1810)으로, 본관은 사천(泗川), 자는 유선, 호는 여와(餘窩)이다.

63 은촉(銀燭)이……내려오네 : 은촉은 촛불을 표현한 말인데, 여기서는 달빛이 내려오는 것을 말하는 듯하다.

만월대 노래

滿月臺歌

높은 누대에서 노래 한 곡을 부르고	高臺歌一曲
노래가 끝나자 술 한잔을 마시네	歌竟酒一杯
세간의 만사야 말할 만한 것이 있으랴	世間萬事何足道
제왕의 거처가 재가 되어 버렸네	帝王之居成塵灰
옛날 신위 떨친 왕 태조[64]가	伊昔神威王太祖
삼척[65]을 한 번 휘두르니 부상이 열렸지[66]	三尺一揮扶桑開
신숭[67]의 아래에 도성을 크게 만드니	神崧之下大其城
하늘가엔 만월대가 높고 높았네	天畔峨峨滿月臺
곤룡포에 옥대하고 남면을 하니	衮衣玉帶正南面
운룡풍호가 빈번하게 어울렸네[68]	雲龍風虎紛交廻

64 왕 태조(王太祖) : 고려 태조(太祖) 왕건(王建)을 가리킨다.

65 삼척(三尺) : 검을 가리킨다. 옛날에는 검의 길이가 거의 대부분 석 자였기 때문에 붙여진 이름이다. 한(漢)나라 고조(高祖)가 천하를 통일한 뒤에 "나는 포의로 일어나서 삼척의 검을 손에 쥐고 천하를 얻었으니, 이것이 천명이 아니고 무엇이겠는가.〔吾以布衣, 提三尺劍取天下, 此非天命乎?〕"라고 한 고사가 있다. 《史記 高祖本紀》

66 부상(扶桑)이 열렸지 : 동방의 나라가 개국한 것을 가리킨다. 부상은 동해(東海)에 있다고 하는 전설 속의 신목(神木)으로, 여기에서 해가 뜬다고 하는데, 여기서는 동방을 의미하는 말로 쓰였다.

67 신숭(神崧) : 고려의 수도 개성의 진산(鎭山)인 송악산(松嶽山)의 이칭으로, 숭산(崧山)이라고도 한다.

68 운룡풍호(雲龍風虎)가 빈번하게 어울렸네 : 훌륭한 임금과 신하가 어울려 선정을

천년 대국 신라의 임금이	新羅大國千年主
대낮에 면박하고[69] 만월대 앞으로 왔었네	白日面縛臺前來
대 앞에서 사배하고 공손히 예물을 바치니	臺前四拜恭奉幣
왕이 포박 풀어 주고 집으로 돌려보냈지	王命解縛歸邸第
후백자남[70]이 만세를 부르니	侯伯子男呼萬歲
대동의 일월이 끝없이 밝았네	大東日月光無際
압록강이 조종하고 조령이 평정되니	鴨水朝宗鳥嶺剗
삼국을 통일하여 만세를 기약했지	統三爲一期萬世
흥망의 역사는 반복함을 어찌할거나	興亡滾滾可奈何
오백 년 영광이 흘러가는 물과 같았네	五百年光如水逝
종거를 남으로 옮기니[71] 저잣거리가 텅 비었고	鍾簴南遷市朝空
황량한 만월대엔 쓸쓸히 가을 풀만 우거졌네	荒臺寂寂秋草翳

베푸는 것을 말한다. 《주역(周易)》〈건괘(乾卦) 문언(文言)〉에 "구름은 용을 따르고 바람은 범을 따른다.〔雲從龍, 風從虎.〕"라고 한 데서 나왔다.

69 면박(面縛)하고 : 임금이 항복하여 포로가 된 신세를 표현하는 말이다. 춘추 시대 때 초(楚)나라가 허(許)나라를 포위하다 제후들의 압박으로 물러난 뒤에 여전히 허나라에 대해 분한 마음을 지니고 있자, 채(蔡)나라 목후(穆侯)가 허나라의 희공(僖公)을 설득하여 초나라에 항복하게 하였다. 《춘추좌씨전(春秋左氏傳)》 희공 6년 가을 기사에는 이때의 상황에 대해 "허나라의 남작(男爵)이 손을 뒤로 묶고 입에 옥벽을 물었으며, 대부는 상복을 입고, 사는 관을 들고 따랐다.〔許男面縛銜璧, 大夫衰絰, 士輿櫬.〕"라고 묘사하였는데, 그 주석에 "면박은 손을 뒤로 묶고 얼굴만 보이게 한 것이다."라고 하였다.

70 후백자남(侯伯子男) : 중국 고대의 봉작 등급으로, 공(公)·후(侯)·백(伯)·자(子)·남(男) 다섯 등급이 있었다. 여기서는 모든 신하를 뜻한다.

71 종거(鍾簴)를 남으로 옮기니 : 고려가 망하여 조선이 남쪽 한양으로 수도를 옮긴 것을 말한다.

선죽교는 무너져 푸른 피가 말랐고	善竹橋傾碧血乾
추운 현절릉[72]엔 수은 바다[73]가 말랐네	顯節陵寒銀海閉
자손들이 만약 대대로 덕을 닦았다면	子孫若能世修德
패업이 어찌 하늘의 버림을 받았으랴	霸業寧爲天所廢
우리 조정 바야흐로 한낮의 해 같으니	聖朝方如日亭午
어찌 이를 생각하여 포상[74]에 묶지 않으랴	曷不念此苞桑繫
흥하고 쇠하는 것 모두 자초하는 것이니	一興一替皆自作
주고 뺏는 것이 하늘에 달렸다고 말하지 마소	勿謂與奪由上帝

72 현절릉(顯節陵) : 중국 하남성(河南省)에 있는 후한 명제(後漢明帝)의 능으로, 여기서는 고려 임금들의 능을 말한다. 명제가 인도에서 불상을 수입해 오게 할 정도로 불교를 독실히 신봉한 것에 빗대어 고려 임금들의 숭불 정책을 비판하는 표현이다.

73 수은 바다 : 옛날 중국의 제왕들이 능 안에 인공적으로 강과 바다를 만들고 수은으로 채웠던 것을 말하는 것으로, 《사기(史記)》〈진시황본기(秦始皇本紀)〉에 보인다.

74 포상(苞桑) : 뽕나무 무더기로, 나라의 운명을 부지할 견고한 대상을 가리키는 말이다. 《주역》〈비괘(否卦) 구오(九五)〉에 "망하지나 않을까 망하지나 않을까 하고 노심초사하는 생각이 있어야 무더기로 난 뽕나무에 매어 놓은 것처럼 안정될 것이다.〔其亡其亡, 繫于苞桑.〕"라고 한 데서 나왔다.

두문동 노래

杜門洞歌

그윽하게 우리 동네가 깊고　　幽幽我洞邃
적막하게 우리 문이 닫혔네　　寂寂我門閉
문 앞에 큰길이 있으니　　門前有大路
한강 물 굽이까지 달려간다 하네　　云走漢水汭
한강의 위, 삼각산의 아래에　　漢水之上三角下
새 대궐이 크게 솟으니 어찌 그리 높은가　　新闕大起何迢遰
그 아래에 천만 가옥이 형성되니　　其下千家復萬家
의관[75]들이 남으로 가 대궐에 절을 하네　　衣冠南去拜玉砌
성인이 위에 계셔 일월처럼 찬란한데　　聖人在上日月華
물고기 떼처럼 뒤섞여[76] 권세를 다투네　　魚鱗雜襲爭權勢
내가 높은 벼슬을 미워하는 것이 아니요　　我非惡簪笏
내가 흥망성쇠에 어두운 것도 아니라네　　我非昧興替
인생은 모름지기 내가 좋은 것 따라야 하니　　人生且須從吾好
손잡고 한 수레 타며[77] 세월을 보낼 뿐이네　　携手同車聊卒歲

75 의관(衣冠) : 옷과 관을 착용하여 위의를 갖춘 조정의 사대부(士大夫)들을 가리키는 말이다.

76 물고기 떼처럼 뒤섞여 : 물고기들이 떼를 지어 몰려다니는 것처럼 사람들이 많이 모여 있는 것을 표현한 말로, 《사기(史記)》 〈회음후열전(淮陰侯列傳)〉에 "천하의 선비들이 구름처럼 합치고 안개처럼 모여 물고기가 섞여서 몰려 있는 듯하다.〔天下之士雲合霧集, 魚鱗雜遝.〕"라고 하였다.

어찌 도성 안 주문에 살던 때가 없었으랴만　豈無朱門入天衢
내 문을 닫고 밧줄로 지도리를 삼는[78] 지금만 못하다네　不如閉却吾門繩爲樞
평생토록 문안 깊숙한 곳에서 나오지 않으면서　百年門深不出脚
자손들 나눠 보내 상인(商人)으로 만들었네[79]　分遣子孫爲賈客
이제 와서 두문동은 보이지 않거늘　不見至今杜門洞
청산에는 해마다 봄 고사리[80]가 푸르다네　青山歲歲春薇綠

77 손잡고……타며 : 국가의 위란(危亂) 속에서 한마음 한뜻으로 행동하는 것을 표현한 말이다. 학정(虐政)을 풍자한 《시경》 〈패풍(邶風) 북풍(北風)〉의 "붉지 않다고 여우가 아닐 것이며, 검지 않다고 까마귀가 아니랴. 사랑하여 나를 좋아하는 이와 손잡고 한 수레를 타고 가리라. 조금이나마 늦출 수 있으랴, 이미 급박하게 되었도다.〔莫赤匪狐? 莫黑匪烏? 惠而好我, 携手同車. 其虛其邪? 旣亟只且.〕"라고 한 데서 나왔다.

78 밧줄로 지도리를 삼는 : 문을 여닫는 축을 밧줄로 만들 만큼 가난한 살림을 뜻한다. 한(漢)나라 가의(賈誼)의 〈과진론(過秦論)〉에 "진섭은 깨진 항아리로 문을 만들고, 새끼줄로 지도리를 삼는 집안의 자식이다.〔陳涉甕牖繩樞之子〕"라는 구절이 보인다.

79 상인(商人)으로 만들었네 : 두문동에 은거한 사람들이 그 자손들에게 조정에서 벼슬하는 것을 포기하고 상업에 종사하게 했다는 전설을 말하는 것으로, 《국조보감(國朝寶鑑)》 영조 21년 12월 기사에 "듣건대, 두문동의 자손들이 모두 장사치가 되었다 하니, 별도로 수습하도록 하라."라고 한 내용이 있다.

80 고사리 : 주(周)나라가 종주국인 은(殷)나라를 정벌할 적에 무왕(武王)의 말고삐를 잡고 "신하로서 임금을 쳐서는 안 된다."라며 말리다가 뜻을 이루지 못하자, 수양산(首陽山)에 숨어서 고사리를 캐 먹고 살았던 백이(伯夷)와 숙제(叔齊) 형제의 고사에 빗대어 표현한 것이다.

박연빙폭 노래

朴淵氷瀑行

세인들은 그저 장엄한 폭포를 말하지만　世人但言飛瀑壯
지금 와 보고 기이한 얼음 폭포에 환호하네　今我來叫氷瀑奇
공중에 깎아 놓은 듯한 절벽이 천만 길이라　空中削壁千萬仞
아래로 드리운 폭포 얼음 심히 위태롭네　懸氷下垂太劇危
누가 만 곡의 수은을 가져다가　誰將萬斛銀汞來
벼랑 가운데를 녹여서 한번 흐르게 하랴　鎔注崖心一淋漓
연나라 하늘의 한 줄기 무지개처럼 밝아[81]　皎如燕天一道虹
역수를 거꾸로 꽂은 듯 빛이 아롱지네　倒揷易水光陸離
또 적지의 눈빛 나는 용[82]이　又如赤池雪色龍
공중에 곧게 솟아 노여운 갈기를 펼친 듯하네　直立天半張怒鬐
쏟아지는 폭포야 유람객이면 다 볼 수 있겠지만　飛瀑遊人皆可見
추운 날 얼음 폭포는 본 사람이 누구인가　氷瀑天寒見者誰

81 연(燕)나라……밝아 : 의사의 충정이 하늘까지 감응시켜 무지개가 떠오르는 것을 가리키는 것으로, 전국 시대 때 자객인 형가(荊軻)가 연나라 태자 단(丹)의 의리를 사모하여 진왕(秦王)을 죽이려고 떠날 때에 흰 무지개가 떠서 태양을 꿰뚫었다고 한다. 《史記 魯仲連鄒陽列傳》

82 적지(赤池)의……용 : 적지는 함경도 경흥(慶興)에 있는 못으로, 조선 태조 이성계의 조상인 도조(度祖)가 남지(南池)의 용인 백룡(白龍)이 꿈에 나타나 "흑룡이 내가 사는 곳을 뺏으려 하니, 활을 잘 쏘는 그대가 제거해 주시오. 그러면 후손들에게 경사가 있게 해 주겠소."라고 하여 흑룡을 쏘아 죽였으며, 적지는 그때 흘린 흑룡의 피가 물들어 그런 것이라는 전설이 있다. 《弘齋全書 卷15 慶興府赤池紀蹟碑銘》

눈병으로 흐릿하여 깨끗하게 못 보는데	病眼眩晃不定睛
해의 밝은 빛이 와서 쏘아 주네	白日照耀來射之
관인이 내 마음을 즐겁게 해 주려고	官人欲以娛我心
큰 솥에 물 끓여서 연지를 붓네	煎出大釜灌臙脂
올려다보니 천연적인 것보다는 못하지만	仰觀雖似遜天然
또한 잠시나마 기이한 자태를 더할 만하네	片時亦足添異姿
한참 앉았노라니 은은하게 읊는 소리 들리는데	坐久隱隱聞吟嘯
늙은 교룡이 몸을 감추고 이곳에 누워 있었네	老蛟藏用臥在玆
벼락과 우레가 하룻밤 새 몰아치는	霹靂雷霆在一夜
봄철 얼음 녹을 때 와 보라고 청하는 듯	請看春來氷坼時

대흥산성[83] 노래

大興山城歌

높고 높은 대흥산 하늘에 닿을 듯한데	大興山高高接天
한나절을 오르고 올라 마침내 정상에 섰네	半日登登始登巓
많은 꿩들 춤추며 날아 산맥을 가르고	百雉翔舞裂山脈
둘러싼 구름 노을은 연이어 흐르네	包絡雲霞勢連延
명릉[84] 시대 유 장군[85]이	明陵之世柳將軍
손수 삽을 들고 사졸들의 앞장을 섰지	操鍤身爲士卒先
높이 나는 새조차 넘으려다 도로 떨어지는 곳	高鳥欲過還自墮
망루 가에서 별을 딸 수도 있을 듯하네	可以摘星樓櫓邊
하늘가 뭇 봉우리 모두 작은 주름이요	天端衆峯皆小皺
넓디넓은 먼 바다는 어찌 그리 푸른가	一泓遠海何蒼然
옛사람들 축성할 때 참으로 고심하였으리	古人築斯良苦心
내 와서 둘러보니 형세가 완벽하네	我來周覽體勢全

83 대흥산성(大興山城) : 개성시 박연리에 있는 산성으로, 천마산(天磨山), 성거산(聖居山) 등의 험준한 봉우리를 연결하여 쌓았다. 고려 때 축조되었다가 허물어진 것을, 1676년(숙종2) 대장 유혁연(柳赫然)이 다시 쌓았다. 성의 가운데를 가로질러 흐르는 한 줄기 시냇물이 박연폭포(朴淵瀑布)를 이룬다.

84 명릉(明陵) : 숙종과 계비 인현왕후, 제2계비 인원왕후의 능으로, 여기서는 숙종을 가리킨다.

85 유 장군(柳將軍) : 유혁연(1616~1680)으로, 본관은 진주(晉州), 자는 회이(晦爾), 호는 야당(野堂)이다.

그 안은 천만 병사 수용할 만하고	其中可容千萬甲
서쪽 고을 연합하여 물자 조달도 가능하네	轉輸況有西郡聯
만 골짜기 시내는 늘 우렛소리를 내고	萬壑川奔常吼雷
천 그루 노목은 나이조차 알 수 없네	千章木老不知年
박연폭포 거센 물살과 만나는 곳이라	朴淵洶沸水會處
성가퀴엔 왕왕 용의 기운 서려 있네	粉堞往往龍氣纏
절 문이 높게 열려 우뚝하게 이웃하니	寺門高開鬱相接
상방의 승려가 수백 수천에 가깝네	上方僧指幾百千
땔감과 물 넉넉하고 이처럼 험준하며	薪饒水積險如此
샛길은 몰래 청석령과 이어졌네	間路暗與青石連
나라에서 성을 지킬 적임자를 보낸다면	國之守城如得人
치우[86]가 있다 한들 어찌 감히 나서랴	縱有蚩尤那敢前
송경의 옥백과 자녀들이	松京玉帛與子女
시내를 막아 주는 제방처럼 다급할 때 의지할 수 있네	緩急恃如防制川
중군이 고건을 멘 채 길가에서 맞는데	中軍櫜鞬迎道左
너희는 병법서를 읽을 수 있느냐	汝輩能讀兵將編
시험 삼아 포수에게 대포를 쏘아 보게 하니	試令砲人放大砲

86 치우(蚩尤) : 황제(黃帝) 때의 제후(諸侯) 이름으로, 병란을 일으키기를 좋아하였다고 한다. 《상서(尙書)》 공안국(孔安國)의 전(傳)에서는 옛 구려국(九黎國)의 임금이라고 하였고, 《예기》 정현(鄭玄)의 주(注)에서는 삼묘(三苗)라고 하였으며, 응소(應劭)는 옛날의 천자(天子)라고 하여 그 설이 서로 다르다. 《사기》 〈오제본기(五帝本紀)〉에는 "치우가 난을 일으켜 황제의 명을 따르지 않았다. 이에 황제가 제후들에게서 군사를 징발하여 치우와 탁록(涿鹿)의 들판에서 싸워 드디어 치우를 사로잡아 죽였다."라고 하였는데, 탁록은 지금의 하북성(河北省)에 있는 옛 지명이다.

암벽 머리 메아리가 종이도 뚫을 듯하네　巖額應聲如紙穿
애석한 건, 이곳이 길목을 차단하는 요충이 아니라서　但恨地非當路塞
오랑캐 기마가 연기처럼 빠져나갈까 염려되네　恐敎胡騎走如煙
만약 한양이 포위되어 위급해지면　若使漢陽被圍急
이 성이 금성탕지처럼 견고한들 무슨 소용이리　此城安用金湯堅

12월에 예문관 제학으로 옮겨졌다. 출발에 앞서 슬프게 읊다
十二月內遷藝文提學臨發悵吟

눈 온 뒤 거마가 느리게 출발하는데	車馬遲遲雪後天
시골 마을 저녁연기에 감회가 더해지네	暮煙墟落更依然
천 길 높이 폭포에 여전히 미련이 남는데	川紳尙戀千尋直
숭산의 달은 겨우 다섯 번 둥글었네[87]	崧月纔經五度圓
시계를 따라 느긋하게 신선 꿈에 들려는데[88]	仙夢懶隨淸漏入
가문 덕에 예형[89]의 자리를 훔쳤네	家聲虛竊藝衡傳
정이 많이 든 청석봉 앞길을	關心靑石峯前路
누가 묶어다가 하전[90]에다 바칠까	誰策綢繆獻廈氈

87 숭산(崧山)의……둥글었네 : 개성에 온 지 5개월이 지났다는 뜻이다. 숭산은 송악산의 이칭이다.

88 신선 꿈에 들려는데 : 선경에 취해 느긋하게 지내고자 하는 것을 말한다.

89 예형(藝衡) : 홍문관 대제학을 문형(文衡)이라고 표현하는 것에 빗댄 것으로, 번암이 맡은 예문관 제학을 말한다.

90 하전(廈氈) : 넓은 집과 촘촘한 털방석을 말하는 것으로, 보통 임금과 강학하는 경연(經筵)을 가리키는데, 여기서는 어전을 말한다.

을유년(1765, 영조41) 5월에 걸양[91]하여 안악 군수에 제수되었다. 가대인을 모시고 임진강에 도착하니 강물이 새로 불어 있었다. 배 안에서 읊다
乙酉五月乞養除安岳郡守奉家大人到臨津江水新漲舟中有吟

오월 임진강에 비가 내리니	臨津五月雨
강물이 성문까지 들어오네	江水入城門
감히 뗏목을 띄우겠다는 바람을 말하랴[92]	敢說乘桴願
서울을 떠나는 마음을 속으로 달래 보네	潛消去國魂
인가의 연기로 먼 섬이 희미하고	人煙遙嶼曖
운무로 옛 구릉이 어둑어둑하네	龍氣舊陵昏
오만한 관리[93] 기심이 맑아지니	傲吏機心淨
날랜 갈매기가 피하지 않고 다가오네	輕鷗近不翻

91 걸양(乞養) : 조선조 때 문과(文科) 출신의 관원이 노부모의 봉양을 위하여 중앙 관직을 내놓고 고향 인근 고을의 수령으로 임명해 주기를 청하는 것을 말한다. 걸군(乞郡)이라고도 한다.

92 감히……말하랴 : 공자(孔子)가 천하에 도가 없어져 어지러움을 탄식하면서 "도가 행해지지 않으니, 뗏목을 타고 바다를 떠다니리라.〔道不行, 乘桴, 浮于海.〕"라고 한 것을 가리킨다.《論語 公冶長》

93 오만한 관리 : 세상을 오시(傲視)하고 예법에 구애받지 않는 고사(高士)를 말하는 것으로, 번암 자신을 가리키는 말이다. 장주(莊周)가 몽(蒙) 땅 칠원(漆園)이라는 곳의 관리로 있으면서 재상으로 초빙하는 초(楚)나라 위왕(威王)의 청을 거절하였는데, 이에 대해 후대의 진(晉)나라 곽박(郭璞)이 〈유선시(遊仙詩)〉에서 "칠원에는 오만한 관리가 있고, 노래자(老萊子)에게는 은거의 뜻 지닌 아내가 있네.〔漆園有傲吏, 萊氏有逸妻.〕"라고 하였다.《文選 卷21》

총수산
蔥秀

수레 덮개에 무더위 속 먼지가 쌓이니	軒蓋炎塵漲
말쑥한 이곳이 사랑스러울 수밖에	瀓然愛此中
높다란 바위는 해를 가릴 때가 많고	危巖多障日
긴 숲 그늘은 절로 바람을 보내 주네	脩樾自能風
외딴 객관에는 단청이 낡았고	孤館丹青老
그윽한 샘엔 물안개가 피어나네	幽泉沆瀣濛
어느 해인가, 주 태사가	何年朱太史
바위에 새긴 필적,[94] 무지개처럼 찬란하네	鑱石筆如虹

94 주……필적 : 주 태사(朱太史)는 명(明)나라 사신 주지번(朱之蕃)을 가리킨다. 노가재(老稼齋) 김창업(金昌業)의 《연행일기(燕行日記)》 권1에 "그 위에 '청천선탑(聽泉仙榻)'이라는 넉 자가 새겨져 있고, 그 위에 '옥유영천(玉乳靈泉)'이라는 넉 자가 새겨져 있는데, 모두 그 옆에 주지번이 썼다고 새겨져 있다."라고 하였고, 이유원(李裕元)의 《임하필기(林下筆記)》에 "중국 사신 주지번이 보고서 좋아하여 자기의 초상을 석벽(石壁)에 새기고, 또 '옥류천(玉溜泉)' 세 글자를 써 놓았는데 지금까지도 변함이 없다."라고 하였다.

초구로 가는 도중에

草丘道中

석양 속 끝없이 펼쳐진 경치가	桑榆無限景
우리 판여의 행차[95]를 비추어 주네	照我板輿行
모씨의 격문[96]은 해마다 기쁘고	毛檄年年喜
교인의 진주[97]는 일마다 영광스럽네	鮫珠事事榮
질펀한 시냇물들 모두 적당하니	漫流皆穩帖
제철 사물이 잘 자라고 있네	時物恰生成

95 판여(板輿)의 행차 : 지방 수령으로 부임하는 관원이 노부모를 모시고 가는 것을 말한다. 판여는 노인의 보행을 대신하는 들것과 같은 기구인데, 주로 지방관이 모시고 있는 늙은 부모를 가리키는 말로 쓰인다. 진(晉)나라 반악(潘岳)의 〈한거부(閑居賦)〉에 "모친을 판여에 모시고 가벼운 수레에 태워 드린 다음, 멀게는 경기 지방을 유람하고 가까이는 집안 동산을 소요한다."라는 구절이 있다. 《晉書 潘岳列傳》

96 모씨(毛氏)의 격문(檄文) : 효성과 청렴으로 이름이 높았던 후한(後漢) 때의 모의(毛義)가 어느 날 수령(守令)으로 부르는 부(府)의 격소(檄召)를 받고는 평소의 행실과 다르게 희색이 만면하므로, 그를 본 사람들이 모두 그가 부귀에 눈이 멀어 그러는 것으로 오해하여 비웃었다. 그 후 어머니가 죽은 뒤에 효렴(孝廉)으로 천거되었으나 끝내 응하지 않는 것을 보고 비로소 어머니를 봉양하기 위해 벼슬에 응했다는 것을 알았다고 한다. 《後漢書 劉趙淳于江劉周趙列傳序》

97 교인(鮫人)의 진주(眞珠) : 임금의 정성 어린 하교를 가리키는 듯하다. 교인은 남해(南海)의 물속에서 물고기처럼 산다는 전설상의 인어(人魚)이다. 비단을 짜는 솜씨가 뛰어나 가끔씩 물 밖으로 나와 인가(人家)에 잠시 머물면서 비단을 팔곤 했는데, 돌아갈 때는 눈물을 흘려 쟁반 가득히 진주를 만들어 주인에게 사례의 표시로 주곤 했다는 고사가 있다. 《博物志 卷2》

충과 효를 겸하지 않는다면　　不有忠兼孝
어떻게 성명께 보답할 수 있으랴　　那由答聖明

당포에서

唐浦

초하루에 외딴 배에 오르니	孤舟上初日
당포에는 이미 조수가 생겨나네	唐浦已潮生
수저로 〈남해〉의 곡조를 맞추는데[98]	匕筯南陔曲
관원은 한편으로 북궐을 그리워하네	衣冠北闕情
산천에는 관로가 감돌아 가고	山川官路廻
곡식들로 들판이 평평하네	禾黍野田平
어느새 고을이 가까워짐을 알겠으니	暗覺州城近
관청 사람 굽이마다 마중을 하네	官人曲曲迎

98 수저로……맞추는데 : 부친을 모시고 가는 흥에 겨워 수저로 상을 두드리며 노래한다는 것으로, 백거이(白居易)의 〈취증유이십팔사군(醉贈劉二十八使君)〉이라는 시에 "나를 위해 술잔 당겨 술을 부어 마시게 하니, 그대와 젓가락 잡고 상을 두드리며 노래하네.〔爲我引杯添酒飮, 與君把箸擊盤歌.〕"라고 한 구절이 있다.《白氏長慶集 卷25》〈남해(南陔)〉는《시경》〈소아(小雅)〉의 편명으로, 지금은 제목만 있고 내용은 남아 있지 않은데, 효자가 부모를 봉양하는 일로 서로 경계한 시라고 한다.

정해년(1767, 영조43) 섣달에 조성익 시겸, 조카 홍리, 심규와 함께 봉원사를 방문하여 운자를 뽑아 함께 읊고 심 원외 복 에게 부치다

丁亥臘月與趙聖益 時謙 姪弘履沈逵訪奉元寺拈韻同賦寄沈員外 墣

조참이 게을러지는 것[99]이 이미 익숙해지니	已分朝參懶
노경의 한가로움을 만들 수 있네	能爲暮境閒
빈산에 눈이 살짝 내린 뒤에	山空淺雪後
작은 달이 어지러이 솔 사이로 비치네	月小亂松間
흘러가는 냇물[100]을 어이 막으랴만	流水那禁逝
맑은 술동이 앞에서 돌아가려 않네	清樽未擬還
가련타, 멀리서 숙직하는 객이여	遙憐直省客
외로운 촛불 아래서 이 산속을 꿈꾸겠지	孤燭夢孱顔

99 조참(朝參)이 게을러지는 것 : 자연의 한가함에 맛이 들어 조정에 나가는 것이 게을러지는 것을 말한다. 당(唐)나라 두보(杜甫)의 시 〈중과하씨(重過何氏)〉에 "조참이 게을러지는 게 자못 괴이하여라. 유장한 들판 정취에 흠뻑 빠져서겠지.〔頗怪朝參懶, 應耽野趣長.〕"라는 구절이 있다. 《杜少陵詩集 卷3》

100 흘러가는 냇물 : 빠르게 흘러가는 시간을 말한다.

죽산의 선영 아래에 있다가, 김정린[101] 군이 사마시에 붙었다는 소식을 듣고 시를 지어 하례하는 마음을 부치다 무자년(1768, 영조44)

在竹州楸下聞金君廷鄰捷司馬試詩以寄賀 戊子

듣기로 남궁의 회시[102]에서	聞說南宮會
김생이 수월하게 합격을 하였다네	金生好擅場
과명은 크고 작은 것이 없으니	科名無小大
우리 시사(詩社)에 광채가 나려 하네	吾社欲輝光
기쁨은 봄기운이 들판에 가득한 듯하고	喜氣春濃野
떠나 있는 심정은 비가 상에 가득하네[103]	離懷雨滿牀
옛날에도 문장 기세가 성하여	當時盛文談
풍단[104]에 길게 흰 무지개 떴었지	楓塢白虹長

101 김정린(金廷鄰) : 1739~? 본관은 강릉(江陵), 자는 덕재(德哉)이다. 1768년 식년시에서 생원으로 입격하였다.

102 남궁(南宮)의 회시(會試) : 남궁은 예조(禮曹)의 이칭이다. 예조에서 주관한 생원 진사시의 복시(覆試)를 가리킨다.

103 비가 상에 가득하네 : 여기에서 비는 비처럼 쏟아지는 눈물을 말하는 것으로, 두보(杜甫)의 〈모춘제양서신임초옥(暮春題瀼西新賃草屋)〉이라는 시의 "석양 무렵 강한에서 슬퍼하고, 한밤중엔 눈물이 침상에 가득하네.〔落日悲江漢, 中宵淚滿牀.〕"라는 구절과 같은 의사이다. 《杜少陵詩集 卷18》

104 풍단(楓壇) : 숭례문 밖 약봉(藥峯) 자락에 있던 단이다. 원래 허백당(虛白堂) 성현(成俔)과 약산(藥山) 오광운(吳光運)의 구거(舊居)가 있던 곳인데, 폐허가 된 뒤로 번암이 정비하여 단을 쌓고 시회를 자주 열었다고 한다. 《樊巖集 卷34 藥峯楓壇記》

김생이 일찍이 〈외백홍(畏白虹)〉이라는 시를 지어 풍단의 모임에서 장원을 하였으므로, 마지막 구절에서 말한 것이다.

풍단에서 유하원[105]에게 당시(唐詩)의 운자를 뽑게 하다
楓壇使柳河源拈唐人韻

성씨[106]의 남은 자취가	成氏有遺躅
백 년 뒤에도 이 대에 남아 있네	百年猶此臺
문장은 누구에게 맡겼던고	文章向誰托
골짜기가 지금도 열려 있네	洞壑秪今開
바둑 두러 동쪽 이웃이 이르고	棋局東隣至
안개와 꽃은 집집마다 찾아오네	煙花萬屋來
산속 동자가 제법 일 처리에 능해	山童頗解事
술을 사서 숲속으로 돌아오네	沽酒映林回

105 유하원(柳河源) : 1747～? 본관은 진주(晉州), 자는 백유(伯兪)이다. 1774년(영조50) 별시 문과(別試文科)에 급제하였다. 당쟁과 시정(時政)의 폐해를 논하다가 한때 파직되기도 하였고, 헌납일 때는 이주석(李周奭)의 일을 논하다가 흑산도에 유배되었는데, 번암도 이에 연루되어 면직되었다.

106 성씨(成氏) : 성현(成俔, 1439～1504)을 가리킨다. 본관은 창녕(昌寧), 자는 경숙(磬叔), 호는 용재(慵齋)·허백당(虛白堂)이다.

당시의 운자를 뽑아 제생과 함께 읊다

拈唐人韻與諸生同賦

내 집이 어찌 인경[107]에 있으랴	吾廬豈人境
산속 하루하루가 한 해처럼 더디네	山日似年遲
새가 다가와 외로이 잠드는 즈음이요	鳥近孤眠際
꽃 떨어져 슬프게 바라보는 때라네	花飛悵望時
벼슬 내놓고 몸이 비로소 안정되었지만	休官身始定
병 많은 것은 백발이 먼저 알고 오네	多病鬢先知
우스워라, 마음이 어두운 자[108]여	自笑冥心者
봄이 오매 시 짓기를 그치지 않는구나	春來不廢詩

107 인경(人境) : 사람들이 많이 사는 경내를 뜻한다. 진(晉)나라의 시인 도잠(陶潛)의 〈음주(飮酒)〉 시에 "사람들 사는 동네에 접해 집을 지었어도, 내 귀에는 시끄러운 수레 소리가 들리지 않네. 어떻게 그렇게 할 수 있냐고 묻겠지만, 마음이 멀리 떠나 있으면 땅은 절로 외지게 마련이라오.〔結廬在人境, 而無車馬喧, 問君何能爾? 心遠地自偏.〕"라는 내용이 있다. 《陶淵明集 卷3》

108 마음이 어두운 자 : 번암이 스스로를 가리킨 말로, 마음이 어둡다〔冥心〕는 말은 마음에 속태가 없다는 뜻과 생각에 골몰한다는 의미를 중의적으로 담고 있다.

유수오[109] 항주 가 와서 묵었다. 풍단에 올라 당시의 운자를 뽑았다

兪秀五 恒柱 來宿登楓壇拈唐人韻

이름난 동산 도성 동쪽에 많은데	名園盛東洛
단풍나무 사이에 숲을 이루었네	楓檜間成林
대궐을 그려 근처에서 뽕나무를 경작하며	戀闕耕桑近
구름 속 깊숙이에서 앉고 눕고 하네	緣雲坐臥深
꾀꼬리, 꽃은 술기운을 따라오고	鶯花連酒氣
닭과 개는 봄 그늘에서 졸고 있네	鷄犬睡春陰
한바탕 웃으며 나귀 타고 찾아오니	一笑騎驢到
흔연한 그 마음을 볼 수가 있네	欣然見爾心

109 유수오(兪秀五) : 유항주(兪恒柱, 1730~?)로, 본관은 기계(杞溪), 자는 수오이다.

유하원과 함께 풍단에 올라 두시(杜詩)의 운자를 뽑다
同柳河源登楓壇拈杜韻

돌 길, 넝쿨 타고 올라 돌아가려 하지 않으니	跋石攀蘿未許歸
옛 단에 솔 그림자 희미하게 비치네	古壇松影落微微
다가와 우는 새는 명령을 하는 듯하고	近人啼鳥如相命
자리 옆 그윽한 구름은 짐짓 날아가지 않네	襯席幽雲故不飛
감히 숲 언덕에서 세상사를 잊으려니	敢以林丘忘世果
경세제민 포부가 어긋난 게 가련할 뿐이네	祇憐經濟與心違
섬돌 옆 꽃, 헌함 옆 대나무가 향색을 더하니	砌花軒竹添香色
술을 새로 사려고 웃으며 옷을 전당 잡히네	更兌新醪笑典衣

제생과 함께 《희암집》[110]의 운자를 뽑아 함께 읊다

同諸生拈希菴集韻同賦

안개구름에 자주 경물 모양이 바뀌니 煙雲屢幻態
홀로 웃으며 성문을 내려다보네 孤笑俯城門
나무에 기대 때로 할 말을 잊고 倚樹時忘語
꽃을 심어 매번 뿌리를 보호하네 栽花每護根
새 울음에 경내가 고요함을 알겠고 鳥啼知境靜
승려가 떠나가니 어두운 산속 걱정되네 僧去念山昏
작은 집 새로 물가에 세웠으니 小屋新臨水
부디 밤낮으로 근원을 찾아보게나[111] 須尋晝夜源

심규(沈逵)가 새로 초가를 지었다. 내가 '원천재(源泉齋)'라고 이름을 지어 주고, 낙구에서 권면하였다.

110 희암집(希菴集) : 채팽윤(蔡彭胤)의 문집이다. 채팽윤에 대해서는 45쪽 주17 참조.

111 근원을 찾아보게나 : 부지런히 학문의 근원을 밝히라는 의미이다.

유붕지[112] 운익, 유수오와 함께 북한산을 찾다
與柳鵬之 雲翼 兪秀五訪北漢

나귀 한 필로 온갖 꽃들 헤쳐 가니	千花披拂一驢通
푸른 산 아침 되자 반쯤 붉게 물들었네	山翠朝來半濕紅
땅 가득 흰 구름에 승려의 꿈이 차고	滿地白雲僧夢冷
누대 근처 폭포엔 햇빛이 영롱하네	近樓飛瀑日華空
온왕[113]의 버려진 궁궐엔 봄풀이 나고	溫王宮廢生春草
상장의 높은 단엔 저녁 바람이 불어오네	上將壇高易晩風
희슬[114]과 소거[115]면 원래 만족하니	希瑟小車元自得

112 유붕지(柳鵬之) : 유운익(柳雲翼)으로, 본관은 진주(晉州), 자는 붕지이다.

113 온왕(溫王) : 백제(百濟)의 시조인 온조왕(溫祚王)을 가리킨다. 처음에 위례성(慰禮城)에 도읍을 정하고 국호를 십제(十濟)라고 하였다가 백제로 고쳤으며, 말갈(靺鞨)의 침입이 잦아 타격을 받자, 기원전 5년에 남한산(南漢山)으로 옮겼다.

114 희슬(希瑟) : 비파를 드문드문 타는 것을 말한다. 공자가 자로(子路), 증점(曾點), 염유(冉有), 공서화(公西華) 등에게 각각 자신의 뜻을 말해 보라고 했을 때, 다른 제자들이 모두 정치에 관심을 두고 포부를 말했는데, 옆에서 비파를 드문드문 타고 있던 증점이 자신의 차례가 되자 비파를 내려놓고 "저문 봄에 봄옷을 차려 입고 관자 5, 6인, 동자 6, 7인과 함께 기수에서 목욕하고 무우에서 바람 쏘이고 시 읊으며 돌아오겠습니다.〔莫春者, 春服旣成, 冠者五六人, 童子六七人, 浴乎沂, 風乎舞雩, 詠而歸.〕"라고 하므로, 공자가 크게 칭찬하였다.《論語 先進》

115 소거(小車) : 송(宋)나라 소옹(邵雍)이 낙양(洛陽)에 와서 살 때 인근의 사람들이 노소 귀천을 막론하고 모두 감화하고 존모하였는데, 그가 외출하면서 작은 수레를 타고 성안을 다닐 때면 사대부들조차 반가워 달려 나와 마중을 하였다는 고사가 있다.《宋史 邵雍列傳》그가 지은 〈소거행(小車行)〉에 "작은 수레가 가는 곳마다 사람들이

백년의 참 즐거움 그대들과 함께하네　　　　百年眞樂與君同

환영하니, 온 낙양성 안이 모두 내 집 같네.〔小車行處人歡喜, 滿洛城中都似家.〕"라는 구절이 있다.《擊壤集 卷8》

동장대에 오르다

登東將臺

절경 찾아 지팡이 나막신 부지런히 움직여	探眞笻屐莽相催
곧바로 서쪽 숲에 이르니 석양이 펼쳐지네	直到西林返照開
하계에서 몇 번이나 험로를 근심했던고	下界幾廻愁險路
중천의 제일 높은 누대에 올랐네	中天第一上高臺
성은 쌓인 기운 머금은 채 아스라이 섰고	城含積氣濛濛立
바다는 남은 노을 사이로 희미하게 보이네	海拂餘霞黯黯來
남교[116]에 선녀와 인연이 있다고 하면	若道藍橋有仙分
어떻게 필마로 오던 길을 돌아가랴	如何匹馬半途回

116 남교(藍橋) : 섬서성(陝西省) 남전현(藍田縣) 동남쪽의 남계(藍溪)에 있는 다리이다. 거기에는 선굴(仙窟)이 있는데, 당(唐)나라 때 배항(裴航)이 이곳을 지나다가 선녀인 운영(雲英)을 만나서 결혼하고, 선인들이 마시는 음료인 경장(瓊漿)을 얻어 마시고 신선이 되었다고 한다.《古今事文類聚 前集 卷34》

하산하다

下山

풀이 줄어들어 들판인 걸 알겠으니	草闊方知野
수레는 경쾌하게 몇 차례 다리를 건너네	輿輕屢度橋
새 집이 평지에 있으니	新成在平地
높은 하늘 아래서 잤다는 게 비로소 의아하네	始怪宿層霄
시내는 멀리까지 나를 따라오고	川廻能相趁
꽃이 흔들려 다시 부르는 듯하네	花搖更似招
피리 불고 노래하며 석양을 따라오니	笙歌隨暝色
길이 멀다 해도 문제 될 게 없네	街路不妨遙

한가하게 거처하다

閑居

닭, 개, 뽕, 삼대가 시골 마을에 어우러지니　　鷄犬桑麻村巷斜
평생 나는 우리 집을 사랑하였네　　百年吾自愛吾家
객이 오면 먼저 단 근처 바위를 쓰나니　　客來先掃壇邊石
봄이 가도 여전히 잎 속의 꽃 남아 있지　　春去猶留葉裏花
우스워라, 하늘의 솔개가 쥐를 물고 노함이여[117]　　堪笑飛鳶方嚇鼠
당시에 병든 학이 함부로 수레를 탔지[118]　　當時病鶴濫乘車
이 삶을 끊으니 도로 유쾌해져　　此生自斷還愉快
머리카락 짧아지고 희어져도 아랑곳 않네　　一任顚絲種種華

117 하늘의……노함이여 : 벼슬자리에 연연함을 말한다. 전국 시대 혜자(惠子)가 양(梁)나라의 재상으로 있을 때, 장자(莊子)에게 자신의 자리를 빼앗길까 염려하였는데, 장자가 "남방(南方)에 원추(鵷鶵)라는 새가 있는데, 자네는 아는가? 원추는 남쪽 바다를 출발하여 북쪽 바다로 날아가는데, 오동나무가 아니면 쉬지 않고, 대나무 열매가 아니면 먹지 않으며, 단물이 나는 샘이 아니면 마시지도 않았다네. 그러나 올빼미는 썩은 쥐를 얻어 가지고서 그 위를 날아가는 원추를 쳐다보면서 행여나 원추에게 제 썩은 쥐를 빼앗길까 봐 '꽥' 하고 을러댔다네. 그와 마찬가지로 자네도 양나라 재상 자리 때문에 나를 을러대는 것이 아니겠는가."라고 한 데서 온 말이다. 《莊子 秋水》

118 병든……탔지 : 재능이나 공을 세운 일도 없이 총애를 받고서 대부의 반열에 오르게 되었다는 뜻의 겸사이다. 춘추 시대 위(衛)나라 의공(懿公)이 학(鶴)을 몹시 좋아하여 대부가 타는 초헌(軺軒)에 태우고 다녔다는 고사가 있다. 《春秋左氏傳 閔公2年》

최 진사[119] 인우 에 대한 만사
崔進士 仁祐 挽

사람이면 누군들 죽지 않으랴만　　人生誰不死
그대의 죽음에 사류들이 놀라네　　君死士流驚
지업은 청운처럼 원대했고　　志業靑雲杳
시서는 늙어서도 내려놓지 않았지　　詩書白髮縈
고인의 집은 여전히 적막하고　　故家仍寂寞
상사로 평생을 마쳤지만　　上舍了平生
준수한 자제들이 있으니　　俊秀諸郎在
하늘의 마음이 분명하다네　　天心乃可明

119 최 진사(崔進士) : 최인우(崔仁祐, 1711~?)로, 본관은 삭녕(朔寧), 자는 덕응(德膺)이다. 1741년(영조17) 식년시에서 진사가 되었다.

풍단에서 달밤에 제생과 운자를 뽑다

楓壇月夜與諸生拈韻

늙은 잣나무가 속세를 가려 사립문을 단 듯한데	老柏遮塵當設扉
주인은 편안히 누운 채 벼슬할 마음 잊어 가네	主人高臥宦情微
잠깐의 비바람에도 꽃은 그대로인데	乍經風雨花猶在
슬프게 바둑과 술 마주하니 봄은 또 돌아가네	悵對棋樽春又歸
초승달이 배회하니 솔 그림자 살아 있고	初月徘徊松影活
저녁 안개 쓸쓸하니 저자 소리 드무네	暮煙寥廓市聲稀
처량하게 날마다 백구가 나보다 나음을 깨달으니	含悽日覺鷗賢我
예로부터 강호에는 기심(機心)이 없었다네	終古江湖無暗機

유수오가 대보름날에 와서 만나기로 약속했으나, 비가 종일 내려 이루지 못했다. 슬프게 읊어서 부치다

兪秀五約燈夕來會雨終日未果悵然吟寄

기쁜 비가 때맞춰 내리니	喜雨方時至
저녁의 좋은 약속 어긋나게 하네	佳期誤夕張
자연히 슬픈 마음 일어나지만	自然生悵望
감히 내리는 비를 원망하는 건 아니라네	非敢恨淋浪
희미한 등불이 벽에 걸려 있고	翳翳燈懸壁
자욱한 구름이 상으로 스며드네	濛濛雲在牀
샘물 소리 차마 듣지 못하겠더니	泉聲不可聽
지는 꽃 곁에서 시름이 유독 심하네	偏起落花傍

청안촌 심질 수해[120]의 벽 위에 제하다

留題淸晏村沈姪壽海壁上

빰 가득 온통 눈물로 적시며　　滿頰龍鍾淚
죽산에서 막 찾아왔다네　　新從竹郡來
비환 속 내 누이는 늙어 가고　　悲歡吾妹老
천지 사이 이 삶은 애달프구나　　天地此生哀
쇠한 머리 쓸쓸히 마주하며　　短髮荒荒對
어두운 눈을 바쁘게 놀려 보네　　昏眸颯颯開
외로운 배는 또 내일이면　　孤舟又明日
어디에서 홀로 대에 오를까　　何處獨登臺

두 번째 其二

발을 밀고 신도 신는 둥 마는 둥 마중하니　　推著簾幃倒屣迎
마주 보며 참은 눈물 이미 갓끈을 적시네　　相看忍淚已霑纓
모습이 흡사 부모님을 뵙는 듯한네　　容儀恍似爺孃侍
부모 여읜 뒤라 누이, 동생 정이 유독 깊네　　孤露偏深弟妹情
노년에 의당 분택[121]을 몹시도 원하지만　　分宅暮年應至願

120 심질 수해(沈姪壽海) : 심수해로, 번암의 자형(姊兄) 심지연(沈祉衍)의 아들이다. 본관은 청송(靑松)이다.

121 분택(分宅) : 자신의 집 근처로 데려다가 보살펴 주는 것을 말한다. 춘추 시대

무슨 일로 일엽편주로 또 돌아가려 하나	扁舟何事又歸程
어린 손자도 만류하는 말을 할 줄 알아	稚孫亦解牽衣語
중추의 밝은 달빛 저버리지 말라 하네	休負中秋月色明

노(魯)나라 후읍(郈邑)의 성자(成子)가 위(衛)나라의 재상 곡신(穀臣)과 매우 친하였는데, 후에 곡신이 위나라의 난리 때 죽음을 당하자, 그의 가솔들을 맞이해 와서 자기 집의 일부를 나누어 살게 해 주었다는 고사가 있다.《孔叢子 卷中 陳士義》

청안촌에서 북쪽으로 몇백 보 남짓 가면 천석이 제법 기이하였다. 나무꾼이나 목부들이 곁눈질하며 지나가지만 그 기이함을 알아주는 이는 없었다. 내가 매우 애석하여 지팡이를 짚고 근원을 끝까지 찾아서 구곡을 발견했다. 곡마다 명명하고 시로 기록하다

從淸晏村迤北數百餘步有泉石頗奇樵牧睨以過之未有賞其奇者余甚惜之策杖窮源得九曲曲輒命名詩以記之

두 산 입구에 도달하기도 전에	未到兩山口
벌써 옥이 부딪는 소리 들리네	已聞環玦鳴
빛을 감춘 것은 원래 땅이 궁벽해서이니	埋光元地僻
품은 보배는 천연으로 이루어진 것이네	懷寶自天成
맑은 시내는 때로 물장난을 칠 만하고	淸淺時堪弄
폭포는 기세에 문득 놀라네	飛騰勢忽驚
만남에는 빠르고 늦음이 없으니	遭逢無早晚
이제부터 아름다운 명성 가득하겠네	從此滿香名

도성암에서 묵으며 윤생 극겸에게 읊어 주다

宿道成菴吟贈尹生克謙

멀리서 찾아온 초가집엔	迢迢白茅室
작은 부처가 쓸쓸도 하네	寂寂小金仙
우연히 왔다 그대 만나 얘기하니	偶到逢君話
속된 인연 아님을 정히 알겠네	定知非俗緣
샘물 소리가 외로운 촛불 너머 들리고	泉鳴孤燭外
종소리가 별빛 사이로 퍼지네	鍾動數星前
너의 청명한 기운을 사랑하노니	愛爾淸明氣
지은 시는 어찌 그리 외숙[122]과 흡사한가	詩成似舅偏

122 외숙(外叔) : 간옹(艮翁) 이헌경(李獻慶)을 가리킨다. 윤극겸의 모친이 이헌경의 누이이다. 《간옹집(艮翁集)》 권6에 〈윤생이신진사내방감회유부(尹甥以新進士來訪感懷有賦)〉라는 시가 실려 있다.

배를 타고 여강으로 내려가다 김 사군 노진 이 작은 배에 술을 싣고 마중 나온 것에 사례하다
舟下驪江謝金使君 魯鎭 乘小舟載酒相迎

노 그림자 홀연 어디에서 오는데 檣影忽何至
바라보니 강물 한쪽 방향일세 相望水一方
멀리서는 어부의 배인 줄 알았더니 遙遙認漁艇
차츰 다가가니 동장[123]이 가까워지네 冉冉近銅章
백사장 새는 남은 술에 취하고 沙鳥餘觴醉
물가 꽃은 소매에 향기롭네 汀花竝袂香
형체를 잊고[124] 한나절 대화하는 동안 忘形半日話
명장에는 한 번도 이르지 않았네[125] 端不到名場

123 동장(銅章) : 지방 수령이 차는 구리로 만든 관인(官印)으로, 동부(銅符)라고도 한다.

124 형체를 잊고 : 노소, 신분을 생각지 않고 함께 어울리는 것을 말한다. 두보(杜甫)가 친구 정건(鄭虔)에게 준 〈취시가(醉時歌)〉에 "형체를 잊고서 너니 나니 하는 사이, 통음하는 것이야말로 진정 나의 스승일세.〔忘形到爾汝, 痛飮眞吾師.〕"라는 표현이 나온다.《杜少陵詩集 卷3》

125 명장(名場)에는……않았네 : 세속적인 명리와 관련된 이야기는 일절 꺼내지 않았다는 말이다.

배 안에서
舟中

외로운 배 서쪽 노을 끝으로 내려가니	孤舟西下彩雲端
유월이라 강과 호수가 온 땅에 넓네	六月江湖滿地寬
떠도는 것 어찌 명주께 버림받아서랴	浪跡豈因明主棄
맑은 술 넉넉함은 사군의 환대 덕분일세	淸樽剩博使君歡
날아다니듯 소나기가 어느 고을에선가 쏟아지고	飛騰驟雨生何郡
석양은 급한 여울에서 아롱지며 부서지네	淩亂斜陽碎急灘
정말 한스러운 건, 사공이 깊이 취한 지 오래라	剛恨梢工沈醉久
새는 배[126] 운명을 바람 물결에 맡겨야 함일세	漏船消息任風瀾

126 새는 배 : 위태로운 상황을 말한다. 송(宋)나라 주희(朱熹)가 여조겸(呂祖謙)에게 보낸 편지에서 "우리와 백성들의 목숨은 모두 이 물 새는 배 위에 있네. 만약 훌륭한 사공을 불렀을 때, 그가 깊이 취해 있지 않다면 급할 때 그래도 믿을 수 있을 것이네.〔吾輩與百萬生靈性命盡在此漏船上. 若喚得副手稍工, 不至沈醉, 緩急猶可恃也.〕"라고 하였다. 《晦庵集 卷34 答呂伯恭》

닻줄을 풀고 바라보니 심질이 우두커니 청심루 가에 서 있었다

解纜望見沈姪佇立淸心樓上

막막한 난간머리에 서서	漠漠欄頭立
아련히 나무 아래를 보고 있네	依依樹底看
잠깐 헤어졌을 뿐인데	方成分手暫
이미 심정을 말로 하기 어렵네	已是欲言難
새 한 마리 오수[127]로 돌아가고	獨鳥歸烏岫
석양은 연탄으로 지는구나	斜陽下燕灘
바위를 돌아가자 홀연 보이지 않아	巖廻忽相失
고개 들어 보니 하늘 끝인 듯하네	翹首若天端

127 오수(烏岫) : 오압산(烏鴨山)이다. 여주군(驪州郡) 점동면에 있는 산으로, 지금은 오갑산(梧甲山)으로 불린다.

해가 지다

日落

해 지니, 하늘 모습 달라지고	日落天容改
바람 부는 강은 더욱 묘연하네	風江益渺然
내 배는 어디에서 묵을거나	吾舟欲何宿
어촌 집 모두 저녁연기가 피어나네	漁戶盡生煙
말로엔 즐겨 배를 집으로 삼고	末路浮家好
중년엔 도로를 몹시도 사랑하네	中年愛道偏
이천의 느릅나무 버드나무 빛이	梨川楡柳色
도착하기 전에 이미 사랑스럽네	未到已堪憐

큰 여울에서
大灘

천공도 무슨 일을 그리 벌이는지	天公亦多事
이곳을 만드느라 힘을 허비했네	設此費陶勻
큰 바위가 엿보듯 웅크리고 있으니	巨石蹲如伺
돌아가는 물결이 귀신처럼 들끓네	廻波沸若神
장사치들 바람이 두려워 지체하고	畏風淹賈客
뱃사공은 강신하며 절을 올리네	澆酒拜船人
서강의 물결[128]이랑 어찌 그리 같은가	何似西江浪
참으로 예측 못 할 나루가 되었구나	眞成不測津

128 서강(西江)의 물결 : 임금에게 사랑받지 못하고 조정에서 밀려나는 심정을 서강의 거친 파도에 비유한 것으로, 송(宋)나라 황정견(黃庭堅)이 시어머니에게 사랑받지 못하고 억울하게 죽어 간 여동생을 위해 지은 〈훼벽(毁壁)〉이라는 부(賦)의 "서강의 물결 언제나 잦아지려나.〔西江波浪何時平〕"라는 구절에서 나왔다. 《古今事文類聚 後集 卷11》

두미강에서

斗尾

묶어 세운 듯한 두 산봉우리 사이로	束立雙峯黛
온갖 골짜기 물들이 나란히 달리네	齊趨百谷流
중간에 안개비를 받으며 가서	中含煙雨勢
서쪽으로 제왕의 고을[129]로 갈라지네	西坼帝王州
용정[130]이 끼었다 개었다 하니	開闔龍精聚
익로[131]의 시름이 깊어지네	凝沈鷁路愁
험한 곳 만나면 조심해야 하니	操心在遇險
사공이여, 배 몰이를 신중히 하소	三老愼行舟

129 제왕(帝王)의 고을 : 도성을 가리킨다.

130 용정(龍精) : 물안개를 가리킨다.

131 익로(鷁路) : 뱃길을 의미한다.

무자년(1768, 영조44) 6월 도승지에 제수되었으나, 나아가지 않았다. 성상께서 대전에 임하여 하교하기를 "도승지는 들어와 숙배하라. 내가 내전으로 돌아가야 하는데, 그렇게 하지 않으면 돌아가지 않겠다."라고 하시고는 10여 무리를 계속해서 보내셨다. 내가 의리를 내세우며 감히 나가지 못하였는데, 날이 저물자 삼수 부사로 쫓아내라고 명하셨다. 그 자리에서 하직 인사를 하고, 관묘로 나가서 쉬다가 읊다

戊子六月除都承旨不進上適臨殿教曰都承旨入肅予當還內不爾不還也使十輩踵相接以至余引義不敢進日至暮命黜補三水府使卽地辭陛出憩關廟有吟

친림하여 부르심에 응하지 않으니 未赴臨軒召
그대로 도성을 떠나가게 되었네 仍成去國遊
대궐 안 벼슬을 어찌 원하지 않으랴만 禁門寧不願
굳게 고집했으니 다시 누구를 탓하랴 株守更誰尤
구름이 잡힐 듯한 준령이 있고 有嶺雲相接
다리 없는 시내도 근심스럽네 無梁川可愁
석양 속 관제의 사당에서 斜陽關帝廟
도성을 아스라이 돌아보네 城郭莽回頭

조카 이유경[132]이 포천까지 따라왔다가 울면서 이별하고 돌아가기에, 써서 주다

李姪儒慶隨到抱川泣涕辭歸書以贈之

신하의 죄 실로 작지 않거늘	臣罪實匪細
우리 임금 어질고도 자애로우시네	吾王仁且慈
내쳐서 보임함은 유배가 아니니	黜補非竄謫
삼수 또한 하나의 수령 자리일세	三水亦一麾
다시 오는 철령 길이라[133]	揭來鐵嶺路
지세의 험난한 것 이미 익히 안다네	險易已熟知
그래도 염여퇴[134]에서	勝似灩澦堆
빈 배로 위태롭게 떠가는 것보단 낫네	虛舟去阽危
띠 찼을 땐[135] 마음이 울울하더니	束帶意鬱鬱
성곽을 나서자 곧 즐거워지네	出郭便怡怡
나는 기미를 말하지 않았는데	吾無言幾微
너는 어째서 눈물을 흘리느냐	爾何涕流離

132 이유경(李儒慶) : 1748～1818. 본관은 함평(咸平), 자는 이선(而善), 호는 청심옹(淸心翁)이다. 번암의 매제 이태운(李台運)의 아들이다.

133 다시……길이라 : 번암은 35세 되던 갑술년(1754, 영조30) 봄에 북도 평사(北道評事)가 되어 철령을 지나간 적이 있다.

134 염여퇴(灩澦堆) : 중국 사천성(四川省)에 있는 구당협(瞿唐峽)의 험한 여울로 알려져 있다.

135 띠 찼을 땐 : 조정에서 벼슬할 때를 말한다.

돌아가거들랑 집을 잘 지키면서 歸去好守屋
일체 내가 있을 때처럼 하거라 一如我在時
서책을 부지런히 수습하고 書卷勤收拾
꽃과 바위들도 잘 지켜 주렴 花石亦護持

철령의 구름

鐵嶺雲

철령의 구름 고갯마루 나무에 떠 있으니 鐵嶺雲浮在嶺頭樹
철령의 구름에 옛사람이 눈물을 뿌렸었지[136] 嶺雲曾灑古人淚
옛사람은 없는데 구름은 옛날 같네 古人不在雲如古
구름아, 구름아, 어째서 세상으로 가 비가 되어 雲兮雲兮何不去作人間雨
백성들에게 기름진 은택 두루 베풀지 않고 遍垂膏澤及斯民
매번 고갯마루 숙소에만 쏟아져 내려 霏霏每向嶺頭宿
고금의 유배객을 시름겹게 만드느냐 愁殺古今遷謫人

136 철령(鐵嶺)의……뿌렸었지 : 백사(白沙) 이항복(李恒福)이 광해군 때 인목대비(仁穆大妃) 폐위에 반대하다가 북청(北靑)으로 유배를 가면서 시조를 지은 일을 가리킨다. 40쪽 주11 참조.

영흥관에서 다시 희암 선생의 판상 시에 차운하다
永興館復次希菴先生板上韻

누가 서강에 날마다 파도가 일게 했나[137] 誰遣西江日起波
백발에 다시 지나려니 부끄럽네 白頭羞殺此重過
성 모퉁이 비는 양관곡[138]에 들어오고 城隅雨入陽關曲
말 머리 구름은 철령가[139]에 시름하네 馬首雲愁鐵嶺歌
쇠병은 실로 오랜 객지 생활 때문이니 衰病實緣爲客久
행장[140]은 끝내 성은을 저버린 것 많아라 行藏終覺負恩多
외로운 신하는 꿈에서 여전히 상약[141]을 하는데 孤臣夢裏猶嘗藥

137 서강(西江)에……했나 : 임금에게 사랑받지 못하고 조정에서 밀려나는 심정을 서강의 거친 파도에 비유한 것이다. 110쪽 주128 참조.

138 양관곡(陽關曲) : 옛날의 이별곡인 〈양관삼첩(陽關三疊)〉을 가리키는데, 삼첩이란 바로 왕유(王維)의 〈송원이사안서(送元二使安西)〉 시에서 "위성의 아침 비가 가벼운 먼지를 적시니, 객사는 푸르고 푸르러 버들빛 새롭구나. 그대여 한잔 술 더 기울이게. 서쪽으로 양관을 나서면 친구는 없나니.〔渭城朝雨裛輕塵, 客舍青青柳色新. 勸君更盡一杯酒, 西出陽關無故人.〕" 첫 구만 재창을 하지 않고 나머지 세 구는 모두 재창을 하는 것을 말한다.《王右丞集箋注 卷14》 여기서는 도성을 떠나 변방에 와 있는 심정을 노래한 것이다.

139 철령가(鐵嶺歌) : 백사 이항복이 유배 가면서 철령의 구름을 노래한 시조를 말한다. 40쪽 주11 참조.

140 행장(行藏) : 행(行)은 세상에 나와 도(道)를 행하는 것이고, 장(藏)은 초야에 은둔하는 것이다. 《논어》 〈술이(述而)〉에 "써 주면 도를 행하고 버리면 은둔한다.〔用之則行, 舍之則藏.〕"라고 하였다.

141 상약(嘗藥) : 임금이나 어른이 약을 복용하기 전에 안전한지를 점검하기 위해

천안이 옛 모습 아니니, 근래에 어떠신지 非昔天顏近若何

미리 약을 먹어 보는 것을 말한다. 번암은 1770년(영조46) 약방 제조(藥房提調)로서 숙직한 공을 인정받아 숭정(崇政)의 품계에 올랐다.

북청부에 도착하였을 때 외직에 보임하는 것을 취소하라는 명을 받들고 감회를 적다

到北青府伏承還寢外補之命志感

말 앞쪽에 드넓은 푸른 바다[142]는	青海馬前闊
유유히 다할 날이 없네	悠悠無盡期
어찌 알았으랴, 하늘의 부름이	那知自天召
도리어 반쯤 왔을 때 있으리란 걸	還在半途時
돌아가는 길이 구름, 나무[143]에 통하니	歸路通雲樹
환성 속에 풍악이 울리네	歡聲動竹絲
교방의 새 악보에다	教坊新曲譜
성은에 감사하는 시를 더해 넣겠네	添得感恩詩

142 드넓은 푸른 바다 : 바다처럼 넓은 임금의 은혜를 비유한 말이다. 다시 돌아오게 한 데에 대한 감사의 표현이다.

143 구름, 나무 : 두보(杜甫)의 시 〈춘일억이백(春日憶李白)〉에 나오는 "위수 북쪽 봄날의 나무 한 그루, 장강 동쪽 해 질 녘 구름이로다.〔渭北春天樹, 江東日暮雲.〕"라는 구절에서 연유한 것으로, 멀리 떨어지게 되는 것을 표현한 말이다.

무자년(1768, 영조44) 동짓달에 북백에 임명되다. 섣달에 하직 인사를 하고, 감영으로 가는 도중에 짓다

戊子至月除北伯以臘月辭陛赴營道中作

아독[144]을 영광스러워하지도 않고	牙纛非所榮
풍악을 좋아하지도 않는다네	聲樂非所好
임금의 은혜 푸른 바다처럼 커서	君恩滄海大
오매불망 미약하나마 보답코자 하네	寤寐涓埃報
널리 생각건대, 우리나라의	洪惟我國家
뿌리는 북도에 있다네[145]	根柢在北道
올해는 벌레가 곡식을 먹어 치워	今年蟲食穀
그 피해가 가뭄 홍수보다도 심하네	其害浮旱澇
유민들 흩어져 고개를 넘으니	流民散踰嶺
풍패[146]의 인구가 반이나 줄었네	豐沛戶半耗
진미를 먹을 겨를도 없으니	玉食不遑暇
무고한 백성들 측은해하네	惻然念無告

144 아독(牙纛) : 장수의 군영에 세우는 깃발인 호아기(虎牙旗)를 말하는 것으로, 깃대 끝을 상아로 장식하였기 때문에 이렇게 부른다. 큰 장수의 군문 또는 장수를 가리키는 말로 쓰이는데, 여기서는 지방의 병권을 지닌 관찰사를 의미한다.

145 뿌리는 북도에 있다네 : 조선의 발상지가 함경도 함흥이기 때문에 이렇게 말한 것이다.

146 풍패(豐沛) : 한(漢)나라 고조(高祖)의 고향인데, 여기서는 함흥 일대를 가리킨다. 35쪽 주4 참조.

나를 문석의 계단[147]으로 나오게 하여　進我文石陛
신신당부하는 말씀 내리셨지　降以申申誥
소신이 절하고 밤낮으로 염려하여　臣拜蚤夜念
검은 머리가 낱낱이 세어 버렸네　玄鬢箇箇縞
누더기 차림에 삐쩍 마른 몰골들이　鶉衣與鵠形
철령으로 가는 길에 가득하였네　塡咽鐵嶺道
나 좀 살려 달라고 울면서 호소하니　啼呼願活我
무너진 부엌에 이끼가 생겨날 정도였네　苔蘚生破竈
열 걸음마다 한 번씩 수레를 세우고　十步一停車
부지런히 고초를 위로하였지　勤勤以撫勞
그들 위해 교제창의 곡식을 내고　交倉爲之發
그들 위해 북쪽의 곡식을 운반해 왔네　北穀爲之漕
우리 임금 은혜를 널리 펴서　願宣我王惠
북관이 크게 혜택 보길 바라서라네　關海使丕冒

147 문석(文石)의 계단 : 무늬 있는 돌로 만든 대궐의 계단을 말하는 것으로, 대궐, 어전을 뜻한다.

기축년(1769, 영조45) 대보름 밤에 만세교를 거닐다
己丑上元夜步萬歲橋

그윽한 누대 그늘 취교[148]가 빽빽하니 窈窕樓陰簇翠翹
멀리 돌아가는 것 아랑곳 않고 견여로 천천히 돌아보네 肩輿徐導不嫌遙
달빛 아래 사방 들판엔 숲이 끝없고 月生四野無邊樹
사람은 삼한의 제일가는 다리 위에 있네 人在三韓第一橋
찬 눈은 이미 둑 위에서 녹았고 寒雪已從堤上盡
봄 강물은 살짝 술잔에 비쳐 일렁이네 春流微向酒中搖
이 일은 즐기려는 것 아님을 알아야 하니 須知此事非行樂
우연히 좋은 때를 만나 적요함을 달래네 偶答良辰破寂寥

148 취교(翠翹) : 비취의 꼬리처럼 생긴 부인들의 머리 장식의 일종인데, 여기서는 달구경을 하러 나온 부인네들을 가리키는 듯하다. 정월 대보름이면 함흥 사람들은 남녀노소를 가리지 않고 이곳으로 나와 다리밟기 놀이를 했다고 한다.

순행하다가 영흥관에 이르러 다시 희암 선생의 판상 시에 차운하다

巡到永興館復次希菴先生板上韻

이월의 긴 다리 아래 푸른 물결 출렁이는데	長橋二月漾淸波
풍속 묻는 웅거[149]가 비를 따라 지나가네	問俗熊車帶雨過
강가에는 한식절이라 바람 모래가 일고	江上風沙寒食節
하늘가에서 감은가에 눈물 흘리네	天涯涕淚感恩歌
흉년이라 촌락에는 밥 짓는 연기 줄어들고	村當荒歲生煙少
길에서 만난 유랑민들로 말 멈출 때가 많네	路遇流氓駐馬多
시름겹게 교외의 푸른 버들을 보노니	愁見郊原楊柳綠
고향의 봄 풍경은 정히 어떠할는지	故園春事定如何

149 풍속 묻는 웅거(熊車) : 수령이 민정을 시찰하는 것을 뜻하는 표현으로, 웅거는 지방 수령이 타던 수레이다.

징청헌에 제하다

題澄淸軒

나그네 수레 네 번이나 옛 함흥을 찾으니	征車四到古咸州
뜰의 나무에 날리는 꽃들 저녁에 더욱 시름겹네	庭樹飛花晩更愁
매일 풍운이 이는 창해가 가깝고	每日風雲滄海近
깊은 봄 발 내린 연거가 그윽하네	深春簾幕燕居幽
하늘 모습 솔 끝에서 다하는 듯하고	天容似向松端盡
강물 기세는 지붕 위로 흐를 듯하네	江勢疑從屋上流
부월 짚고 북문에 선 신하의 책임 막중하니	仗鉞北門臣責大
행락으로 변방 계책 그르치지나 말길	莫敎行樂誤邊籌

지락정에 제하다

題知樂亭

이끼 낀 샛길 벼랑 따라 천천히 걸어가니	苔徑緣厓步屧徐
낮은 담장 동쪽 곁에 꽃이 지기 시작하네	小墻東畔落花初
누대는 우뚝 솟아 봄 그늘에 접했고	樓臺秀出春陰際
성곽엔 영롱하게 석양빛이 넉넉하네	城郭玲瓏晩照餘
새가 건너고 구름이 날아 온통 아스라한데	鳥度雲飛渾莽蒼
하늘 모습 들판 빛이 허공에서 함께하네	天容野色與空虛
흥에 겨워 누대에 올랐다 의심치 말라	凝情莫怪欄頭立
한 해 동안 이 몸은 조정에 서지 못했나니	經歲牙旗限玉除

월파루에서

月波樓

낙조에 말 멈추고 서니	駐節仍餘照
시종 군졸이 옛 노닐던 곳 추억하네	從軍憶舊遊
둥근 바다가 완전히 감싼 듯하니	海圓全似抱
먼 누대가 홀연 물에 떠 있는 듯하네	樓迥忽疑浮
망망하여 누가 한계를 지으랴	莽莽誰能際
아스라해 또 시름겨워지려 하네	蒼蒼更欲愁
경치 좋은 곳을 오늘 밤에 만나니	名區今夕會
그저 달빛과 함께할 뿐이네	聊與月輪謀

이날이 보름이라서 이렇게 말한 것이다.

전원으로 돌아가는 노래

歸田行

높다란 아기(牙旗)도 모두 추구[150]이니	高牙大纛皆芻狗
철령을 한 번 넘으니 가진 것이 없네	一踰鐵嶺無所有
오직 약봉의 구름과 달빛만이	惟是藥峯雲月色
백 년토록 나와 길이 함께하였지	百年與我長相守
맑은 바람은 풍단(楓壇) 옆 솔밭에서 계속 불어오고	淸風不盡壇邊松
푸른 그늘은 문 앞 버들에 여전하네	綠陰如舊門前柳
뜨락의 꽃과 약초 가꿔 주지 못해도	階庭花藥雖不治
남은 향이 종종 창문으로 스며드네	餘香往往入戶牖
오운과 봉래가 지척에 있으니	五雲蓬萊在咫尺
대궐에서 밤마다 종소리가 울리네	長樂夜夜華鯨吼
이웃에서 내가 잘 다녀온 걸 기뻐하여	隣里喜我好跋涉
좋은 때면 술 들고 와 술이 술통에 가득하네	良辰携酒酒盈卣
문생이 내가 일찍 돌아온 게 기뻐서	門生喜我早歸來
오경을 질문하러 좌우에 늘어섰네	五經問質羅左右
한바탕 웃고 쓰러지듯 석상에 누웠으니	一笑頹然臥石床

150 추구(芻狗) : 풀을 엮어서 만든 개를 말하는데, 제사를 지내기 전에는 소중하게 여기다가 제사를 지내고 나면 함부로 버리기 때문에 쓸모없는 사물을 비유하는 말로 쓰인다. 《장자(莊子)》 〈천운(天運)〉에 "추구를 진설하기 전에는 상자에 담아서 좋은 비단으로 감싸 두지만, 시축(尸祝)이 재계한 뒤에 모셔다가 제사를 지낼 때 쓰고 나면, 발로 밟기도 하고 가져다가 불을 지펴 밥을 짓기도 한다."라고 하였다.

세간의 이 즐거움 영원할 만하네　　世間此樂堪不朽
산이 아니라 내가 산을 버린 것이니　　山不負吾吾負山
이전의 형역은 어찌 그리 길었던고　　向來形役何其久
지락정의 노랫소리 만세교의 달이여　　樂亭歌吹萬橋月
이미 벼슬 버렸으니 어찌 미련 가지랴　　秋蟬已蛻寧回首
오직 굶주린 백성 구걸하던 자들이　　獨有飢氓仰哺者
잊히지 않아 마음을 아프게 할 뿐이네　　思之不釋憂心惕

중추에 제생과 연융대를 찾았다. 달빛을 타고 세검정에 앉았는데, 나는 '성' 자 운에 걸렸다

中秋同諸生訪鍊戎臺乘月坐洗劍亭得聲字

소나무 끝 달이 점차 떠오르니	漸露松端月
무정한 듯도 하고 유정한 듯도 하네	無情還有情
구름 안개가 숨 쉬듯 끼었다 개었다 하니	雲煙如吐納
천석이 더욱 문채가 나네	泉石益文明
서늘함은 계절이 적당하고	涼燠天時適
누대는 지세가 말쑥하네	樓臺地勢淸
내 나귀가 제법 속되지 않아	吾驢頗不俗
시냇물 소리에 제 맘대로 멈춰 서네	隨意立川聲

또 '래' 자가 걸리다

又得來字

말을 잊고 잠시 높다란 누대에 멈추니	忘言乍駐樹梢臺
이미 달이 얼굴을 드러내네	已有氷輪拂面開
팔월의 바위산엔 갠 기운이 시원한데	八月巖巒晴颯爽
이경의 물 위로 하늘이 밝게 떠다니네	二更天水炯徘徊
홀연 공중에 앉은 것 놀라니	忽驚身寄空中坐
내가 세상에서 온 게 믿기지 않네	不信吾從世上來
풍진 속 온갖 걱정 모두 풀리니	塵裏百憂都解釋
지난날 백발은 어찌 그리 급했던고	向時華髮爲誰催

천추절[151]에 성상께서 덕유당에 나아가 문안하는 신하들을 소견하고 〈군신이 한자리에 함께 모이다〉라는 제목의 10운 배율을 지으라고 명하시어, 응제하다

千秋節上御德游堂召見問安諸臣命題君臣同會一堂中十韻排律應製

남산이 대명궁을 똑바로 마주하니	南山正對大明宮
어기와 어울려 서기가 가득하네	御氣仍兼瑞靄籠
이런 모임은 역사에 분명 드물 테니	靑史分明稀此會
대궐 뜰에는 많은 신하들 춤을 추네	彤墀舞蹈匝群工
장수하실 금옥 같은 관상을 뵈니	高年異相瞻金玉
당일에 무지개 뜨는 기이한 현상 있었네	當日奇徵繞電虹
열세 해 전 가을 이맘때쯤에	蓂吐十三秋正季
구오에 임하니 해가 중천에 떴네[152]	天臨九五日方中
종심[153]에서 나아가 장수를 더하셨지만	從心轉益添遐算

151 천추절 : 임금이나 후비(后妃)의 탄신일을 뜻한다. 당(唐)나라 현종(玄宗)이 8월 5일에 탄생하였는데, 개원(開元) 17년에 백관이 주청하여 이날을 천추절이라고 명명한 데서 유래하였다. 여기에서는 기축년(1769, 영조45) 9월로, 《영조실록》 45년 9월 13일 기사에 "임금이 '군신이 한자리에 함께 모이다〔君臣同會一堂中〕'로 제목을 삼아 여러 신하에게 응제(應製)하도록 명하고, 스스로 서문(序文)을 지어 곧 책자를 인출(引出)하게 하고 이름을 《군신동회록(君臣同會錄)》이라고 하였다."라는 내용이 있다.

152 열세……떴네 : 영조가 1724년 8월 30일에 창덕궁 인정전에서 즉위한 것을 가리킨다. 구오(九五)는 《주역》 괘(卦)의 6효(爻) 중 밑에서 다섯 번째의 양효(陽爻)를 가리키는 것으로, 보통 임금의 자리를 뜻한다. 《주역》 〈건괘(乾卦) 구오(九五)〉의 "용이 날아올라 하늘에 있다.〔飛龍在天〕"라는 말에서 나왔다.

장수하는 것은 공을 세운 것과 무관하다며 難老非關奏建功
성상의 마음은 원래 얇은 얼음을 밟는 듯[154]하사 聖念自來如履薄
겸손하게 숭호[155]를 사양하시네 謙光不許聽呼嵩
햇빛 찬란한 단문에는 부시[156]가 움직이고 端門瑞旭罘罳動
향 연기 핀 편전에는 보의[157]가 드높네 便殿香煙黼扆崇
기구[158]들 나란히 걸으니 머리가 학과 같고 耆舊竝趨頭似鶴
명량[159]이 만나니 날개가 기러기 같네[160] 明良相得翼如鴻

153 종심(從心) : 70세를 뜻한다.《論語 爲政》 당시 영조는 76세였다.

154 얇은……듯 : 늘 위험에 빠질까 전전긍긍하며 조심한다는 의미이다.《시경》〈소아(小雅) 소민(小旻)〉의 "전전긍긍하여 깊은 연못에 다다른 듯, 얇은 얼음을 밟듯 하라.〔戰戰兢兢, 如臨深淵, 如履薄氷.〕"라는 말에서 나온 것이다.

155 숭호(嵩呼) : 한(漢)나라 무제(武帝)가 숭산(嵩山)에 올라가 제사를 지낼 때 곳곳에서 만세 소리가 들렸다는 고사(故事)에서 나온 것으로, 백성들이 임금을 찬양하여 만세를 부르며 즐거워함을 말한다.《漢書 武帝紀》

156 부시(罘罳) : 원래는 궁문을 둘러서 가리는 시설을 말한다. 일설에는 문밖에 있다고도 하고, 또 궐문에 이어진 곡각(曲閣)이라고도 한다. 신하가 임금에게 일을 아뢸 때에는 문안의 가린 것〔屛〕 밖에 와서 아뢸 일을 다시〔罘〕 생각〔罳〕해 보아야 한다는 뜻에서 취하였다 한다. 새를 막기 위하여 처마 끝에 친 그물을 뜻하기도 한다.《日知錄 卷32》《古今注》《酉陽雜俎續集》

157 보의(黼扆) : 고대에 제왕이 앉는 자리의 뒤쪽에 설치한 병풍이다. 빨간 도끼 모양의 문양이 그려져 있다.

158 기구(耆舊) : 나이가 많고 덕이 높아 사람들의 존경을 받을 만한 사람을 가리킨다.

159 명량(明良) : 현명한 군주와 훌륭한 신하를 말한다. 순(舜) 임금이 노래를 지어 부르자, 고요(皐陶)가 거기에 화답해서 노래하기를 "임금님이 현명하시면 신하들도 어질어서 모든 일이 편안하게 될 것입니다.〔元首明哉, 股肱良哉, 庶事康哉.〕"라고 한 데서 나왔다.《書經 益稷》

160 날개가 기러기 같네 : 기러기는 훌륭한 임금을 만나 자신의 포부를 펼치는 어진

어전에서 좋은 감계(鑑戒) 아뢰기를 생각하고	思將金鑑規前席
선도[161]를 따다가 상께서 장수하시게 하고 싶네	願折瑤桃壽聖躬
대춘 나무가 넓은 동해에서 길이 푸르니[162]	春樹長青東海闊
해마다 환락이 참으로 무궁하리라	年年歡樂定無窮

신하를 뜻한다. 한나라 왕포(王褒)이 〈성주득현신송(聖主得賢臣頌)〉에 "군신간에 천재일우의 기회를 만나, 국사를 논할 적에 이견이 없으면, 마치 기러기 날개가 순풍을 만나서 훨훨 나는 듯하고 호쾌하게 거대한 고기가 큰물에서 노는 듯하게 되리라.〔千載一會, 論說無疑, 翼乎如鴻毛遇順風, 沛乎若巨魚縱大壑.〕"라고 한 데서 온 말이다.

161 선도(仙桃) : 한(漢)나라 무제(武帝) 원봉(元封) 1년에 고대 전설 속의 선인(仙人) 서왕모(西王母)가 불로장생할 수 있는 복숭아, 즉 선도를 선물했다고 전해진다. 《漢武帝內傳》

162 대춘(大椿)……푸르니 : 대춘은 장수하는 나무로, 《장자(莊子)》 〈소요유(逍遙遊)〉에 "8000년을 봄으로 삼고 8000년을 가을로 삼는다."라고 하였다. 동해 가운데에는 신선들이 산다는 삼신산(三神山), 즉 영주산(瀛洲山), 방장산(方丈山), 봉래산(蓬萊山)이 있다고 한다. 《漢書 郊祀志》

〈금원의 단풍 숲이 잎마다 붉다〉라는 제목으로 20운 배율을 지으라고 명하여, 응제하다[163]

禁苑楓林葉葉紅二十韻排律應製

표범 가죽을 하사받았다.

동물 식물 제각기 즐겁게 한 해의 일을 하니	動植熙熙各歲功
사시의 사물 관찰 성상 마음에 가득하네	四時觀物藹宸衷
숲이 모두 생성의 은택을 입으니	林蔥盡囿生成澤
울긋불긋 온통 조화의 공일세	粧點渾歸造化工
서리 내린 뒤 어느 나무가 시들었는지 보니	霜後試看千樹爛
궁궐 서쪽에 붉은 오색구름 더하였구나	掖西添得五雲紅
대궐 숲에 고운 꽃이 없는 게 아니건만	葳蕤上苑非無卉
대궐 뜰 밝히는 건 단풍이 제일일세	蔭映天墀最是楓
어린잎은 때를 알아 고마운 비에 자라고	嫩葉知時滋惠雨
녹음은 그림처럼 갠 날 바람을 보내네	綠陰如畫轉光風
해와 달이 찬란한 때에 배양하여	培來日月光華際
자연스럽게 천지 중에 자리를 잡았네	自在乾坤位育中
희력의 별 옮겨져 대화를 보니[164]	羲曆星移瞻大火

163 금원(禁苑)의……응제하다 : 《이계집(耳溪集)》 권9에 〈금원풍림엽엽홍칠언이십운(禁苑楓林葉葉紅七言二十韻)〉이라는 제목의 시가 실려 있는데, 주석에 "기축년(1769, 영조45) 가을에 승지로서 응제하다.〔己丑秋, 以承旨應製.〕"라고 되어 있다.

164 희력(羲曆)의……보니 : 7월이 된 것을 말한다. 희력은 복희씨(伏羲氏)의 역법이라는 뜻으로, 달력을 의미한다. 대화는 대화심성(大火心星)으로, 음력 7월이 되면

당풍에는 세모에 찬 벌레를 읊었네[165] 唐風歲暮詠寒蟲
국화 무늬 기와 위에는 새벽이슬이 영롱하고 黃花瓦上明晨露
대궐 문 앞에는 저녁 오동이 떨어지네 靑瑣門前落晚桐
만물이 이미 중구절을 지냈는데 物態已經重九節
화려한 자태가 홀로 대궐 안에 있었네 穠華獨在大明宮
처음에 군데군데 서리 소식을 전하더니 初成點纈傳霜信
점차 온통 붉은빛이 만추의 하늘을 수놓았네 漸作通紅耀晚空
용이 붉은 비늘을 씻는 듯 아래위로 흔들리고 龍刷赤鱗搖上下
까마귀가 붉은 옷을 입은 듯 동서로 현란하네 鴉穿紫氣眩西東
화려한 누각 빽빽하여 진한 햇무리를 이루고 叢叢綺閣濃成暈
층층 성곽에 또렷하게 무지개가 뻗쳤네 的的層城彩散虹
향기로운 안개 걷히면 일제히 찬란하고 香霧捲時齊晃朗
석양이 많은 곳이 가장 영롱하네 夕陽多處最玲瓏
궁녀들은 모아서 연지를 만들려 하고 宮娥欲拾臙脂出
연로에는 온통 비단을 덮은 듯하네 輦路渾疑錦繡蒙
우로는 원래 태평성대에 많은 법 雨露自來多聖世
도균[166]을 어찌 꼭 조물주에게 기대리 陶勻何獨賴天公

서쪽으로 흐른다고 한다. 《시경》 〈빈풍(豳風) 칠월(七月)〉에 "칠월에는 심성이 흐르네.〔七月流火〕"라고 하였다.

165 당풍(唐風)에는……읊었네 : 《시경》 〈당풍 실솔(蟋蟀)〉이라는 시의 내용을 말하는 것으로, 요(堯) 임금의 옛 도읍지인 당나라에 아직도 요 임금의 덕이 남아 있어 백성들의 풍속이 매우 부지런하고 검소하니, 서로 본분을 잃지 말자고 경계하는 내용을 귀뚜라미〔蟋蟀〕에 비겨 노래하였다.

166 도균(陶勻) : 도자기를 만들 때에 그릇의 용도에 따라 속도를 조절하여 적절히

하루 세 때 바람 소리는 영춘[167]에서 접하고	三時天籟靈春接
한 동산의 상서로운 빛은 노숙을 통하네	一苑祥光老宿通
하전[168]이 즐기는 물건이 아님을 잘 알아서	剛識廈氈非玩物
원리[169] 이치 미루어 성종[170]을 확인하네	試推元利驗成終
문장은 마땅히 조양의 봉황[171]을 끌어와야 하니	文章合引朝陽鳳
절서는 바야흐로 한밤의 기러기 우는 때로세	節序方流午夜鴻
자하동에서 흘러나온 기름[172]을 운 좋게 맛보니	紫洞流膏身幸際
승정원에서 명 받들 때 은총이 유독 깊었네	銀臺授簡渥偏隆

굴리는 물레라는 뜻으로, 조정에서 정국을 통제하는 대권(大權)을 장악하고 백성을 교화하는 것을 뜻한다.

167 영춘(靈春) : '춘(春)'은 본래 '춘(椿)'으로, 《장자(莊子)》 〈소요유(逍遙遊)〉에 나오는 대춘(大椿)이라는 오래 사는 나무를 말하는데, 여기서는 단풍나무를 가리킨다.

168 하전(廈氈) : 넓은 집과 촘촘한 털방석을 말하는 것으로, 보통 임금과 강학하는 경연(經筵)을 가리키는데, 여기서는 어전을 말한다.

169 원리(元利) : 《주역》 〈건괘(乾卦)〉에 "건은 원하고 형하고 이하고 정하다.〔乾, 元亨利貞.〕"라고 하였는데, 천도가 쉬지 않고 순환하는 이치를 말하는 것이다.

170 성종(成終) : 성시성종(成始成終)의 준말로, 정성스러운 자세를 일관되게 유지하는 것을 말한다. 주희(朱熹)는 "경은 성학의 시종을 이루는 것이다.〔敬者, 聖學之所以成始成終者也.〕"라고 하였다. 《心經附註 卷1 敬以直內章》

171 조양(朝陽)의 봉황 : 《시경》 〈대아(大雅) 권아(卷阿)〉에 "봉황이 우는구나, 저 높은 뫼에서. 오동이 자라나도다, 저 아침 해가 뜨는 동산에서.〔鳳凰鳴矣, 于彼高岡. 梧桐生矣, 于彼朝陽.〕"라고 한 데서 나온 말로, 어진 인재가 때를 만나 일어나는 것, 또는 태평성대를 상징하는 말로 쓰인다.

172 자하동(紫霞洞)에서 흘러나온 기름 : 자하동은 신선이 산다는 곳이고, 기름은 그늘이 마신다는 음료, 즉 선고(仙膏)를 말한다. 여기서는 임금이 하사한 선온(宣醞)을 뜻한다.

어찌하면 이 알록달록한 잎을 가져다가	那由將此斑爛葉
금광[173]으로 바꿔서 성상을 장수하시게 할까	變作金光壽聖躬

173 금광(金光) : 금광초(金光草)를 말하는 것으로, 불로장생하는 신선들이 복용한다는 명경초(明莖草)의 일종이다.

경인년(1770, 영조46) 1월에 병조 판서에 임명되어, 남대문 안으로 이사를 하면서 약봉의 집과 작별하다

庚寅正月拜大司馬移家入南門內留別藥峯宅

내가 약봉의 주인이 된 지	我爲藥峯主
어언 열세 해로다	於焉十三年
약봉(藥峯) 어른[174] 죽고 나서 내가 살게 되었을 때	藥翁已沒我繼之
이곳의 숲 골짜기 반겨 주는 듯하였지	此中林壑如欣然
높은 마루는 기거하기에 모두 적절하였고	高軒坐臥無不宜
사철의 운물은 가없이 넓었네	四時雲物浩無邊
계단 꽃 그림자 희롱하느라 고운 새들 모여들고	階花弄影嬌禽集
풍단의 잣나무 그늘마다 더운 날 옮겨 다녔지	壇柏交陰赫日遷
온 동산에 감과 밤이 새벽 서리 내린 뒤 가득하고	一園柿栗晨霜後
지팡이 짚고 보면 집집마다 설월의 풍경 펼쳐졌네	千家雪月枯筇前
벼슬 떠난 뒤로 구학의 맹세[175] 확고했건만	已拚終牢丘壑盟
어찌 알았으랴, 홀연히 벼슬에 끌리게 될 줄을	那知忽爲簪纓牽
진귀한 탕 날마다 바치는 태의를 관장하고[176]	珍湯日進領太醫

174 약봉(藥峯) 어른 : 약산(藥山) 오광운(吳光運)을 말한다.

175 구학(丘壑)의 맹세 : 은거하여 자연을 벗 삼아 즐기겠다는 맹세를 뜻한다. 강호(江湖)에 은둔하여 갈매기와 벗을 삼고 살겠다는 의미의 백구맹(白鷗盟)과 같은 말이다.

176 태의(太醫)를 관장하고 : 1770년 내의원 제조(內醫院提調)를 맡게 된 것을 표현한 말이다.

말만큼 큰 금인 지닌 중권[177]을 맡게 되었네 金印斗大居中權
일단 잠시 대궐 근처로 이사하니 且暫移家近象魏
경치 좋은 곳과 인연이 적어서가 아니라네 非是名區少因緣
막 섬돌에 내려서며 슬픈 기색 보였더니 我方循除色惆悵
원학은 가는 것 애석하여 펄쩍 뛰네 猿鶴惜去爭翩躚
성심껏 성군을 섬기다가 待吾盡節事明主
돌아와서 다시 석상 쓸고 자리라 歸來復掃石床眠
정중히 청하오니, 산신령들께서는 조금 이해하시어 珍重英靈少寬假
안개 속 북산에서 격문(檄文)을 보내지[178] 마소서 不須馳檄北山煙

177 중권(中權) : 병조 판서의 이칭이다.

178 북산(北山)에서 격문(檄文)을 보내지 : 남북조(南北朝) 때 주옹(周顒)이 북산에 은거하다가 관직을 제수받고 나가자, 함께 은거하던 친구인 공치규(孔稚圭)가 그를 매우 못마땅하게 여긴 나머지 북산 신령의 말을 가탁하여 관청의 통문(通文) 형식으로 이문(移文)을 보내, 주옹이 두 번 다시 북산에 발을 들여놓으면 산들이 노하여 거절할 것이라고 했던 고사를 가리킨다. 《文選 卷43 北山移文》

벼슬을 내놓고 약봉의 집을 찾다
解官訪藥峯宅

장마가 올해는 심하니　　霖雨今年大
이 집에 손상이 없을 수 있으랴　　能無損此廬
종들 불러 기와 수리를 의논하고　　招僮議補瓦
조카 시켜 장서를 점검하게 하네　　敎姪檢藏書
부끄러워라, 어찌 그리 늦게 돌아오는가　　愧我歸何晩
벗이 있어 와도 소원하지 않네　　有朋來不疎
벼슬 내놓고 죽을 먹고 살더라도　　休官且粥飯
내 마음은 다른 것 바라지 않네　　吾意不求餘

두 번째 其二

못 본 지 벌써 몇 달이라　　不見已幾月
내 집이 폐가처럼 되었네　　吾廬似廢廬
풍단은 비어 새털만 날리고　　壇空鳥遺毳
처마는 갈라져 비에 책이 젖었네　　簷缺雨霑書
어쩌다 벼슬에 매여서　　偶被簪纓累
자연히 내왕이 뜸해졌네　　自然來往疎
유독 사랑스러운 건 높은 회나무의 모습이니　　偏憐聳檜色
곧게 솟아 의취가 여전히 넉넉하구나　　直上意猶餘

약봉의 집에서 제군에게 보이다

藥峯宅示諸君

성에 들어가면 즐거운 마음 사라지고 入城少歡意
성 나오면 아름다운 흥취가 이네 出城有佳興
내 동산은 참으로 알기 쉬우니 吾園誠易知
솔숲이 돌계단을 두른 곳이지 松檜擁盤磴
반년 만에 돌아와 보니 半歲始歸來
경내가 말쑥해 마음도 안정되네 境靜心亦定
군무(軍務)는 나의 본분이 아니니 槩戟非吾分
바위 골짜기가 나와 어울리네 巖壑與人稱
나직이 도위[179]의 시를 읊조리니 微吟陶韋詩
바람이 담담하게 응하네 天籟澹相應
바둑 소리에 새가 때로 엿보고 棊鳴鳥時窺
달이 뜨자 산이 어둡지 않네 月上山不暝
시 벗이 밤에 찾아오기로 약속을 하여 詩朋夜有期
지팡이 짚고 숲 샛길에서 기다리네 倚杖候林徑

179 도위(陶韋) : 진(晉)나라의 시인 도잠(陶潛)과 당(唐)나라의 시인 위응물(韋應物)을 가리킨다. 이 두 시인 모두 초연히 자연을 노래하는 시풍이 있어서 자주 병칭한다.

사술 홍리의 자이다. 이 성현역에서 왔기에 기뻐서 써서 주다
士述 弘履字 至自省峴郵喜而書贈

조카가 서른 살 남짓인데 阿姪三十餘
희끗희끗 벌써 백발이 많아지네 蒼蒼已繁鬢
놀이 삼아 일관[180]으로 부임하더니 遊戲赴一官
그 몸이 오화마[181]를 탔네 身騎五花駒
영남에 이름난 고을이 많아 嶺南多名州
누각이 긴 강에 즐비하지 樓閣臨長湖
기상이 남달라 집을 그리워 않고 奇氣不戀家
경치 좋은 곳을 두루 유람하였네 歷覽窮勝區
동래부에서는 밤에 연회를 열고 萊府夜宴開
경주에서는 봄날 술을 마셨었지 鷄林春酒呼
시를 받으려는 이들이 운집하니 求詩集如雲
모두 한단의 미인[182]들이네 盡是邯鄲姝

180 일관(一官) : 벼슬길에 처음 나간 사람이 받는 가장 하급 벼슬인 9품직으로, 일명(一命)과 같은 말이다. 《주례(周禮)》에 "일명에 직무를 받고, 재명(再命)에 옷을 받고, 삼명(三命)에 자리를 받는다."라고 한 것에서 나왔으며, 처음 벼슬길에 나아감을 표현하는 말로 흔히 쓰인다. 채홍리(蔡弘履)가 1769년(영조45) 6월 19일 성현 찰방에 제수되었다. 《承政院日記 英祖 45年 6月 19日》

181 오화마(五花馬) : 당(唐)나라 때 말갈기를 다섯 갈래로 잘라 만든 것을 오화(五花)라고 하였는데, 일설에는 말의 털 색깔이 얼룩얼룩한 것을 지칭한다고도 한다.

182 한단(邯鄲)의 미인 : 한단은 전국 시대 조(趙)나라의 수도이다. 옛날부터 연(燕)

한 번 웃고 백 장의 종이에 휘갈기니　一笑掃百紙
붓이 날아 멈출 줄을 모르네　飛管不踟躕
해학이 시축에 가득 넘쳤으니　調戲爛盈軸
문채는 세상에 없던 것이네　文彩世所無
관찰사가 보고 탄복하니　按使見之歎
명성이 전해져 도성에 가득하였네　流譽滿上都
어머니의 밤 꿈에 나타나더니　萱闈夜入夢
다섯 달 만에 말을 달려 왔다네　五月載馳驅
내가 그때 초복[183]을 이루어　余時遂初服
성 남쪽 구석에서 은거하고 있었지　屛居城南隅
소나무 문 그윽하고 고요하여　松門窈以靜
흰 구름이 감싸고 떠다녔지　白雲相縈紆
너를 보고 내 눈이 파래져서[184]　見爾我眼青
하루 종일 담소를 했네　談笑竟朝晡
오는 길에 지은 시를 꿇어앉아 읊으니　跪誦道塗作

나라와 조나라에는 미녀가 많다고 하였는데, 〈고시(古詩)〉에 "연나라와 조나라엔 아름다운 사람 많아서, 미인은 얼굴이 옥과 같다네.〔燕趙多佳人, 美者顔如玉.〕"라고 하였다. 여기서는 기생들을 말한다. 《文選 卷29》

183 초복(初服) : 벼슬하기 전에 입었던 복장을 말하는 것으로, 흔히 초야에서 은거하던 시절의 순수한 초심(初心)을 비유한다.

184 내 눈이 파래져서 : 반가운 표정을 짓는 것을 말한다. 진(晉)나라 때 죽림칠현(竹林七賢)의 한 사람인 완적(阮籍)이 마음에 맞는 벗을 대할 때에는 눈동자를 푸르게 하고, 마음에 들지 않는 사람을 대할 때에는 희게 하였다고 한 고사에서 나왔다. 《晉書 阮籍列傳》

흡사 악기 소리를 듣는 듯하네　悅如聞笙竽
산하에 또 가을이 찾아오니　山河又秋序
사각사각 우물가 오동이 울어 대네　颯然鳴井梧
헤어지는 날 좋은 기약을 하니　分日有勝期
한강 북쪽 홍정[185]이 외로워지네　漢北紅亭孤
너는 말을 남쪽으로 몰지 말거라　君馬且勿南
네가 아니면 누구와 즐기리오　微爾與誰娛

185 홍정(紅亭) : 행인들의 휴게 시설인 장정(長亭)이다. 5리마다 난정(短亭)을 설치하고 10리마다 장정을 설치하였는데, 주로 송별을 하던 장소이다.

심규 운로 나중에 여점으로 바꾸었다. 에게 주다. 당시에 운로가 서실을 짓고 원천재라고 편액을 하였다

贈沈逵雲路 後改汝漸 時雲路構書室扁曰源泉齋

늙어 갈수록 젊은이들과 교분을 나누니	老去交情托少年
바람 앞 옥수[186]가 참으로 사랑스럽네	臨風玉樹政堪憐
숲속 지팡이는 안봉[187]의 뒤를 많이 찾고	林筇多在鞍烽後
이끼 낀 샛길은 가늘게 학총 가로 나 있네	苔徑微橫鶴塚邊
기이한 글자 물을 때면 더러 술을 싣고 오고[188]	奇字問時容載酒
작은 집 짓고서 시냇물 소리 즐겨 듣네	小軒開處愛聽泉
부디 성 남쪽 교목의 빛을 보게나	請看喬木城南色
우로가 봄에 적셔 내내 울창하다네	雨露春濡長鬱然

186 옥수(玉樹) : 흔히 남의 훌륭한 자제를 지칭하는 말로 쓰인다. 진(晉)나라의 명사(名士)인 사안(謝安)이 여러 자제에게 "왜 사람들은 모두 자기의 자제가 출중하기를 바라는가?"라고 묻자, 조카 사현(謝玄)이 "이것은 마치 영지와 난초, 옥수가 자기 집 뜰에서 자라나기를 바라는 것과 같습니다."라고 한 데서 나왔다. 《晉書 謝安列傳 謝玄》

187 안봉(鞍烽) : 안현(鞍峴)의 봉수대를 말한다. 안현은 한양(漢陽)의 지명으로, 모악(母嶽)이라고도 한다.

188 기이한……오고 : 한(漢)나라 성제(成帝) 때의 사람인 양웅(揚雄)의 고사를 차용한 것이다. 양웅이 젊어서부터 문장을 잘하여 이름을 떨쳤으며, 학문을 좋아하여 아주 박학하였는데, 집이 가난하여 좋아하는 술을 자주 마시지 못하자, 기이한 글자를 물어보러 오는 사람들이 안주와 술을 싣고 와서 대접하였다고 한다. 《漢書 揚雄傳》

삼종형 도공 이 정산[189] 수령으로 나가는 것을 삼가 전송하다
奉送三從兄 道恭 出宰定山

두 선조가 일찍이 나란히 찾았던 곳　二祖曾聯武
어진 자손이 다시 이 고을을 맡았네　賢孫復此州
현가는 옛날과 같을 수 있고　絃歌能似昔
서리는 또 가을을 겸했네　霜露又兼秋
주금[190]은 시골 동산이 가까워서이니　晝錦鄕園近
청전[191]은 군의 누각에 보관해 두었네　靑氈郡閣留
그대여 구리의 여울을 보게나　君看九里瀨
맑고 맑게 고금에 흐르고 있네　淸澈古今流

189 정산(定山) : 충청남도 청양(靑陽)의 옛 이름이다.

190 주금(晝錦) : 항우(項羽)가 함양(咸陽)을 도륙하고 관중(關中) 입성을 앞두고 있을 때, 고향인 강동으로 돌아갈 생각을 하며 "부귀해서 고향으로 돌아가지 않는다면 비단옷을 입고 밤에 다니는 것과 같다."라고 하였는데, 이후로는 '비단옷을 입고 낮에 다니는 것'을 부귀해져서 고향으로 돌아가는 것에 비겼다. 《漢書 項籍傳》

191 청전(靑氈) : 푸른 양탄자로, 집안에서 전해지는 가보나 전통을 가리킨다. 진(晉)나라 때의 왕헌지(王獻之)가 어느 날 밤 재중(齋中)에 누워 있을 때 도둑이 들어 물건을 다 훔쳐 가므로, 왕헌지가 도둑에게 말하기를 "청전은 우리 집에서 대대로 전해지는 물건이니, 그것만은 놓고 가거라."라고 했다는 고사에서 유래하였다. 《晉書 王羲之列傳 獻之》

새벽에 내의원으로 달려가다

曉赴藥院

두려움에 밤잠을 설쳤는데	怵惕宵眠未穩裁
두 눈이 약속한 듯 절로 떠지네	如期兩睫自能開
가동이 일에 능해 등을 걸고 앉았는데	家僮解事懸燈坐
약원의 아전이 시간을 알리려 달빛 받고 오네	院吏知更帶月來
남쪽 도로 종소리는 왜 저리 급한가	南陌鍾聲有底急
서쪽 이웃 닭 울음도 재촉하는 듯하네	西隣鷄唱似相催
군왕은 단지 신하의 충심을 사랑할 뿐	君王只愛臣心赤
황기의 문답[192]에 밝아서가 아니라네	非爲黃岐問答才

192 황기(黃岐)의 문답 : 동양의학의 필수 의서(醫書)인 《황제내경(黃帝內經)》을 말한다. 의학에 정통했던 전설상의 인물인 황제(黃帝)와 기백(岐伯)이 의술에 관해 문답한 내용을 담은 책이다.

유수오가 와서 같이 달밤에 광통교를 거닐었다. 이날 밤에 성상께서 마침 야금을 해제하셨다

兪秀五至仍與步月廣通橋是夜上適弛夜禁

좋은 때 알지 못한 채 문을 닫고 시름하다가	不分良辰閉戶愁
지팡이 짚고 객과 함께 다리 머리를 거니네	杖藜携客步橋頭
군왕이 마침 금오의 야금을 푸시니	君王偶放金吾夜
달과 별이 가을 자각[193]에 높이 걸렸네	星月高懸紫閣秋
조회 파하자 사롱이 번화한 도로를 가르고	朝罷紗籠通綺陌
하늘 맑아 경고가 붉은 누각에서 우렁차네	天晴更鼓殷朱樓
이제야 대은은 성안 저자에 머문다는 걸 알겠으니	方知大隱留城市
마음이 허명하면 사는 곳도 절로 그윽해진다네	心若虛明境自幽

193 자각(紫閣) : 자각봉(紫閣峯), 즉 한양의 남산을 가리킨다.

가을날에 이 정언 동우, 목 원외 만중, 심 원외 복, 조 원외 시겸, 심생 규, 족제 우공, 재종 헌공, 주서인 조카 홍리, 조카 이유경과 함께 북영에서 노닐었다. 운자를 불러 각각 5언과 7언 근체시를 읊다

秋日同李正言 東遇 睦員外 萬中 沈員外 墣 趙員外 時謙 沈生逵族弟友恭再從獻恭注書姪弘履李姪儒慶遊北營呼韻各賦五七言近體

제단 곁에서 나귀를 내리니　下驢帝壇側
시야 가득 푸른 숲이 들어오네　滿眼林木青
성 서쪽의 나그네들에게 기별하여　奇事城西客
시냇가 정자에서 나를 기다리네　待余溪上亭
골짜기가 비니 암벽이 감싸 안은 듯하고　谷虛巖欲抱
연꽃이 움직이니 빗물이 살짝 떨어지네　蓮動雨微零
한 해 동안 저자에서 꿈만 꾸었더니　朝市終年夢
샘물 소리 비로소 들을 수 있네　泉聲始可聽

두 번째 其二

속세 시름 벼슬 생각 이미 다 사라지니　塵愁宦想已全微
암벽 사다리 올라가는 걸음이 날아가네　一上巖梯步屧飛
산바람은 가을 이후로 점점 세지고　山籟漸從秋後盛
저자 소리는 이곳에선 들리지 않네　市聲應到此間稀
숲 깊어 홀연히 상을 옮겨 앉고 싶으니　林深忽欲移牀坐

약한 나귀도 술통을 차고 돌아갈 수 있네	驢弱能容佩榼歸
솔 사이로 비가 떨어져도 염려 없어라	不怕淋漓松雨至
양서에서 새로 푸른 비옷을 빌렸으니	瀼西新借綠蓑衣

오경삼[194] 등 제군이 필운대 아래 이씨의 정자에서 묵고 있기에, 아침에 일어나 내달려 가 시를 읊어 벽에 남기다
吳景參諸君宿弼雲臺下李氏亭朝起馳赴賦詩留壁

한바탕 웃고 산 나무에 기대어	一笑倚山木
맑은 시를 매미와 함께 읊조리네	淸詩蟬與吟
아름다운 약속은 빠르고 늦은 게 없지만	佳期無早晚
서늘한 해는 맑고 갠 것에 따라 다르네	涼旭間晴陰
늙은 은행나무는 무너진 인궁[195]에 서 있고	老杏仁宮廢
가을꽃은 심원한 범취에 피었네	秋花泛翠深

범취는 정자 이름이다.

차디찬 돌 사이의 물은	泠泠石竇水
응당 백 년의 마음 알아주리라	應照百年心

두 번째 其二

구름 속 높은 나무에 바람이 부니	雲木有空籟
자연스레 한 번씩 읊조리게 되네	自然時一吟

194 오경삼(吳景參) : 오대익(吳大益, 1729~?)으로, 본관은 동복(同福), 자는 경삼이다. 약산(藥山) 오광운(吳光運)의 조카이고 번암의 처남이다.

195 인궁(仁宮) : 인왕산(仁王山) 아래에 있던 경복궁(景福宮)을 말하는 듯하나, 미상이다.

서늘하여 뜨거운 태양이 없으니　　蒼涼無畏景
흐릿하게 가을 그늘로 바뀌었네　　隱約易秋陰
바위 골짜기엔 인가의 연기 머니　　巖壑人煙遠
거문고 타고 바둑 두기엔 지세가 깊네　　琴棋地勢深
모과나무 지팡이를 내게 빌려주니　　櫚筇持借我
초연한 그대들 마음을 볼 수 있네　　瀟灑見君心

죽산의 선영에서 감회를 적어 오경삼에게 보여 주다 임진년(1772, 영조48)

竹州墳菴書懷示吳景參 壬辰

그대의 나귀 작은 게 염려스러우니	可念君驢小
봄 진흙이 도처에서 녹고 있다네	春泥到處融
따라온 지 사흘이 지났는데	相隨三日至
애모의 마음 평생토록 한가지네	哀慕百年同
세월은 흘러 고아가 늙었는데	歲月孤兒老
송추 숲에는 한 작은 길 생겼네	松楸一徑通
계절이 또 한식이라	天時又寒食
눈물 뿌리며 동풍을 향하네	沾灑向東風

밤에 앉아 감회를 적어 오경삼에게 보여 주다
夜坐志感示吳景參

벼슬자리 지루하여 몸이 고단하더니	禁籍支離苦絆身
두 해 만에 비로소 천민천을 건너네	二年方始渡天民
늘어 가는 백발은 내가 아닌 듯하고	增來鬢髮疑非我
파종했던 소나무는 사람보다 커졌네	種得杉松長過人
시든 나무의 형체 아직 세상에 남았고	枯木餘骸猶此世
백양나무에는 보슬비가 올봄에도 내리네	白楊微雨又今春
침랑의 사정은 원래 비슷한 법	寢郎情事元相似
외로운 촛불 멀리서 맞으니 온갖 감회가 새롭네	孤燭招邀百感新

묘 입구를 옆으로 감아 도는 시내가 있는데, 이름을 천민천(天民川)이라고 하였다.

죽산을 출발하다

發竹山

흐릿하게 아침 해 동산에 가렸는데	依依初日翳東峯
한식의 거친 들판 빗기운이 무겁네	寒食荒原雨氣重
외로운 묘소를 깊은 골짜기에 버려두고	忍遺孤墳在窮谷
홀로 노구 끌고 깊은 솔숲을 나서네	獨將衰鬢出深松
산꽃에 눈물 뿌려 눈가 가득 젖었는데	山花濺淚濛濛濕
봄풀은 무슨 마음으로 점점 돋아났나	春草何心寸寸茸
동문을 맴돌면서 떠나지를 못하니	步繞洞門忘擧趾
슬픔 안고 속으로 꿈속 모습 떠올리네	含悲暗想夢中容

서쪽 나루 배 안에서 경삼이 오기를 기다리다
西津舟中待景參至

매년 한식이면 약속한 듯 비가 오니	每年寒食雨如期
봄물이 전에 건널 때보다 불어났네	春水多於前渡時
정중하게 청하노니, 사공아 출발 마소	珍重篙師休解纜
석양 속 모래밭길 작은 나귀론 더딜 수밖에	夕陽沙外小驢遲

연경에 가는 윤 시랑 유문[196] 동승 을 전송하다
送尹侍郎幼文 東昇 赴燕

황량한 산에서 반백[197]한 지 두 달이 지났는데 攀柏荒山月再彎
사신의 수레 눈길 속에 서쪽 변경에 도착했겠네 使車衝雪已西關
아련히 운암에서의 꿈을 기억하노니 依依記得雲菴夢
다리 가에서 취한 채 전송하고 돌아왔지 殘酒橋頭送子還

두 번째 其二

해가 막 떠오를 때 대궐에 백배하니 百拜彤墀日上初
오색구름 낮게 한 통의 글을 감싸네 五雲低護一封書
만주의 태사가 놀라 서로 말을 하니 滿洲太史驚相語
기이한 기운이 동에서 와 사신의 수레를 감쌌다 하네 異氣東來擁使車

196 윤 시랑 유문(尹侍郎幼文) : 윤동승(尹東昇, 1718~1773)으로, 본관은 파평(坡平), 자는 유진(孺進)·유진(幼進)이다. 초명은 동성(東星)이고, 처음 자는 유문(孺文)이다. 1744년(영조20) 식년시에서 생원, 진사가 되고, 1746년 춘당대시(春塘臺試)에서 급제하였다. 대사성, 전라도 관찰사, 대사헌 등을 역임했다.

197 반백(攀柏) : 여기서는 사행을 앞두고 선영에서 애통해하는 것을 말한다. 진(晉)나라 때 왕부(王裒)의 고사에서 나왔다. 왕부는 자(字)가 위원(偉元)이고 양성(陽城) 사람인데, 아버지 왕의(王儀)가 패전의 책임을 지고 비명(非命)에 죽은 것을 애통해하여 벼슬하지 않고 숨어 살면서 후학들을 가르쳤다. 무덤 곁에 움막을 짓고 아침저녁으로 묘소에 가서 절하고 꿇어앉아 잣나무를 붙들고 슬피 울부짖으니, 나무가 눈물에 젖어서 말라 죽었다고 한다. 《晉書 孝友列傳 王裒》

세 번째 其三

변경의 나무에서 아스라이 자형[198]을 대하니　關樹蒼茫映紫荊
작년에 이어 올해도 가게 되었네[199]　今年行繼去年行
돌아올 때 재물은 챙겨 오지 않았으니　燕金不載歸時橐
형과 아우 하나같이 옥설처럼 청렴했네　難弟難兄玉雪淸

네 번째 其四

옥책의 큰 명성 사해에 빛나니　玉策鴻名耀海區
대궐의 관료들 만세 소리 진동하네　大庭簪佩動三呼
구련성 밖 사행의 꿈은　九連城外朝天夢
응당 향 연기 따라 어전 향로로 다가가리　應逐香煙近御爐

198 자형(紫荊) : 형제를 뜻한다. 남조(南朝) 시대 양(梁)나라 오균(吳均)의 《속제해기(續齊諧記)》에 "전진(田眞)의 삼 형제가 재산을 분배하면서 집 앞에 있는 자형나무까지 3등분하여 나누어 갖기로 했더니, 그 나무가 갑자기 말라 죽었다. 이것을 본 전진이 뉘우치면서 사람이 나무만도 못한 짓을 하였다고 흐느꼈고, 형제들이 서로 감동하여 다시 재산을 분배하지 않기로 하자, 그 나무가 다시 살아났다."라고 한 데서 나왔다.

199 작년에……되었네 : 청(淸)나라 주린(朱璘)이 지은 《강감회찬(綱鑑會纂)》이라는 책에 종계변무(宗系辨誣)와 관련한 오류가 그대로 실려 있어, 이를 바로잡기 위한 진주사(陳奏使)를 파견하게 되었을 때, 윤동승의 형 윤동섬(尹東暹)이 부사(副使)로 다녀왔던 것을 말한다.

다섯 번째 其五

신황[200]의 능묘에 새가 슬피 우니	神皇陵墓鳥悲呼
은해에 나는 기러기 정말 있었는가	銀海飛鴻定有無
동국의 신민들 이해를 만나[201]	東土臣民逢此歲
차마 가죽 폐백을 선우[202]에게 바치랴	忍將皮幣拜單于

200 신황(神皇) : 명(明)나라 제13대 황제인 신종황제(神宗皇帝)를 가리킨다. 임진왜란 때 조선에 원병을 파견하여 위기에서 구해 주었으므로, 조선에서는 만동묘(萬東廟), 대보단(大報壇)을 세워 제사하였다.

201 이해를 만나 : 윤동승이 사행을 간 임진년(1772, 영조48)이 임진왜란이 일어난 해와 간지가 같아서 나온 말이다.

202 선우(單于) : 원래 한(漢)나라 때 흉노(匈奴)의 추장을 일컫던 말인데, 여기서는 청(淸)나라의 황제를 가리킨다.

정 시랑 성석 광충 댁에서 운자를 뽑아 서둘러 짓다 계사년 (1773, 영조49)

鄭侍郎聖錫 光忠 宅拈韻走草 癸巳

주인이 나를 맞아 침상에서 내려오니	主人迎我下匡床
원내의 매미 소리, 우기가 길 때라네	一院鳴蟬雨氣長
낮에 시간을 내어 대궐에서 돌아오니	北闕歸軒乘晝漏
남쪽 이웃 기이하게 빚은 새 술이 고맙네	南隣奇制荷新觴
지당의 저녁 빛 하늘과 더불어 맑고	池塘晚色兼天淨
성곽의 가을 그늘 온 땅이 서늘하네	城郭秋陰滿地涼
작은 나귀에게 내맡긴 채 취하여 돌아오니	隨意小驢扶醉返
저녁 안개 속 원림이 어둑어둑하려 하네	暮煙園樹欲蒼蒼

심 상사 경석 가 내방하였다. 국포[203]의 시 중에서 운자를 뽑다

沈上舍 景錫 見訪拈菊圃韻

우리 동산 외진 곳 단풍나무에	楓木吾園僻
홀로 올라 옷을 걸곤 했지	獨行時掛衣
가을 소리에 시절은 이미 저물었는데	秋聲颯已晚
조정 문안은 병 때문에 뜸해졌네	朝謁病來稀
산기운은 평상 가까이 다가오고	山氣移牀近
석류 향기는 비를 타고 날아드네	榴香帶雨飛
시편을 짓는 흥취에 빠져	詩篇有奇事
제군들이 돌아가려 하지 않네	諸子未言歸

203 국포(菊圃) : 강박(姜樸, 1690～1742)으로, 본관은 진주(晉州), 자는 자순(子淳), 호는 국포이다. 근기 남인 계열의 문인으로, 시에 명성이 있었다. 번암이 주도하여 1775년(영조51)에 그의 문집을 간행하였다.

달밤에 제군과 함께 운자를 가려 뽑고, 이어서 김백첨 광우을 떠올리다

月夜同諸君拈韻仍憶金伯瞻 光遇

절기가 국화를 재촉하는데	節序催黃菊
수레가 신선 경내로 돌아가네	軒車返紫淸
대자리 서늘해 들판 물 때문인가 의심하고	簟涼疑野水
학의 꿈은 바둑 두는 소리에 깨네	鶴夢散棋聲
흰 달은 다가오는 듯하고	素月如相近
엷은 구름은 감히 피지 못하네	微雲不敢生
멀리 동쪽으로 내려간 나그네를 생각자니	遙憐東下客
시상은 강가 성으로 떨어지네	詩思落江城

이공회 정운이 와서 밤에 앉아 운자를 뽑다

李公會鼎運至夜坐拈韻

오늘 밤 은하수 깨끗하여 今夜天河淨
밝게 나의 술잔을 비춰 주네 分明照我杯
국화에 사랑 쏟는 계절에 關情菊花節
찾아 준 나그네는 이 상대[204]라네 有客李霜臺
공무는 사람을 늙게 만드니 公事催人老
가을 감회를 그대와 펼쳐 보네 秋懷與子開
강호에 묻힐 생각 아득도 한데 蒼然江海思
외로운 학 몇 마디 울음이 들려오네 孤鶴數聲來

204 이 상대(李霜臺) : 상대는 사헌부의 이칭으로, 이정운(李鼎運)이 사헌부 관원이기 때문에 이렇게 표현한 것이다.

정 시랑 성석 대감이 왔기에 국포의 시에서 운자를 뽑아 함께 읊다

鄭侍郎聖錫台至拈菊圃韻同賦

동이 술로 오늘 밤이 기니　　樽酒永今夕
교분이 노년에까지 이르렀네　　交情當暮年
따라온 수척한 나귀 한 필　　隨身一驢瘦
길 찾아 작은 시내를 따라왔네　　覔路小溪緣
서리 기운 가을 잎에 전해지고　　霜氣傳秋蘂
새소리가 어두운 안개 속에 들리네　　禽聲在暝煙
남성이 밤마다 빛을 발하니　　南星夜夜色
지팡이 짚고 매번 하늘을 본다네　　扶杖每瞻天

뒤미처 김 참판[205] 면행 의 만사를 짓다

追挽金參判 勉行

빈 당에서 한 번 곡하고 나니 堂空一哭罷
초상(肖像)이 실제와 거의 흡사하네 眞得七分能
효우야 당연히 형언하기 어려울 정도이고 孝友應難狀
벼슬길 처신도 의지할 바가 있었네 衣冠尙有憑
성대에 문호가 창대해지니 明時門戶大
벼슬길에 형제가 잇따라 올랐네 雲路弟兄承
너무도 한스러운 유명의 빚 恨恨幽明債
안타깝게도 시를 미처 못 지어 드렸네 吾詩苦未曾

화상(畫像)을 영연(靈筵)에 걸어 놓았기 때문에 시편 안에서 말한 것이다. 일찍이 나에게 시를 청하였는데, 그 청이 매우 정성스러웠으나 미처 부응하지 못했다. 그래서 낙구에서 말한 것이다.

205 김 참판 : 김면행(金勉行, 1702~1772)으로, 본관은 안동(安東), 자는 경부(敬夫)이다. 1755년(영조31) 정시(庭試)에 급제하였다. 참판 등을 지냈다.

홍 상서[206] 중효 에 대한 만사
洪尚書 重孝 挽

긴 휘파람 불며 천지간을 아스라이 배회하니　乾坤長嘯莽徘徊
어디에서 그대 같은 이 다시 볼까　何處如君更得來
기이한 기상은 지여[207]가 끼지도 못했고　奇氣志蜍曾不數
하심은 분육도 돌리기 어려웠네[208]　遐心賁育亦難回

206 홍 상서(洪尚書) : 홍중효(洪重孝, 1708～1772)로, 본관은 풍산(豐山), 자는 성원(聖源), 호는 백서헌(柏西軒)·소와(疎窩)이다. 1725년(영조1) 증광시에서 진사가 되고, 1740년 증광 문과에 장원을 하였다. 대사간, 대사헌, 예조 판서 등을 지냈다. 1763년 주청사(奏請使)의 부사(副使)로 연경(燕京)에 다녀왔다. 영조의 사랑과 대우가 두터웠으나 사도세자(思悼世子)가 죽은 이후로는 거의 향리에서 나가지 않았다. 유학에 마음을 쏟으면서도 시(詩)에 뛰어났으며, 만년에는 글씨에도 힘을 기울였다. 저서로 《소와집》, 《학본내외편(學本內外篇)》, 《예기강목고이(禮記綱目考異)》 등이 있다. 시호는 효민(孝敏)이다.

207 지여(志蜍) : 이지(李志)와 조여(曹蜍)이다. 모두 진(晉)나라 때 사람으로 글씨를 잘 썼으나 인품이 워낙 부족하여 글씨가 후세에 전해지지 않았다는 뜻에서, 소인의 무리에 비유한다. 《세설신어(世說新語)》 〈품조(品藻)〉에 의하면 "염파(廉頗)와 인상여(藺相如)는 죽었지만 늠름하여 생기가 있고, 조여와 이지는 살아 있어도 마치 죽은 사람과 같다."라고 하였고, 황정견(黃庭堅)이 〈우군첩(右軍帖)〉 뒤에 쓴 글에는 "조여와 이지가 글씨는 왕희지(王羲之)와 겨룰 만했지만 전하기에는 부족하다. 편지 한 장의 글씨라도 수백 세를 전할 수 있는 것은 다만 그 사람의 인품에 달려 있는 것이다."라고 하였다. 여기서는 번암 자신을 가리키는 겸사로 쓰였다.

208 하심(遐心)은……어려웠네 : 하심은 조정을 떠나 멀리 은거하고자 하는 마음이다. 분육(賁育)은 전국 시대 제(齊)나라의 역사(力士)인 맹분(孟賁)과 위(衛)나라의 용사(勇士)인 하육(夏育)을 말한다.

조정에선 소야하다고 군왕이 알아주었고　　朝端疎野君王識
노경엔 여유롭게 수석을 즐겼었네　　晩境優閑水石開
성대의 조정이라 표준을 세우려 하니[209]　　聞說明廷方建極
시대를 구할 인재가 배나 그리워지네　　令人倍憶濟時才

소야는 곧 성상의 하교에 담긴 말이다.

두 번째 其二

동문(東門) 나와 한달음에 단구[210]로 달려가니　　靑門一路走丹丘
벼슬을 내놓은 뒤 종일토록 머문 적이 있었던가　　官罷何曾竟日留
진찰[211]은 성군에 대한 사랑이 없어서가 아니니　　塵刹非無明主戀
행장[212]은 오직 고인의 사례를 따랐네　　行藏直向古人求

209 표준을 세우려 하니 : 군주가 인륜(人倫)의 모범을 보여 백성들의 표준이 되는 것을 말한다. 《서경》〈홍범(洪範)〉에서 천하를 다스리는 아홉 가지의 큰 요체인 홍범구주(洪範九疇)를 말하면서 그 다섯 번째로 "표준을 세우되 황극으로써 한다.〔建用皇極〕"를 들고 있다.

210 단구(丹丘) : 신선이 산다는 곳인데, 여기서는 홍중효가 은거하던 곳을 가리킨다.

211 진찰(塵刹) : 원래는 시방국토(十方國土)의 통칭으로, 티끌 같은 세계, 즉 한량없는 세계를 뜻하는 불교 용어인데, 주희(朱熹)가 "불자의 말에 '이 몸과 마음으로 진찰을 받든다.'라고 하였으니, 이것이 명분상 부처의 은혜를 갚는 것이 된다."라고 한 뒤로, 시세에 따라 지조 없이 벼슬하려고 애를 쓰기보다는 스스로를 수양하면서 유가(儒家)의 신념에 맞는 환경이 주어지기를 기다려야 한다는 의미를 나타내고자 할 때 많이 사용하게 되었다. 《晦庵集 卷36 答陳同甫》

212 행장(行藏) : 행(行)은 세상에 나와 도(道)를 행하는 것이고, 장(藏)은 초야에 은둔하는 것이다. 116쪽 주140 참조.

황량한 시골 술 익으면 늙음도 잊고 荒村酒熟仍忘老
가난한 부엌 끼니 떨어져도 전혀 시름치 않았네 貧竈煙寒了不愁
오랜 세월 전원에서 생활하지 않았다면 未使田園饒歲月
무슨 수로 글 상자에 시문이 가득했을까 那由巾篋溢瓊球

세 번째 其三

은퇴할 나이 아닌데도 임금께 간청하니 年未懸車已叫閽
흉금은 그저 벗들과 담론하고자 하였네 沖襟要與淡成論
산림이냐 종정이냐는 본성을 따르니[213] 山林鍾鼎從吾性
골수에 밀봉한 것[214]은 임금을 감동시켰네 骨髓緘封感至尊
임금을 뵙지 못하고 끝내 한을 품었으니 未得瞻天終結恨
지하에 있은들 감히 성은을 잊으랴 雖令入地敢忘恩
홍려[215]가 익숙하게 선마[216]를 외치건만 鴻臚浪習宣痲唱

213 산림(山林)이냐……따르니 : 벼슬길에서 공을 세울지 자연에 한가로이 은거할지는 내 본성에 따른다는 의미이다. 산림은 벼슬을 버리고 자연에 은거하며 사는 삶을 가리키고, 종정(鍾鼎)은 국가에 큰 공을 이루면 종과 솥에다 이름을 새겨서 후세에 전하는 것으로, 벼슬하면서 큰 공을 세우는 것을 말한다.

214 골수에 밀봉한 것 : 평소의 소회와 충정을 담은 상소문을 가리킨다. 당(唐)나라 한유(韓愈)의 시에 "상소문을 함봉하여 골수에 넣어 두고서, 못내 잊지 못하며 괜히 혼자서 기특하게 여긴다.〔緘封在骨髓, 耿耿空自奇.〕"라는 말이 나온다. 《韓昌黎集 卷2 歸彭城》

215 홍려(鴻臚) : 각종 의식(儀式)을 관장하는 아문인 통례원(通禮院)의 이칭이다.

216 선마(宣痲) : 궤장(几杖)을 하사받는 신하나 벼슬을 영구히 그만두고서 물러나는 봉조하(奉朝賀)에게 교서(敎書)를 내려 주는 것을 말한다. 선마는 원래 당나라 때에

숭정문 앞 날씨만 부질없이 따뜻하네 崇政門前日自暄

공이 치정(致政)[217]했을 때, 상께서 하교하기를 "봄날이 따뜻해지기를 기다려 억지로라도 일어나 도성에 들어온다면, 마땅히 숭정문에 친림하여 선마(宣麻)할 것이다."라고 하였으나, 공은 끝내 조정에 나아가지 못하였다. 그래서 시편 안에서 말한 것이다.

네 번째 其四

지난해 노서에서 함께 누대에 올라 去年蘆墅共登臺
오랜만에 만나서 회포를 풀었었지 久別相逢懷抱開
늙은 나를 만류하여 손을 놓지 않았고 老我被留方執手
군평[218]이 먼저 일어난 건 술을 못 이겨서라네 君平先起不勝杯
원락에서 시를 읊으니 꽃잎이 날아들고 吟詩院落飛花入
임원에서 두건 젖히고[219] 석양에 돌아왔지 岸幘林園返景來
좋은 만남이 지금은 지난 자취가 되었으니 勝會卽今成往跡

장군이나 정승을 임명하는 조서(詔書)를 백마(白麻)에 써서 내려 주던 데서 유래하였다. 벼슬이 1품이고 나이가 70세인 신하로서 국가에 중대한 영향을 끼쳐 벼슬에서 영구히 물러나게 할 수 없는 자에게는 궤장을 하사하였다.

217 치정(致政) : 치사(致仕)와 같은 말로, 일정한 나이가 되어 관직에서 물러나 은퇴하는 것이다. 《예기》〈왕제(王制)〉에 "50세에 벼슬하고, 60세에 직접 배우지 않고, 70세에 치사한다.〔五十而爵, 六十不親學, 七十致政.〕"라고 하였다.

218 군평(君平) : 홍명한(洪名漢, 1724～1774)으로, 본관은 풍산(豐山), 자는 군평이다. 만사의 대상인 홍중효는 홍명한의 재종조부이다.

219 두건 젖히고 : 두건을 뒤로 젖혀 써서 이마를 드러낸다는 뜻인데, 곧 태도가 소탈하거나 예모에 구애받지 아니함을 일컫는다. 안건(岸巾)이라고도 한다.

거문고의 유수곡[220]이 나를 슬프게 하네　　　　匣中流水使人哀

220 유수곡(流水曲) : 고산유수곡(高山流水曲) 또는 아양곡(峨洋曲)이라고도 하는데, 절친한 벗들의 우정을 상징하는 노래이다. 춘추 시대 때 거문고의 명인인 백아(伯牙)가 거문고를 연주할 때면 그의 벗 종자기(鍾子期)만이 그 음률의 의미를 제대로 알아듣고 서로 즐거워하였는데, 백아가 거문고를 연주할 때 높은 산을 염두에 두고 있으면 종자기가 말하기를 "좋구나. 높고 높아 마치 태산과 같구나.〔善哉! 峨峨兮若泰山.〕"라고 하고, 흐르는 물을 염두에 두고 있으면, "좋구나. 넘실넘실하는 것이 강물과 같구나.〔善哉! 洋洋兮若江河.〕"라고 한 데서 나왔다. 《列子 湯問》

윤 참판[221] 동승 에 대한 만사
尹參判 東昇 挽

비록 연경이 멀다고는 하지만 縱道燕京遠
다시 만날 날이 있으리라 여겼네 重逢還有時
구천으로 이렇게 떠나가 버리니 九原爲此別
돌아올 시기를 어디에서 물어볼까 何處問歸期
대궐에서의 대화가 여전히 또렷하고 歷歷天門話
역사의 시[222]가 아직도 떠오르네 依依驛使詩
부질없이 호분[223]의 군졸만 남아 空餘虎賁卒
마주하여 깊은 슬픔을 이야기하네 相對說深悲

두 번째 其二

나에게 선비들 평론하라면 使我論諸彥
그대만 한 이 많지가 않네 如君不數人
문장을 짓느라 위와 콩팥이 병들었고 文章疲胃腎

221 윤 참판 : 윤동승(尹東昇)이다. 156쪽 주196 참조.

222 역사(驛使)의 시 : 공문서나 서신을 전달하는 사람인 역사를 통해 전해 준 시를 말한다. 47쪽 주24 참조.

223 호분(虎賁) : 제왕의 호위를 맡은 벼슬인데, 조선 후기에는 오위(五衛)에 소속된 호분위(虎賁衛)를 가리킨다.

치밀함은 근진에까지 미쳤네[224] 綜密到根塵
물수리가 서니[225] 형벌 논의가 부끄러워지고 鶚立羞刑墨
연경 행차에는 전대가 씻은 듯 썰렁했네 燕行洗橐珍
사륜으로 독실하게 애도하니[226] 絲綸偏悼惜
성군은 본래 신하를 알아보는 법이네 聖主本知臣

그대가 일찍이 '형묵(刑墨)'이라는 말을 가지고 상소를 작성하였는데, 성상께서 누차 칭찬을 하셨다. 그래서 시편 안에서 말한 것이다.

224 치밀함은 근진(根塵)에까지 미쳤네 : 온 정신을 쏟아 치밀하게 연구했다는 말이다. 근진은 불가 용어인 육근(六根)과 육진(六塵)의 통칭이다. 육근은 안(眼)·이(耳)·비(鼻)·설(舌)·신(身)·의(意)의 여섯 가지 기관이고, 육진은 색(色)·성(聲)·향(香)·미(味)·촉(觸)·법(法)으로 육근을 통해 의식을 일으키는 육경(六境)을 말한다.

225 물수리가 서니 : 강직한 현인이 등용된 것을 말한다. 후한(後漢) 때 공융(孔融)이 예형(禰衡)을 천거하는 표문(表文)에서 "사나운 새 수백 마리가 물수리 한 마리만 못하나니, 예형을 조정에 등용하면 반드시 볼만한 것이 있을 것입니다.〔鷙鳥累百, 不如一鶚. 使衡立朝, 必有可觀.〕"라고 하였다. 《後漢書 禰衡列傳》

226 사륜(絲綸)으로 독실하게 애도하니 : 윤광소(尹光紹)가 지은 행장(行狀)에 "임금께서 부음을 듣고 윤음을 내려 깊은 애도의 뜻을 표하고, 이어서 친히 제문을 지으셨다."라고 하였다. 《素谷遺稿 卷11 族叔參判公行狀》

번암집

제11권

詩시

정원록 貞元錄

계사년(1773, 영조49)에 내가 호조 판서로서 약원 제조(藥院提調)를 겸하였다. 당시에 성상께서 건공탕(建功湯)[1]을 복용하셨는데, 하루에 세 번씩 올리는 것을 원칙으로 하였다. 제조는 날이 밝기 전에 대궐로 달려가 아침, 점심, 저녁에 약 달이는 것을 감독하고 입대(入對)하는데, 그사이에 생기는 틈을 타서 호조의 결재를 처리해야 했다. 새장 속의 새나 우리 속의 돼지와 같다는 표현으로도 그 답답하고 안타까운 심정을 비유하지 못할 것이다.

이에 회포를 풀어 볼 길을 찾다가 친지들과 시사(詩社)를 결성하였는데, 밤낮으로 반드시 모인다고 장담할 수 없는지라, 일단 모이면 반드시 운자를 내어 시를 읊었다. 억지로 쥐어짜 내기 위해 고심하지 않고 많이 짓는 것을 우선으로 하여, 운자 하나로 수십 수를 지은 적도 종종 있었다.

닭이 울 무렵에야 비로소 잠깐 잠이 들었다가 때가 되면 대궐로 나아갔으니, 9월부터 다음 해 1월까지 밤마다 그렇게 하지 않은 적이 거의

1 건공탕(建功湯) : 한기(寒氣)가 속에 쌓여 갈증이 없는 상태에서 배가 아프거나 설사를 할 때 쓰는 탕약인 이중탕(理中湯)을 가리킨다. 이중건공탕(理中建功湯)이라고도 하는데, 영조가 이 약을 복용한 뒤 효험이 있어 하사한 이름이다. 인삼, 백출(白朮), 건강(乾薑), 감초 등의 약재를 넣어 만든다.

없었다. 베개에 기대어 입으로 읊을 때면 샘물이 콸콸 솟듯 하여 지기(志氣)가 대단하다고 이를 만하였다. 그러나 그 의도는 그저 한때 애써 마음을 유쾌하게 하는 데 있을 뿐, 후세에 전할 생각을 한 적은 없었다.

몇 년이 지난 뒤에 먼지 앉은 상자를 열어 보니 없어진 것이 태반이었다. 시험 삼아 남아 있는 것을 살펴보니, 씩씩하게 내달리고 분방하게 시도하였는데, 비록 사람들을 놀라게 할 말은 없었지만, 천기(天機)가 때로 유동하는 것이 수염을 꼬고 붓을 썩혀 가며 시를 짓는 자에 비할 때 반드시 손색이 있는 것은 아니었다. 이에 탄식하기를 "성정(性情)을 도야하는 것은 이와 같이 하면 충분하니, 동양(東陽)이 수척한 모습을 짓거나[2] 무기(無己)가 문을 닫아건 것[3]처럼 하는 것이 무슨 소용이 있겠는가." 하였다.

마침내 그 가운데서 10분의 3, 4를 추려 버리고, 모아서 기록하여 〈정원록(貞元錄)〉이라고 하였다. 대개 처음 운자를 뽑았을 때는 '동

2 동양(東陽)이……짓거나 : 자신의 병세를 과장하는 것을 말한다. 동양은 양(梁)나라의 재상이자 시인인 심약(沈約)을 가리킨다. 그가 동양 수령으로 좌천된 뒤 조정으로 돌아가고자 친하게 지내던 재상인 서면(徐勉)에게 편지를 보내 자신의 병세를 설명하면서 "백 일에 수십 일은 늘 혁대의 구멍을 옮겨야 하고, 손으로 팔뚝을 잡아서 계산해 보면 달마다 반 푼이 줄어 있다.〔百日數旬, 革帶常應移孔, 以手握臂, 率計月小半分.〕"라고 하였다. 《梁書 沈約列傳》《南史 沈約列傳》

3 무기(無己)가……것 : 시를 짓기 위해 억지로 애를 쓰는 것을 가리킨다. 무기는 송나라의 시인인 진사도(陳師道)의 자이다. 이 표현은 동시대 시인인 황정견(黃庭堅)의 시 〈병기형강정즉사(病起荊江亭卽事)〉의 "문을 닫고 시구를 찾는 진무기로다.〔閉門覓句陳無己〕"라는 시구에 나오는 것으로, 《주자어류(朱子語類)》 권140에는 "진사도는 평소 외출했다가 시상이 떠오를 것 같으면 서둘러 집으로 돌아와 이불을 덮어쓰고 누워서 시상을 가다듬기를 마치 병을 앓는 것처럼 하였으며, 더러 여러 날이 지난 뒤에야 완성하기도 하였으니, 참으로 문을 닫고 시구를 찾은 것이라고 할 것이다."라고 하였다.

(東)' 자 운(韻)에서 시작하여, '함(咸)' 자 운에서 끝이 난 뒤에 마침내 다시 '동'으로 돌아와 반복하기를 그치지 않았다. 정(貞)에 이르면 다시 원(元)으로 돌아가는 뜻[4]과 유사한 점이 있다.

오경삼 대익(吳景參大益),[5] 유수오 항주(兪秀五恒柱),[6] 이공회 정운(李公會鼎運),[7] 족제(族弟) 우공(友恭)[8] 형제, 조카 이유경(李儒慶)[9] 등이 밤마다 참석하지 않은 적이 없었다. 종형(從兄)인 구호(龜湖) 이수일(李秀逸)[10]은 한 달 남짓 시사를 함께하다가 다시 산으로 돌아가는 바람에 끝을 맺지 못했다. 조카 이주명(李柱溟)[11] 형제 또한 그랬다.

4 정(貞)에……뜻 : 사계절에 해당하는 원형이정(元亨利貞)이 어김없이 순환하는 것을 말한다. 《주역》 〈건괘(乾卦)〉에 "건은 원하고 형하고 이하고 정하다.〔乾, 元亨利貞.〕"라고 한 것에서 나왔는데, 원은 만물이 처음 생겨나는 것으로 춘(春), 인(仁)에 해당하고, 형은 만물이 성장하는 것으로 하(夏), 예(禮)에 해당하며, 이는 만물이 결실을 맺는 것으로 추(秋), 의(義)에 해당하고, 정은 만물이 완성되는 것으로 동(冬), 지(智)에 해당한다.

5 오경삼 대익(吳景參大益) : 오대익(1729~?)으로, 본관은 동복(同福), 자는 경삼, 호는 운암(雲巖)이다. 오필운(吳弼運)의 아들이다.

6 유수오 항주(兪秀五恒柱) : 유항주(1730~?)로, 본관은 기계(杞溪), 자는 수오이다.

7 이공회 정운(李公會鼎運) : 이정운(1743~1800)으로, 본관 연안(延安), 자는 공회, 호는 오사(五沙)이다.

8 족제(族弟) 우공(友恭) : 채우공(1749~?)으로, 본관은 평강(平康), 자는 백우(伯于), 호는 수계(秀溪)이다.

9 이유경(李儒慶) : 1748~1818. 본관은 함평(咸平), 자는 이선(而善), 호는 청심옹(淸心翁)이다. 번암의 누이의 아들로, 누이가 요절하자 번암이 데려다 길렀다.

10 이수일(李秀逸) : 1705~1779. 본관은 한산(韓山), 자는 자준(子俊), 호는 구호이다. 영의정 이산해(李山海)의 7대손이다. 번암에게는 이종형이 된다.

11 이주명(李柱溟) : 1742~? 번암의 이종형인 이수일의 아들이다. 본관은 한산, 자는 숙승(叔昇)이다.

목유선 만중(睦幼選萬中),[12] 심여중 복(沈汝中墣), 강성오 침(姜誠吾忱),[13] 유백유 하원(柳伯兪河源),[14] 심운로 규(沈雲路逵)[15]는 자주 참석했으나, 가끔 빠졌다. 족질 사술(士述) 홍리(弘履)[16]가 당시에 파주(坡州)의 수령으로 있었는데, 더러 도성에 들어오는 길에 참석하였다.

조성익 시겸(趙聖益時謙),[17] 이인길 종영(李仁吉宗榮),[18] 목경로 조수(睦景魯祖洙),[19] 심경현 경석(沈景玄景錫),[20] 최성저 훤(崔聖著烜),[21]

12 목유선 만중(睦幼選萬中) : 목만중(1727~1810)으로, 본관은 사천(泗川), 자는 유선, 호는 여와(餘窩)이다.

13 강성오 침(姜誠吾忱) : 강침(1732~?)으로, 본관은 진주(晉州), 자는 성오이다.

14 유백유 하원(柳伯兪河源) : 유하원(1747~?)으로, 본관은 진주, 자는 백유이다. 1774년 증광 문과에 급제하였고, 헌납으로서 이주석(李周奭)의 일을 논하다가 정조의 노여움을 사서 흑산도(黑山島)에 유배되었다. 이때 좌의정으로 있던 번암이 그를 변호하다가 파직되었다. 1812년 통정대부에 올랐고, 1834년 과거에 급제한 지 61년이 되는 회방(回榜)을 맞아 지중추부사에 제수되고, 이후 형조 판서, 한성부 판윤을 역임하였다. 백유가 대본에는 '伯崙'으로 되어 있는데, 《국조방목(國朝榜目)》에 근거하여 '崙'을 '兪'로 바로잡아 번역하였다.

15 심운로 규(沈雲路逵) : 심규로, 자는 운로·여점(汝漸), 호는 죽포(竹圃)이다.

16 사술(士述) 홍리(弘履) : 채홍리(蔡弘履, 1737~1806)로, 본관은 평강, 자는 사술, 호는 기천(岐川)이다.

17 조성익 시겸(趙聖益時謙) : 조시겸(1721~?)으로, 본관은 순창(淳昌), 자는 성익이다.

18 이인길 종영(李仁吉宗榮) : 이종영(1723~?)으로, 본관은 전주(全州), 자는 인길이다.

19 목경로 조수(睦景魯祖洙) : 목조수(1726~1777)로, 본관은 사천, 자는 경로이다.

20 심경현 경석(沈景玄景錫) : 심경석(1732~1780)으로, 본관은 청송(靑松), 자는 복경(福卿)·경현이다.

21 최성저 훤(崔聖著烜) : 최훤(1732~?)으로, 본관은 삭녕(朔寧), 자는 성저이다.

이계화 수발(李季和秀發),[22] 이유문 동욱(李幼文東郁),[23] 한경선 광전(韓景善光傳), 윤성옥 지승(尹聖玉持昇),[24] 이계수 익운(李季受益運),[25] 이성백 종섭(李城伯宗燮),[26] 이사규 경(李士圭熲), 우사앙 경모(禹士昂景謨),[27] 우사통 석모(禹士通錫謨),[28] 이군성 시수(李君成是鏽)가 번갈아 가며 모임에 달려왔고, 정법정 범조(丁法正範祖)[29]가 가장 나중에 시골에서 와서 마무리를 하였다. 모두 아울러 기록하여, 후대의 사람들로 하여금 우리 시사의 풍류와 좋은 인연을 알게 하는 바이다.

22 이계화 수발(李季和秀發) : 이수발(1725~?)로, 본관은 한산, 자는 계화이다. 이수일(李秀逸)의 막냇동생으로, 번암에게는 이종제(姨從弟)가 된다.

23 이유문 동욱(李幼文東郁) : 이동욱(1739~?)으로, 본관은 평창(平昌), 자는 유문, 호는 소암(蘇巖)이다.

24 윤성옥 지승(尹聖玉持昇) : 윤지승(1741~?)으로, 본관은 해남(海南), 자는 성옥이다. 공재(恭齋) 윤두서(尹斗緖)의 증손이다.

25 이계수 익운(李季受益運) : 이익운(1748~1817)으로, 본관은 연안(延安), 자는 계수이다. 번암의 문인이며, 1774년 식년 문과에 급제하였다. 1782년 정언으로 있을 때, 번암을 위해 원통함을 변론하다가 파직당하였다. 1794년 이인(李䄄)의 죄를 논하다가 강화부(江華府)에 유배되었으며, 이내 다시 승지에 임명되었다. 그 뒤 번암의 관작이 추탈될 때 연루되어 파직되었으며, 1805년(순조5) 직첩(職牒)을 돌려받고 판서에 임명되었으나 사양하였다. 시호는 정숙(靖肅)이다.

26 이성백 종섭(李城伯宗燮) : 이종섭(1748~?)으로, 본관은 연안, 자는 성백이다.

27 우사앙 경모(禹士昂景謨) : 우경모(1744~?)로, 본관은 단양(丹陽), 자는 사앙이다.

28 우사통 석모(禹士通錫謨) : 우석모(1747~?)로, 본관은 단양, 자는 사통이다. 우경모의 아우이다.

29 정법정 범조(丁法正範祖) : 정범조(1723~1801)로, 본관은 나주(羅州), 자는 법정, 호는 해좌(海左), 시호는 문헌(文憲)이다.

비 오는 밤에 제군과 운자를 뽑다
雨夜同諸君拈韻

새벽까지 외로운 촛불 아래 잠 못 드니	孤燭無眠五夜中
쇠한 얼굴은 술기운에 반쯤 붉어졌네	衰顔借酒半成紅
한 발이 흔들리자 벌레 소리 모여들고	一簾搖落蟲聲集
만 가구 서늘함은 빗기운과 같네	萬屋蒼涼雨氣同
종 친 후 대궐 뜰엔 벼슬아치 움직이고	鍾後禁庭簪佩動
꿈속의 전원에는 비구름이 걷혔네	夢來田野水雲空
날아오는 객봉이 그래도 사랑스러워	猶憐客鳳翩翩至
문 앞에 몇 그루 오동을 손수 심었네	手種門前幾樹桐

심여중이 동쪽을 유람할 때 지은 시축에 제하다
題沈汝中東遊詩軸

낭간[30]이 다하자 외로운 봉황이	孤鳳琅玕盡
말을 타고 큰 산, 큰 바다로 내달렸네	浮驂海嶽通
지팡이 바삐 놀려 나는 새와 다투는데	笻飛爭度鳥
수척한 모습은 찬 바람을 아랑곳 않네	骨瘦傲泠風
해가 저무니 벼슬살이 지치는데	歲晩簪纓倦
찬 날씨에 물 줄어 바위가 드러나네	天寒水石空
돌아올 때 소매에 지은 시가 가득하여	歸來詩滿袖
번옹이 촛불 밝히고 일어나게 만드네	明燭起樊翁

30 낭간(琅玕) : 봉황의 먹이인 대나무 열매로, 여기시는 문장을 짓는 데 필요한 의상(意想)을 가리킨다.

오경삼이 파루 후에 오자 기뻐서 운자를 뽑다

吳景參鍾後至喜而拈韻

약속했던 그대 오지 않아 게으름에 의아해하며	期君不至怪君慵
지팡이 짚고 덤덤히 홀로 기러기를 세었네	獨數歸鴻澹倚筇
적막한 골목 어귀 개 한 마리 짖어 대는데	寂寂巷門聞一犬
종소리 뜸해진 뒤 사각사각 발걸음 소리 들리네	蕭蕭步屧後踈鍾
이번 가을 국화가 이미 시들려 하니	菊花已欲今秋謝
매일 밤 술자리를 어이 사양하리	樽酒何辭每夜逢
얼마 안 가 달빛이 이런 마음을 아는지	少選月輪如解意
맑은 빛이 집 앞 봉우리에 떠오르네	淸光浮在屋前峯

밤에 앉아서 이주명 숙승의 시에 차운하다. 이날 숙승 제군이 강운영 군의 장사에 갔다가 금천에서 돌아왔다

夜坐次李柱溟叔昇韻是日叔昇諸君臨姜君運永壙還自衿川

흘러가는 물을 누가 막을 수 있으랴	逝水誰能駐
슬픈 노래 부르며 술동이를 마주하네	悲歌對酒樽
과부가 된 그 아내는 해국으로 돌아갔고	寡妻歸海國
황량한 집은 단풍 동산에 남아 있으리	荒屋倚楓園
나란히 말 타고 시 벗들이 돌아오니	竝馬詩朋返
외로운 봉분에 들풀만 시들어 가리	孤墳野草昏
오늘 밤엔 서루의 모임에서	書樓今夜會
서로 바라보며 말을 잇지 못하네	相視不成言

이신중 기숭[31]이 와서 밤에 제군과 함께 읊다

李申仲基崧至夜與諸君同賦

그윽한 남쪽 벼랑 《주역》을 읽던 창가에서 窈窕南崖讀易窓
작은 뜰의 솔과 국화, 더러 함께하였네 小庭松菊或成雙
저녁 식사 후 산보할 때는 낙엽이 소매로 날아들고 晩來行飯葉投袂
새벽에 출근할 적에는 서리가 징검다리에 가득하네 曉起朝天霜滿矼
담장을 지나가는 이웃 학은 낯이 익은 듯 굴고 隣鶴過墻如識面
섬돌에서 한가히 조는 개는 익숙한 발소리에 놀라지 않네 閑狵眠砌慣聞跫
훗날 다시 금어의 결사[32]를 맺는다면 他時更結禽魚社
인간 세상에 산과 강이 어찌 한이 있으랴 何限人間山與江

31 이신중 기숭(李申仲基崧) : 이기숭(1744~1775)으로, 본관은 광주(廣州), 자는 신중이다. 1771년(영조47) 식년 문과에 급제하였으며, 병조 좌랑 등을 지냈다.

32 금어(禽魚)의 결사 : 초야에서 은거하며 새와 물고기와 함께 어울리는 것을 말한다.

강성오 침[33]이 온양에서 와서, 제군과 함께 운자를 가려 뽑다
姜誠吾忱至自溫陽同諸君拈韻

그대가 가자 어김없이 국화가 피더니 君歸證新菊
그대가 오니 국화가 시들어 버렸네 君到菊花衰
한바탕 웃고 나서 꽃 앞에 앉아 一笑花前坐
달빛 아래서 맑은 술을 마시네 清樽月下持
역사의 서찰[34]에서 깊은 정이 느껴지고 情深驛使札
바닷가 시에서 표일한 기상이 넘치네 氣逸海天詩
오면서 고을 관사에 인사드렸을 때 郡閣來時拜
우리 형이 응당 내 생각을 하셨으리 吾兄應我思

당시에 삼종형(三從兄) 도공(道恭)[35] 씨가 마침 온양(溫陽)의 수령으로

33 강성오 침(姜誠吾忱) : 178쪽 주13 참조.

34 역사(驛使)의 서찰 : 절친한 친구 사이의 서신을 가리킨다. 역사는 공문서나 서신을 전달하는 사람을 말한다. 남북조(南北朝) 시대 송(宋)나라의 육개(陸凱)와 범엽(范曄)은 절친한 사이였는데, 강남(江南)에 있던 육개가 언젠가 매화 한 가지를 꺾어 장안(長安)에 있는 범엽에게 부치면서 시를 짓기를 "꽃가지 꺾다가 역사를 만나, 농두의 사람에게 보내 준다네. 강남에는 마땅히 드릴 것이 없기에, 그저 한 가지의 봄을 보내는 것이라네.〔折花逢驛使, 寄與隴頭人. 江南無所有, 聊贈一枝春.〕" 하였다. 《太平御覽 卷970 梅》

35 도공(道恭) : 채도공(1716～1776)으로, 본관은 평강(平康), 자는 관지(貫之)이다. 1754년(영조30) 증광시(增廣試)에서 진사로 합격하여, 정산 현감, 온양 군수를 지냈다. 원주에서 삼종형이라고 표현한 것은 도공의 증조부인 채시귀(蔡時龜)가 채유후(蔡裕後)의 양자로 나가기 전의 생가 촌수로 계산하였기 때문이며, 족보상으로는 번암과 십촌 간이 된다.

있었다. 그래서 이렇게 말한 것이다.

두 번째 二疊

깊은 가을에 그대를 보낼 때는　高秋送之子
아름다운 풀들이 말 머리에서 시들었지　芳草馬前衰
거문고 갑을 조용히 닫아 둔 채　琴匣愔愔閉
고운 꽃[36]을 따고 따서 지니네　瓊華采采持
호서의 달이 몇 번이나 차는 동안　屢圓湖外月
시사의 시축엔 빠진 곳이 많았었지　多缺社中詩
한 해가 저물 무렵 찾아 준 정성은　歲晩來珍重
떨어져 지낼 때의 그리움 때문이리　應緣兩地思

세 번째 三疊

공문서 너는 어찌 그리 복잡한가　簿牒爾何攪
내 머리카락이 점점 쇠어 가는구나　鬢毛吾轉衰
조정에서 돌아오면 발을 문득 내리고　朝歸簾便下
졸다가 일어나면 책을 늘 펼치지　睡起卷常持
약은 학은 때로 문을 엿보고　鶴黠時窺閤
고운 산은 능히 시 속으로 들어오네　山嬌解入詩
인재와 세도를 걱정하느라　人才與世道
세모에도 생각이 가득도 하네　歲暮浩盈思

36 고운 꽃 : 강침의 문장을 말한다.

밤에 경삼, 숙승, 백유[37]와 더불어 읊다
夜與景參叔昇伯兪賦

벗들이 무시로 번갈아 가며 찾아오는데	朋來無次遞敲扉
앉아서 형체를 잊고 말수도 줄어드네	坐處忘形語亦稀
우물은 가을을 품어 물빛이 한창 곱고	金井涵秋方汃汃
국화는 달빛 받아 멀리까지 찬란하네	菊花承月迥輝輝
병든 뒤라 말도 여러 해 동안 타지 않는데	病餘珂馬長年倦
근심 속 서리 맞은 기러기는 밤새도록 나네	愁裏霜鴻永夜飛
은거할 생각이 사람을 흔들어 슬픔이 생겨나니	幽思撩人生悵望
일 많은 금오에서 벌써 돌아오는구나	金吾多事已言歸

심운로(沈雲路)가 금오랑(金吾郎)으로 잠시 부임했다가 곧바로 돌아왔다. 그래서 말한 것이다.

두 번째 二疊

쓸쓸한 골목 남쪽 판자 사립문	蕭蕭白板巷南扉
바람이 수시로 새어 들어오네	風漏時時來不稀
사람은 물러난 승려처럼 내내 담박하고	人似退僧長淡泊
문은 가객 때문에 매번 광채가 나네	門因佳客每光輝

37 백유(伯兪) : 대본에는 '伯崙'으로 되어 있다. 《국조방목(國朝榜目)》에 근거하여 '崙'을 '兪'로 바로잡아 번역하였다.

오래 견디는 국화는 추위에 더욱 농염하고	黄花耐久寒逾艶
친해진 흰 학은 담담히 날아가기를 잊네	素鶴相親澹忘飛
우스워라, 이 생애 많고 많은 상념이여	堪笑此生塵刹念
곳곳이 강호건만 돌아가지 못하누나	江湖滿地未能歸

밤중에 앉아 정 시랑[38]을 그리며 지난밤 〈광통교〉 시에 차운하여 도로 드리다

夜坐懷鄭侍郎用前夜廣通橋韻却呈

만나자마자 곧 밤새도록 노닐었더니	相逢便永夕
잠깐 이별에 벌써 편지를 전하네	少別已傳書
오늘 밤 일을 슬퍼하여	惆悵今宵事
흰 이슬 내린 뒤에 배회하네	徘徊白露餘
그윽한 등불 불똥은 때로 절로 떨어지는데	幽燈時自落
돌아가는 기러기는 천천히 가지 않네	歸雁不曾徐
내일 양서의 버들에	明日瀼西柳
매어 놓은 나귀가 없게 하지 마소서	莫教無繫驢

두 번째 二疊

남방의 집에 들어앉은 뒤로는	已偃南坊宅
북궐의 글은 전부 쉬었네	全休北闕書
늙어 가면서 술이 더 늘게 되고	酒深垂老後

38 정 시랑(鄭侍郎) : 정광충(鄭光忠, 1703～?)을 가리킨다. 본관은 온양(溫陽), 자는 사원(士元), 초명은 광진(光震)이다. 정두경(鄭斗卿)의 증손이다. 1733년(영조9) 식년시에서 진사로 합격한 뒤, 1746년에 춘당대시(春塘臺試)에서 문과에 급제하였다. 대간으로 있을 때 눈물을 흘리며 강개하게 건의한 것을 아름답게 여겨 1755년 영조가 친히 광충이라는 이름을 내려 주고, 병조 참지로 승진시켰다. 《英祖實錄 31年 3月 2日》

가을이 가면서 노래는 늘어지네　　歌緩素秋餘
궁벽한 땅에서 멀리 구름 속에 깃들고　　地僻棲雲迥
긴 다리에서 천천히 달빛을 밟네　　橋長步月徐
길거리 아이들도 공경할 줄 알아　　街童猶解敬
모두 정공의 나귀[39]인 줄 아네　　皆識鄭公驢

39 정공(鄭公)의 나귀 : 시인의 나귀를 뜻한다. 시를 잘 짓기로 이름났던 당(唐)나라의 정계(鄭綮)에게 어떤 사람이 "상국(相國)은 요즈음 새로운 시를 지은 것이 있으십니까?"라고 묻자, "시흥(詩興)은 파수(灞水)의 다리에서 풍설(風雪)을 맞으며 나귀를 몰아가는 때라야 떠오르는 법이니, 어찌 이런 데서 시를 얻을 수 있겠는가."라고 한 고사가 있다. 《北夢瑣言 卷7》

금체[40]를 정한 후 목유선, 유수오, 오경삼 제군과 운자를 뽑아 시도해 보다

禁體後同睦幼選兪秀五吳景參諸君拈韻試之

병으로 아침부터 의관을 폐하니	吾病朝來廢襪巾
공연히 이웃에서 좋은 말을 빌렸구나	枉勞珂馬借比隣
시월의 구준[41]은 원기를 머금었는데	衢樽十月涵元氣
이번 가을 시사에는 벗들이 많네	詩社今秋多故人
상서로운 해가 창덕궁을 배회하니	瑞旭徘徊昌德殿
찬 이불 속에서 속거[42]의 먼지를 바라보네	寒衾瞻望屬車塵
누가 금곡처럼 술잔 수를 세랴[43]	誰將酒數依金谷

40 금체(禁體) : 시를 지을 때 특정한 금지 사항을 정하고 짓는 것이다. 송(宋)나라 구양수(歐陽脩)가 여음 태수(汝陰太守)가 되어 취성당(聚星堂)에 모여 연회를 베풀고 눈〔雪〕에 대한 시를 짓게 하면서, 설부(雪賦)에 흔히 등장하는 옥(玉), 월(月), 이(梨), 매(梅), 연(練), 서(絮), 백(白), 무(舞), 아(鵝), 학(鶴) 등의 글자를 쓰지 못하게 한 데에서 유래하였다. 《詩人玉屑 卷9》

41 구준(衢樽) : 큰 길거리에 설치한 술동이를 가리킨다. 《회남자(淮南子)》 〈무칭훈(繆稱訓)〉에 "성인의 도는 마치 큰 길거리 한가운데에 술동이를 두어 지나는 사람마다 크고 작은 양에 따라 각각 적당하게 떠 마시도록 하는 것과 같다.〔聖人之道, 猶中衢而致樽邪, 過者斟酌, 多小不同, 各得所宜.〕"라고 한 데서 온 말인데, 이는 임금이 인정(仁政)을 베푸는 것을 비유한다.

42 속거(屬車) : 임금이 출행(出行)할 때에 시종들이 타는 수레를 말하는데, 더러 임금을 가리키기도 한다.

43 금곡(金谷)처럼……세랴 : 시를 짓지 못했을 때 마시게 하는 벌주를 일일이 강요하지 않는다는 말이다. 진(晉)나라 석숭(石崇)이 자신의 정원인 금곡원(金谷園)에서

무료한 동산 누대에 저녁 빛이 새롭네　　　　無賴園樓晚景新

빈객들과 연회를 열고, 시를 짓지 못한 사람에게는 3말의 벌주를 내렸다는 고사가 있다. 《古文眞寶 後集 卷2 春夜宴桃李園序》

9월 그믐에 우렛소리를 듣고 제군과 더불어 운자를 뽑다
季秋晦聞雷與諸君拈韻

가을날에 세찬 우레 땅을 울리는 소리 들리는데 秋日奔雷殷地聞
병든 이 몸 말없이 저물도록 누웠네 病夫無語臥侵曛
어느덧 구월도 그믐날이 되니 怱怱九月方成晦
많은 집들 어둑어둑 구름 속에 잠겼네 黯黯千家盡入雲
재보[44]는 묘당(廟堂)의 책무임을 깊이 알아서 財輔深知廊廟責
위기에서 성군을 저버리지 말아야 하리 艱危莫負聖明君
시절 근심 온갖 생각 외로운 촛불 아래 몰려오는데 憂時百念來孤燭
무슨 일로 하늘 끝에서는 또 기러기 떼 소리 들리나 何事天端又雁群

44 재보(財輔) : 재성보상(財成輔相)의 준말로, 《주역》 〈태괘(泰卦) 상(象)〉에 "천지가 사귀는 것이 태이니, 임금은 이것을 본떠 천지의 도를 재성하며 천지의 의를 보상하여 백성을 인도한다.〔天地交泰, 后以財成天地之道, 輔相天地之宜, 以左右民.〕"라고 한 데에서 나왔다. 주희(朱熹)는 《주역본의(周易本義)》에서 "재성은 지나침을 세새하고, 보상은 부족함을 돕는 것이다."라고 하였다.

파주 방어사로 가는 사술을 전송하다. 이날 밤에 제군이 모두 모여 운자를 뽑다

送士述坡州防禦行是夜諸君竝集拈韻

은비[45]의 관직 서열 점차 높아지더니	銀緋官序漸爲尊
묘섬[46]에서 어느새 대언[47]으로 추천했지	廟剡居然屬代言
방어사는 근래에 우러러보는 중한 자리이니	防禦近來瞻地重
네 재주라면 능히 가서 성은에 보답할 수 있으리	爾才能去答天恩
고을에서 거문고 타는[48] 문치를 하지 말고	文治莫以彈琴縣
도성의 둘레이니 군정(軍政)을 엄격히 해야 하리	王甸須嚴擊柝門
자네 시가 없으면 우리 시사가 적막하리니	不有君詩吾社寂
병든 이 회포 쓸쓸하여 이별 술잔을 대하네	病懷搖落對離樽

45 은비(銀緋) : 은은 은대(銀帶)로 정3품부터 종6품까지의 문무관이 띠는, 가장자리에 은으로 새겨 장식을 붙인 띠이며, 비는 금대(金帶)로 정2품관이 착용하는 띠이다. 정1품・종1품관은 서대(犀帶), 종2품관은 학정금대(鶴頂金帶), 정7품관 이하는 오각대(烏角帶)를 띠었다.

46 묘섬(廟剡) : 관원에 적합한 인재(人材)를 묘당(廟堂)에서 천거하여 뽑는 것을 말한다.

47 대언(代言) : 왕명 하달을 맡은 관직으로, 1310년(충선왕2) 승지(承旨)를 고친 이름이다. 공민왕 때 승선(承宣)・승지로 부르다가 1401년(태종1) 다시 대언으로 하였으나 1433년(세종15) 승지로 고쳤다.

48 거문고 타는 : 백성의 인성 교화에만 힘쓰는 것을 말한다. 공자(孔子)의 제자인 복자천(宓子賤)이 선보(單父)의 수령으로 있으면서 그저 비파〔琴〕를 타고 노래만 부를 뿐 공당(公堂)에서 내려간 적이 없는데도 고을이 잘 다스려졌다는 고사에서 유래하였다. 《呂氏春秋 察賢》

밤에 모여서 운자를 뽑아 함께 읊다
夜集拈韻共賦

공무가 어찌 그리 많고도 급한지	公事何多急
우리 집에서 이렇게 만나기도 어렵네	吾廬此會難
안개 노을은 세 갈래 길[49]에 가까이 끼었고	煙霞三逕近
촛불이 희미해져 온 누대가 썰렁하네	屛燭一樓寒
때때로 별이 꼬리를 드리우고	往往星垂葉
자욱한 비가 산봉우리를 지나가네	依依雨過巒
국화가 온통 시들어 가려 하는지라	菊花渾欲老
아끼며 밤이 되도록 감상하네	珍重夜來看

두 번째 二疊

이엉으로 말쑥하게 지붕을 이었으니	我屋編茅淨
가을 정서는 국화를 빼면 어렵지	秋情捨菊難
지팡이 짚고 멀리 성곽으로 걸어가니	筇鞋通郭遠
별들은 진흙을 차갑게 비추네	星斗照泥寒

49 세 갈래 길 : 은자가 기거하는 곳을 가리킨다. 한(漢)나라 장후(蔣詡)가 왕망(王莽) 정권 때 벼슬을 내놓고 향리에 은둔한 뒤, 뜰에 송(松)·국(菊)·죽(竹)을 심은 세 개의 오솔길을 내고는 오직 친구인 구중(求仲)과 양중(羊仲) 두 사람과만 종유(從遊)했던 고사에서 나왔다.《三輔決錄 逃名》

저녁 피리 소리 성긴 발 사이로 들리고 夕吹鳴疎箔
저녁 종소리 흰 산에 우렁차네 昏鍾殷白巒
완성된 시에 도리어 호기로워져 詩成還意氣
촛불 밝히고 돌려 보라고 내주네 明燭許傳看

세 번째 三疊

그대들 말 타고 깜깜한 밤에 찾아오니 君馬犯昏黑
진창길에 오느라 어려움은 없었던가 街泥能不難
서리꽃 내려 계절은 저무는데 霜華天氣晩
숲 바람 탓에 우리 집은 춥다네 林籟我家寒
이지러진 달빛은 깊은 골목을 밝히고 缺月通深巷
쏟아질 듯 은하수는 먼 산을 비추네 傾河照遠巒
가을 소리에 언뜻 비가 내린 줄 알고 秋聲疑乍雨
아이 불러 내다보게 하네 呼取小童看

구호의 이형이 예산에서 왔다. 진연례에 참석하기 위해서였다. 만나서 너무 기쁜 나머지 운자를 뽑아 함께 읊다

龜湖李兄至自禮山蓋趁進宴禮也逢迎喜甚拈韻共賦

산수 경치가 남쪽 고을에 가득하니　　煙霞滿南國
오매불망 석인의 넉넉함[50]을 기다렸네　　寤寐碩人寬
매화 앞에서 이별할 때가 아직도 떠오르는데　　尙憶梅前別
도로 국화 아래서 만남을 이루었네　　還成菊下團
술은 가난한 주인집 텅 빈 살림이 부끄럽지만　　酒慙貧主罄
시에서는 어린 자제의 기쁨을 볼 수 있네　　詩見稚兒歡
내일 꽃가지로 비녀 꽂는 모임에서　　明日簪花會
가득한 흰머리를 서로 보게 되겠네　　相看鬢髮闌

공의 아들 숙승(叔昇) 형제가 모두 자리에 참석하여 화답하였으므로, 제6구에서 말하였다.

50 석인(碩人)의 넉넉함 : 산수가 좋은 지방에서 즐겁게 지내고 있는 이수일(李秀逸)을 표현한 말이다. 현자(賢者)가 세상을 피해 은거하면서 안빈낙도하는 삶의 즐거움을 노래한 《시경》 〈위풍(衛風) 고반(考槃)〉에 "고반이 언덕에 있으니, 석인의 마음이 넉넉하도다.〔考槃在阿, 碩人之薖.〕"라고 한 데서 나왔다.

심경현이 밤에 와서 벗들과 운자를 뽑아 시험 삼아 짓다
沈景玄夜至同諸益拈韻以試

삼청동에 물시계가 저녁을 알리니 仙漏三清暮
깃들려는 까마귀 원림으로 돌아가네 棲鴉苑樹還
성대에 호조 판서를 외람되이 차지하여 明時叨地部
종일토록 임금의 존안을 모시게 되네 終日侍天顔
동성끼리 응하지[51] 않는다면 不有同聲應
복야[52]의 한가로움 이루기 어렵네 難成卜夜閑
누가 대장부의 기상을 誰令丈夫氣
공문서 사이에서 사라지게 만들었던가 銷盡簿書間

두 번째 二疊

사해에 운이 창성하는 시기를 맞아 薄海昌辰際

51 동성(同聲)끼리 응하지 : 동류(同類)끼리 서로 기맥이 통하여 자연히 의기투합하는 것을 비유하는 말이다. 《주역》 〈건괘(乾卦) 문언(文言)〉의 "같은 소리끼리는 서로 응하고, 같은 기운끼리는 서로 찾게 마련이니,……이는 각자 자기와 비슷한 것끼리 어울리기 때문이다.〔同聲相應, 同氣相求,……則各從其類也.〕"라는 말에서 나왔다.

52 복야(卜夜) : 복주복야(卜晝卜夜)의 준말로, 밤낮을 가리지 않고 술 마시며 즐기는 것을 가리킨다. 춘추 시대 제(齊)나라 진경중(陳敬仲)이 환공(桓公)을 위해 주연(酒宴)을 베풀었는데, 환공이 흥이 도도하여 불을 밝혀 밤에도 계속 술을 마시자고 하자, 진경중이 "신은 낮에는 길한지 점을 쳐 보았지만 밤에는 어떨지 점을 쳐 보지 못했으니, 감히 할 수 없습니다."라고 한 데서 유래하였다. 《春秋左氏傳 莊公22年》

유궁에 구갑이 돌아왔네[53] 遺宮舊甲還
구준[54]에는 봉황 일산(日傘)이 비치는데 衢樽涵鳳蓋
화축[55]이 용안 주변에 가득했네 華祝繞龍顏
시종은 화려하게 꽃을 꽂고 侍從簪花爛
한가로이 노래하고 비파를 탔네 歌謠拊瑟閑
태평 시대에 나서 늘그막에까지 昇平生且老
대궐에서 기쁘게 즐기고 있다네 歡樂玉階間

세 번째 三疊

운대[56]에 참된 아취가 있어 雲臺有眞契
읊조리다가 문득 돌아가길 잊었네 吟嘯輒忘還
늙은 내가 속된 객이 아니니 老我非塵客
주인은 웃는 얼굴 많아졌네 主人多笑顔

53 유궁(遺宮)에 구갑(舊甲)이 돌아왔네 : 영조가 등극한 지 60년이 지났음을 말한 것이다.

54 구준(衢樽) : 누구라도 마실 수 있도록 큰 길거리에 설치한 술동이를 가리킨다. 191쪽 주41 참조.

55 화축(華祝) : 성군을 위해 축원하는 것을 말한다. 옛날 중국의 요(堯) 임금이 천하를 다스린 지 50년 만에 세상이 과연 잘 다스려지는지 여부를 알아보기 위하여 여러 지방을 순시하다가 화(華) 땅에 이르렀는데, 그곳에서 국경을 지키는 봉인(封人)이 요 임금에게 장수하고 부귀하고 많은 자손을 두기를 축원한 것에서 나왔다. 《莊子 天地》

56 운대(雲臺) : 인왕산 자락, 지금의 서울시 종로구 필운동 배화여고 뒤뜰에 있는 높은 암벽인 필운대(弼雲臺)를 가리키는 것으로, 이항복(李恒福)이 이곳에 살았기 때문에 그의 호를 따서 이름을 붙였다고 한다.

따라온 구름은 기운이 엷어졌고　　隨身雲氣淡
꿈속에 든 바위틈 샘은 한가롭네　　繞夢石泉閑
골짜기의 말쑥한 의취가　　丘壑蕭然意
아스라이 시야에 들어오네　　蒼蒼眺望間

네 번째 四疊

초승달이 나를 그리워하는 듯　　初月應相戀
기약이나 한 것처럼 갔다가 돌아왔네　　如期往復還
찬 날씨에 번번이 병에 잘 걸렸는데　　寒天每善病
작은 술자리에 비로소 얼굴이 펴지네　　小酒始開顏
우물가 낙엽에 가을이 다 간 것에 놀랐는데　　井葉驚秋盡
거리의 먼지는 밤이 되자 줄어드네　　街塵入夜閑
무단히 철벌레 울음소리가　　無端候蟲語
작은 병풍 사이에서 들렸다 말다 하네　　斷續小屛間

경현이 괴로이 읊기를 그치지 않아 놀리느라 언급하였다.

다섯 번째. 경현에게 독촉하다 五疊 督景玄

능숙한 일인데도 오히려 재촉을 받으니　　能事猶相促
그대는 아마 돌아가지 않은 것을 후회하리라　　君應悔不還
우는 소리가 입속에서 구슬프고　　鳴聲悲口吻
기름진 광채가 얼굴에서 사라져 가네　　腴潤損容顏
높은 촛대 유난히 빨리 타는 게 얄미우니　　高燭偏憎短

동호[57]는 한가롭게 내버려 두었네　彤毫一任閑
이웃의 닭은 너무도 망녕되어　隣鷄太顚妄
제멋대로 횃대에서 울어 대누나　隨意唱塒間

여섯 번째. 경현이 시를 제출하여 기뻐하다 六疊 喜景玄詩出

그대 시는 고아한 풍치가 많으니　君詩多雅度
시단에 고풍이 돌아왔네　壇坫古風還
한 해는 마음속 보배에서 저물어 가고[58]　歲晏懷中寶
가을은 거울 속 얼굴에서 생겨나네[59]　秋生鏡裏顔
명성이 우리 시사에서 중하건만　聲名吾社重
운월은 약봉에서 한가롭네　雲月藥峯閑
술 마신 뒤에는 평소와 다름없이　酒後尋常態
대자리를 흥건하게 적셔 놓는 거라네　淋漓簟席間

57 동호(彤毫) : 붉은색 자루의 붓으로, 역사를 기록하는 붓을 뜻하는데, 여기서는 경현 심경석(沈景錫)이 시를 적을 붓을 가리킨다.

58 한……가고 : 시를 짓느라고 해가 저물어 가는 것을 말한다. 마음속 보배는 훌륭한 재능을 말하는 것으로, 상대의 시재(詩才)를 가리키는 말인데, 여기서는 끙끙대며 시를 짓는 심경석을 가볍게 놀리는 표현이다.

59 가을은……생겨나네 : 가을 서리 같은 백발이 거울에 비친다는 의미이다. 당나라 이백(李白)의 시 〈추포가(秋浦歌)〉에 "하얀 머리가 무려 삼천 장, 시름 때문에 이렇게 길어졌다네. 모르겠네, 밝은 거울 속에 비친 모습을 보니, 어디에서 이런 가을 서리를 얻게 되었던가.〔白髮三千丈, 緣愁似箇長. 不知明鏡裏, 何處得秋霜?〕"라는 구절이 있다. 《李太白集 卷8》

정 시랑이 와서 구호와 경삼 제군과 밤에 앉아 운자를 뽑다
鄭侍郎至同龜湖及景參諸君夜坐拈韻

추운 겨울 날씨에 소나무 사립을 늦게 열지만	松扉懶啓歲寒天
그래도 찾아온 벗들 작은 촛불 앞 모임은 허락한다네	猶許朋來小燭前
늘그막에도 문장 솜씨는 신들린 듯하고	翰墨有神垂老日
태평한 시대라 음악 소리는 그치지 않네	笙歌不盡太平年
맑은 서리 속 유독 삼각산의 빛이 빼어나고	霜淸獨秀三山色
달이 뜨자 장안의 안개 완전히 걷히네	月出全空萬戶煙
내일 아침 대궐에서 빈대가 있으니	北闕明朝有賓對
백성들 일 생각하면 감히 잠들 수 있으랴	思量民事敢爲眠

또 운자를 뽑다
又拈

그대 온 때가 바야흐로 한가한 때인데　君來方暇日
관청에서 퇴근하니 또 좋은 밤일세　公退又良宵
이웃 길은 구름 속으로 가늘게 나 있고　隣逕通雲細
누대 술동이엔 쏟아지는 달빛이 넉넉하네　樓樽瀉月饒
취하여 오동 아래 우물에 비녀장을 던져 버리고[60]　醉投桐井轄
추위에 밤나무 동산의 땔감을 태우네　寒爇栗園樵
나귀의 발자국이 그래도 사랑스러우니　驢跡猶堪愛
다리의 자욱한 서리를 쓸지 않네　霜深莫掃橋

60 오동……버리고 : 오동나무 아래 우물에 수레의 바퀴를 고정하는 비녀장을 빼서 던져 버린다는 뜻으로, 객을 붙들어 두고 함께 주흥을 실컷 즐긴다는 의미로 사용된다. 말술을 마시기를 좋아했던 한(漢)나라 때 진준(陳遵)이 빈객들과 술을 마실 때면 도중에 떠나가지 못하도록 대문을 걸어 잠그고 수레의 비녀장을 빼서 우물 속에 던져 버렸다는 고사에서 나왔다. 《漢書 陳遵傳》

벗들이 밤에 모여 운자를 뽑아 읊다
諸益夜集拈韻賦之

근래에 도를 깨쳐 사귐을 끊으려고[61] 悟道年來願息交
이미 구름 속 학을 타고 둥지를 틀었지 已拚雲鶴與同巢
속세에서도 청산을 그리는 꿈 거른 적 없지만 塵埃不廢靑山夢
늙고 병든 몸이 무슨 수로 백발을 막을 수 있으랴 衰疾那由白髮抛
바람 부는 관청 썰렁하여 밤 날씨 추운 줄 알겠거니 風閤泠泠知夜冷
화분 꽃은 선명하여 서리가 치는 것 견뎌 냈네 盆花的的耐霜敲
깊은 술동이 비지 않으면 돌아갈 리 없을 터 深樽未罄應無返
밝은 별이 나무 끝에 떠오를 때까지 앉았네 坐到明星放樹梢

61 사귐을 끊으려고 : 진(晉)나라 도잠(陶潛)이 팽택 영(彭澤令)이 된 지 80여 일 되었을 때, 군(郡)에서 독우(督郵)를 파견하였는데, 아전들이 관복을 정중하게 갖추어 입고 뵈어야 한다고 하니, 도잠이 "내가 어찌 오두미(五斗米) 때문에 향리 소배(鄕里小輩)에게 허리를 굽힌단 말이냐." 하고 그날로 관직을 버리고 돌아왔다. 그때 읊은 〈귀거래사(歸去來辭)〉에 "돌아가자꾸나. 교제 같은 건 그만 쉬고 교유도 끊으련다. 세상이 나와 맞지 않는데, 다시 수레 타고 나가서 무엇을 구하리오.〔歸去來兮! 請息交以絶遊. 世與我而相違, 復駕言兮焉求?〕"라고 한 구절이 있다. 《晉書 陶潛列傳》

심여중이 해산에서 노닐다가 돌아왔는데, 자랑하는 이야기가 끝이 없어 밤에 제군과 함께 읊다

沈汝中遊海山歸誇說津津夜同諸君賦

속세의 구속은 일단 내버려 두고	且置紅塵累
강산을 돌아다닌 그대 말이 호기롭네	江山君馬豪
서리 내리는 날씨에 큰 바다를 구경하고	霜天觀海大
노을 속 집에서 고승과 마주하였지	霞广對僧高
벼랑의 이끼는 푸릇푸릇 나막신에 붙어 있고	巖蘚青留屐
시냇가 단풍은 붉게 도포를 물들이네	溪楓絳染袍
남성에서 돌아오지 못한 나그네는	南城未歸客
나랏일이 날마다 터럭처럼 많다네	王事日如毛

또 7언 운자를 뽑다

又拈七言韻

쓸쓸한 찬 뜰에 저물녘 나무 서 있는데	寥廓寒庭倚晩柯
한평생 술 마시고 노래도 불렀네	人生對酒且爲歌
가득한 안개 서리에 단풍은 완전히 늙어 가고	煙霜漠漠楓全老
아득한 하늘 기러기에 가을은 이미 지나갔네	鴻雁冥冥秋已過
고요한 숲엔 파루 후에 아전의 발길 줄어들고	林定吏蹬鍾後少
한가한 시사에는 달빛 아래 사람 그림자가 많네	社閑人影月中多
잠양이 도도하게 밀어낼 것이니	潛陽滾滾應相促
궁음을 어찌하느냐 말하지 마소[62]	莫謂窮陰奈若何

62 잠양(潛陽)이……마소 : 어김없이 해가 바뀌어 새해가 오는 것을 뜻한다. 궁음(窮陰)은 《주역》의 괘에서 음효(陰爻)가 꽉 찬 상태를 말하는 것으로, 괘로는 순음(純陰)인 곤괘(坤卦)에 해당하고, 계절로는 음력 10월을 가리킨다. 그러다가 동지가 되면 양효(陽爻) 하나가 아래에서 다시 생겨나 11월에 해당하는 복괘(復卦)가 된다.

밤에 모여서 운자를 뽑다

夜集拈韻

눈과 달빛이 곱게 모이니	雪月娟娟集
섬돌과 뜰이 모두 화려하네	階庭竝作華
차가운 날씨 속 나귀 탄 나그네가	天寒驢背客
저녁에 그림 속 집으로 들어가누나	暮入畫中家
북두성 자루는 구름 끝에서 기울고	斗柄雲端仄
바람 맞은 가지는 발 밖에서 비스듬하네	風枝箔外斜
주공도 공자보다 아쉬운 것이 있으니	周公遜尼父
부귀는 본래 자랑할 게 아니라네[63]	富貴本非誇

63 주공(周公)도……아니라네 : 주공은 주(周)나라 문왕(文王)의 아들이자 무왕(武王)의 동생으로 무왕이 죽자 조카인 성왕(成王)을 도와 주나라의 기초(基礎)를 다졌으며, 그 공으로 그 아들 백금(伯禽)이 노(魯)나라에 봉해져 천자의 예와 동등한 예를 행할 정도로 부귀를 누렸다. 공자는 그리한 부귀를 누리지 못하였지만 만세의 사표가 되었다는 면에서 주공의 부귀는 크게 자랑할 게 못 된다고 본 것이다.

벗들이 같이 모여 구옹[64]과 함께 운자를 뽑아 밤에 읊다
諸益竝集同龜翁拈韻夜賦

땅속에 잠긴 양이 얼음을 두려워하지 않으니 地底潛陽不怕氷
선천의 소식을 관청 매화를 통해 듣네 先天消息閣梅憑
성곽 남쪽 사람은 광활한 눈밭을 건너고 郭南人度蒼茫雪
숲 아래 깊은 문에는 썰렁한 등불이 걸렸네 林下門深寂歷燈
젊은 날 독서할 땐 기이한 기상이 넘치더니 少日讀書奇氣在
근래에는 나라 걱정에 백발만 늘어나네 邇來憂國素絲增
술동이 비어 초장의 분위기가 아니니 樽空不作初筵色
집 서쪽에서 술을 사 오는 건 어린 계집종이 잘한다네 買酒墻西小婢能

두 번째 二疊

매화 아래서 담론하니 빙옥같이 깨끗한데 梅下論心玉映氷
삼뢰[65] 소리 들으며 궤안에 기대었네 掃空三籟几仍憑

64 구옹(龜翁) : 번암의 이종형인 구호(龜湖) 이수일(李秀逸, 1705~1779)을 가리킨다. 본관은 한산(韓山), 자는 자준(子俊), 영의정 이산해(李山海)의 7대손이다.

65 삼뢰(三籟) : 《장자》 〈제물론(齊物論)〉에 보이는 인뢰(人籟), 지뢰(地籟), 천뢰(天籟)를 가리킨다. 남곽자기(南郭子綦)가 안성자유(顔成子游)에게 "너는 인뢰는 들었어도 지뢰는 듣지 못했고 지뢰는 들었어도 천뢰는 듣지 못했을 것이다.〔女聞人籟而未聞地籟, 女聞地籟而未聞天籟夫.〕"라고 하였다. 인뢰는 사람이 울리는 소리로 악기의

눈 덮인 모든 길에서 때로 시계 소리가 들리고	千街雪暗時聞漏
먼 골목 성긴 숲 사이로 등불이 비치네	遠巷林疎不庇燈
노병으로 관아 출입을 폐하니 비로소 한가한데	衰病廢衙閑始得
문장의 기세는 늙을수록 더해지네	文章有氣老還增
청삼[66] 입은 막부 신세라 그대는 한하지 마소	青衫幕府君休恨
옛날부터 능한 것은 하늘이고[67] 사람은 아니었네	從古能天人未能

세 번째. 목경로 조수 에게 주다. 경로가 장차 호남의 아막[68]으로 부임하려 하였다 三疊 屬睦景魯 祖洙 景魯將赴湖南亞幕

시월 산천에 눈과 얼음이 교차하는데	十月山川互霰氷

소리이고, 지뢰는 대지가 일으키는 소리로 바람 소리이고, 천뢰는 인뢰와 지뢰의 근본이 되는 대자연의 소리이다.

66 청삼(青衫) : 푸른 적삼이라는 뜻으로, 품계가 낮은 관원의 복장을 가리킨다. 보통 실의에 빠진 하급 관리의 심정을 비유할 때 많이 쓰는데, 당나라 백거이(白居易)의 고사에서 연유한 것이다. 백거이가 강주(江州)의 사마(司馬)로 좌천되었을 때 지은 〈비파인(琵琶引)〉에 "좌석에서 제일 많이 운 사람이 누구인가. 강주 사마 푸른 적삼 눈물에 젖어 축축하네.〔座中泣下誰最多? 江州司馬青衫濕.〕"라는 구절이 나온다. 《白氏長慶集 卷12》

67 능한 것은 하늘이고 : 소식(蘇軾)의 〈조주한문공묘비(潮州韓文公廟碑)〉에 "공이 능한 것은 하늘이요, 능하지 못한 것은 사람이다.〔公之所能者天也, 所不能者人也.〕"라고 하였다. 이는 사람들을 감화시켜 신망을 얻는 것은 하늘의 뜻에 따르는 것인데 이러한 일은 잘하고, 조정에서 높은 벼슬에 오르고 편안히 작록을 누리는 것은 인위적인 것인데 이러한 일은 잘하지 못한다는 뜻이다.

68 아막(亞幕) : 아사(亞使)라고도 한다. 조선 시내 각 도의 관찰사를 보좌하면서 행정 업무를 총괄하던 종4품 경력(經歷)과 종5품 도사(都事)를 가리킨다.

남으로 가는 그대 보내려 누대에 기대섰네	送君南去碧樓憑
상림[69]으로 가는 꿈은 찬 숲에 아득하고	上林歸夢迷寒樹
여관에서의 새로운 시름은 밤 등불에 떨어지리	旅館新愁落夜燈
두곡[70]의 어버이 편지는 전해 줄 인편 없는데	杜曲親書無雁度
완성의 기보에는 시가 늘겠네[71]	完城妓譜有詩增
동생[72] 같은 행실은 천년토록 감동스러운데	董生行裏千年感
밝은 조정에 천거하지 못함이 한스러웠네	薦譽明廷恨未能

경로가 일찍이 낮에 농사짓고 밤에 독서하였는데, 성상께서 듣고 동생(董生)에 비유하면서 승륙(陞六)을 명하셨기 때문에 이렇게 말한 것이다.

69 상림(上林) : 임금의 동산을 가리키는 말인데, 여기서는 목조수(睦祖洙)의 부임지인 전라도 전주에 조선 왕실의 발상지가 있어서 이렇게 표현한 듯하다.

70 두곡(杜曲) : 중국 장안(長安) 동남쪽에 있는 지명으로, 당나라 때 명문대가인 두씨(杜氏)가 대대로 자리 잡아 살던 곳이다. 두보의 시 〈곡강(曲江)〉에 "하늘에 묻지 않고 내 삶을 결정했는데, 두곡에는 다행히 뽕밭과 삼밭 있네.〔自斷此生休問天, 杜曲幸有桑麻田.〕"라고 하였다.《杜少陵詩集 卷2》 여기서는 목조수의 고향을 가리킨다.

71 완성(完城)의……늘겠네 : 목조수가 시에 능하여 기생들이 노래할 만한 많은 시를 지어 줄 것이라는 의미이다. 완성은 전라도 완산(完山)을 가리킨다.

72 동생(董生) : 당나라 때 안풍(安豐) 땅의 효자 동소남(董召南)을 말한다. 일찍이 진사가 되었으나 은거하여 주경야독하면서 부모를 정성껏 봉양하였다고 한다. 그의 덕행이 뛰어나고 효성이 지극하여, 그 집의 닭이 어미 개 대신 젖먹이 강아지를 품어 주는 등의 기이한 일들이 있었으므로, 당송팔대가의 한 사람인 한유(韓愈)가 그를 위해 〈차재동생행(嗟哉董生行)〉이라는 시를 지어 찬양한 고사가 있다.《五百家注昌黎文集 卷20》

경삼이 약속을 하고도 오지 않았다. 밤에 숙승을 보내어 영패(令牌)를 내세워 잡아와 벗들과 운자를 뽑아 장난삼아 읊다

景參有期不至夜遣叔昇持令捉將來與諸益拈韻戲賦

애들은 문안으로 피하고 삽살개는 숲에서 짖으니	兒避中門狵吠林
추상같은 작은 영패가 날아들어서라네	小牌飛到雪霜侵
큰길에서 웃으며 바쁜 걸음을 전개하니	通衢笑展忙忙步
작은 집에 숨었던 엉큼함을 민망해하네	小閤回憐黠黠心
우리 시사 같은 풍류는 천하에 드무니	吾社風流天下少
주인의 병촉이 밤들어 깊어지네	主人屛燭夜來深
누대 위 자리에 빽빽이 찬 사람들	樓頭坐席仍成密
긴 노래 짧은 시를 차례로 부르네	次第長歌與短吟

두 번째 二疊

지난해에 방림 가까이 있는 집을 샀더니	前年買宅近芳林
방림은 상원(上苑)의 이름이다.	
어슴푸레한 대궐의 안개가 궤석으로 스며드네	雙闕曨煙几席侵
지금은 공무 때문에 맘껏 방랑하기 어려우니	公事卽今難浪跡
한밤중 시사에서 마음 맞는 이들과 함께하네	社詩中夜有同心
작은 정자 이엉 갈이에 깃드는 새가 기뻐하고	小亭茅換棲禽喜
그윽한 섬돌에 구름 피어 졸던 학이 가려지네	幽砌雲生睡鶴深

시편을 못 이루면 나는 잠들지 못하니	篇不聯珠吾不寐
경솔하게 먼 곳 닭이 울게 하지 말라	莫教容易遠鷄吟

세 번째 三疊

못 믿겠네, 도성이 숲에서 멀다는 말은	城闉不信遠山林
자욱한 푸른 산안개가 밤낮으로 스며드네	嵐翠空濛日夕侵
분수대로 마지못해 세속의 선비 되었지만	隨分强爲今世士
책이 있어 성인의 마음을 살필 수 있네	有書能見聖人心
가벼운 추위에 술기운이 살살 오르고	寒輕酒氣娟娟上
바람 멎자 차 연기가 자욱하게 피어나네	風定茶煙裊裊深
우스워라, 뜰의 대나무도 일이 많음이여	堪笑庭篁亦多事
밤들어 창 안으로 낮게 읊는 소리를 보내네	夜來窓裏送微吟

네 번째 四疊

종일토록 바람이 서쪽 숲에 불어 대니	終風淅淅在西林
세도와 인재 때문에 온갖 걱정이 생겨나네	世道人才百慮侵
신정의 금단을 나는 굴리지 못했는데[73]	神鼎金丹吾未轉

73 신정(神鼎)의……못했는데 : 세상을 위한 비방을 마련하지 못했다는 말이다. 도가(道家)에서는 아홉 차례 제련(製鍊)한 구전단(九轉丹), 구전금단(九轉金丹)을 가장 높이 치는데, 이것을 신정 속에 넣고 아홉 번 구워 환단을 만들어 사흘 동안 복용하면 신선이 되어 하늘로 올라간다고 한다.

찬 하늘의 제계[74]야, 너는 무슨 마음이냐	寒天鶗鴂爾何心
병든 몸은 점차 조참이 게을러지고	病骸漸欲朝參懶
교분은 주로 젊은이들에게 치우치게 되네	交契偏於年少深
참된 아취 말하려다 도로 잊어버렸지만	眞趣將言還已忘
억지로 끌어내어 읊을 필요는 없으리	不須牽率强成吟

74 제계(鶗鴂) : 두견이라고도 하고 때까치라고도 하는데, 이 새가 춘분에 앞서 미리 울면 초목이 시든다는 속설이 있다. 굴원(屈原)의 〈이소(離騷)〉에 "제계가 먼저 울까 걱정일세, 온갖 꽃들이 피지도 못하게 만드나니.〔恐鶗鴂之先鳴兮, 使夫百草爲之不芳.〕"라는 말이 나온다.

밤에 벗들과 운자를 뽑다

夜與諸益拈韻

양북과 교남에서 그윽한 약속에 오느라	幽期瀼北與橋南
두건과 신이 찬 산안개에 반쯤 젖었네	巾屨蒼涼半是嵐
가난한 이웃집엔 안타깝게도 학이 떠나 버렸고	巷曲家貧憐鶴去
창 앞에 그대들 이르러 매화 구경 함께하네	窓前君到許梅參
어두운 인왕산에는 온통 눈구름이 덮였고	仁王山暝同雲覆
추운 도위의 집 담장에는 눈이 덮였네	都尉墻寒積素含
고인의 문사의 응용을 가져다 보라	看取古人文史用
젊은이들이 어찌 감히 겨울 석 달을 저버리랴[75]	少年那敢負冬三

이웃에서 학을 남에게 팔았으므로, 제3구에서 언급한 것이다.

75 문사(文史)의……저버리랴 : 겨울 석 달을 그냥 보내지 말고 학문에 매진해야 함을 말한다. 동방삭(東方朔)이 한 무제에게 올린 글에 "저는 13세에 처음으로 글을 배워 겨울 석 달간 문사를 익혔는데, 그것만으로도 응용하기에 충분하였습니다.〔年十三學書, 三冬文史足用.〕"라고 하였다. 《漢書 東方朔傳》

또 운자를 뽑아 수오에게 주다. 당시에 수오가 해수(咳嗽)를 앓다가 막 나았다

又拈韻屬秀五時秀五病咳新起

그대는 어째서 눈을 무릅쓰고 왔던가	君何來冒雪
그러니 기침이 더하지 않을 수 있으랴	咳嗽得無添
말랐는지 보려고 먼저 허리띠를 살피고	驗瘦先看帶
추위를 막으려 급히 발을 내렸네	防寒急下簾
그대가 임금을 보필할 만한 재주인지라	才應稱黼黻
내가 깊고 엄한 곳[76]에 두려고 하였네	吾欲置深嚴
큰 소리로 길게 노래하며 앉았노라니	浩浩長歌坐
시가 맑아지고 막걸리도 곁들이게 되네	詩淸綠酒兼

수오가 막 영선(瀛選)[77]에 들었다가 또 견책(譴責)을 당했으므로, 시편 안에서 언급하였다.

76 깊고 엄한 곳 : 임금을 지근거리에서 모시는 관서를 말하는데, 주로 한림원, 즉 홍문관을 가리킨다. 송(宋)나라 태조(太祖) 건덕(乾德) 1년에 두의(竇儀)가 한림학사가 되었는데, 태조가 재상에게 말하기를 "깊고 엄한 곳에는 마땅히 숙유를 근무하게 해야 한다.〔深嚴之地, 當以宿儒處之.〕"라고 하였다. 《古今事文類聚新集 卷20 以宿儒處》

77 영선(瀛選) : 홍문관의 관원 후보에 드는 것을 말한다. 중국에서 한림원을 영주(瀛洲)라고 불렀던 데서 온 말이다.

눈 내리는 밤에 '함' 자 운까지 시 짓기가 끝이 났다. 마침 10월 그믐날이어서 여러 선비가 함께 모였다

雪夜咸韻告功適孟冬之晦諸子竝集焉

어젯밤 동쪽 동산에 눈이 내리더니 昨夜東園雪
오래된 삼나무에 바람 소리가 울리네 騷騷響老杉
기왓골은 완전히 붙어 있는 듯하고 瓦溝全似合
섬돌 사이는 솜씨 있게 바느질한 듯하네 階縫巧成緘
맑은 것은 광통교의 물이요 瀅澈通橋水
무심한 건 자각봉[78]의 바위로다 虛無紫閣巖
돌아가길 생각하는 오회의 나그네[79]는 思歸吳會客
가는 배가 지체될까 걱정이 많다네 多恐滯征帆

두 번째 二疊

저물어 가는 한 해를 생각하며 心期歲云暮

78 자각봉(紫閣峯) : 서울의 안산(案山)인 남산을 가리킨다. 목멱산(木覓山)이라고도 한다.

79 오회(吳會)의 나그네 : 객지에서 벼슬하고 있는 사람을 뜻하는 것으로, 오회는 중국 회계군(會稽郡)의 오현(吳縣)과 회현(會縣)의 병칭이다. 진(晉)나라 장한(張翰)이 낙양(洛陽)에 들어가서 동조연(東曹掾) 벼슬을 하다가, 가을바람이 불어오자 고향인 오중(吳中)의 순챗국과 농어회〔鱸魚膾〕 생각이 나서 곧장 사직하고 돌아간 고사가 있다.《晉書 文苑列傳 張翰》

슬프게 뜰의 삼나무를 쓰다듬네　　恓悵撫庭杉
임금과 백성을 편안케 할 생각이　　珍重君民計
평생토록 뇌리에서 떠나지 않았네　　平生骨髓緘
미약한 반딧불이 해와 달에 의지하고[80]　　螢光依日月
부평초 신세가 낭암[81]에 몸담았네　　萍跡寓廊巖
일단 요직으로 가려는 수레를 멈추고　　且駐要津駕
모름지기 학해의 배를 찾아야 하리　　須尋學海帆

80 반딧불이……의지하고 : 해와 달처럼 밝은 임금을 반딧불처럼 미약한 자신이 보필하게 되었다는 것을 말한다. 삼국 시대 위(魏)나라 조식(曹植)의 〈구자시표(求自試表)〉에 "반딧불과 밀초의 미약한 빛이나마 해와 달의 광휘에 보태고 싶다.〔螢燭末光, 增輝日月.〕"라고 한 데서 온 말이다.

81 낭암(廊巖) : 암랑(巖廊)과 같은 말로, 조정을 뜻한다.

밤에 모여 남쪽으로 돌아가는 숙승을 전송하다
夜集送叔昇南歸

그대가 반나절만 없어도 망연자실하거늘	半日無君已惘然
떠날 시기가 하필 달이 새로 차오를 즈음일세	歸期況指月新圓
연말 즈음에 멋진 시 세 수를 남기고 가니	年光晼晩呈三賦
시사엔 쓸쓸하게 시 한 편이 줄어드네	社會蕭條少一篇
손돌바람[82] 세차서 바다에 얼음이 얼고	孫石風颾氷接海
수척한 금오산은 눈이 하늘에 가득하리	金鰲山瘦雪縈天
숲속 창 아래서 등잔불을 가까이할 수 있다면	林窓但使親燈火
멀리 이별한들 내 앞에 있을 때와 다를 게 무어랴	遠別何殊在我前

82 손돌바람 : 음력 10월 20일경에 김포에서 강화로 가는 뱃길에 부는 강한 바람으로, 고려 때 억울하게 죽은 손돌(孫乭)이라는 뱃사공의 원혼 때문이라는 전설이 있다.

또 운자를 뽑다

又拈

인생에서 장차 이별을 하게 되니	人事且離合
기로에 서서 종횡으로 갈라지리	路岐縱復橫
초겨울이라 한창 눈이 내릴 기세인데	孟冬方雪意
한밤중에 바람 소리가 들리네	中夜有風聲
오랜 나그네는 새 철 옷을 마련하기 어렵고	久客衣難授
새벽 노정은 병이 생기기 쉽네	晨征病易生
외로운 등불 아래서 조촐히 대작하자니	孤燈與小酌
세모인지라 감회가 절로 깊어지네	歲暮自深情

조정에서 퇴청하니, 수오와 경삼이 돌아가지 않고 나를 기다리고 있었다. 기뻐서 〈관해〉 시의 운자를 뽑아서 함께 읊다
朝退秀五景參待我不歸喜拈觀海韻同賦

서청[83]의 석양이 비 갠 후 모습과 어우러지니	西淸日晩霽華通
멀리 우리 동산의 은행나무 동쪽임을 알겠네	遠識吾園銀杏東
삼대 때의 예악을 구현하기 위해	禮樂商量三代際
관원은 임금이 계신 곳으로 오가네	軒車來往五雲中
못가엔 가득히 가벼운 눈이 날리는데	池塘漠漠輕飄雪
드리운 발에는 바람도 잠잠하네	簾幕垂垂靜不風
그대들 머문 덕분에 그래도 긴 밤을 새우게 되니	賺得君留還永夕
소중한 시사의 모임 평생토록 함께하세	社盟珍重百年同

83 서청(西淸) : 궁궐 안의 조용하고 청정한 곳이라는 뜻으로, 중국의 한림원 학사들이 출근하던 곳을 말하는데, 조선에서는 주로 홍문관을 가리킨다.

밤에 모여 운자를 뽑다

夜集拈韻

다행히 요순시대 같은 성대를 만나	勛明華哲幸遭逢
작은 물방울이 큰 못으로 흘러들 수 있었네[84]	涓滴能爲大澤容
겨울철에도 대궐 시각에 맞춰 의관을 갖추는데	冬至衣冠雙闕漏
태평세월이라 백 년토록 봉화가 그쳤네	時平消息百年烽
마음 맞는 잣나무는 서리에 굴하지 않고	知心檜柏天霜傲
의기양양한 까마귀는 동산의 눈 속을 나네	得意烏鴉苑雪衝
시사 속 사람들이 모두 검은 구슬[85]을 잡으니	社裏玄珠人盡握
나는 한창 바다에 들어 즐겨 용을 구경하네[86]	吾方入海喜觀龍

84 작은……있었네 : 작은 물방울같이 하찮은 자신이 성군의 포용 덕분에 벼슬에 나아가 역할을 할 수 있음을 겸손하게 표현한 것이다.

85 검은 구슬 : 상대의 뛰어난 시문을 비유하는 말이다. 송나라 시인 황정견(黃庭堅)이 소식(蘇軾)의 시에 화답한 〈화답자첨(和答子瞻)〉에 “한림이 나에게 동남의 시구를 보내 주니, 한가한 창 아래서 묵묵히 앉아 현주를 얻었네.〔翰林貽我東南句, 窓閑默坐得玄珠.〕”라고 하였다. 《山谷集 卷3》

86 바다에……구경하네 : 상대들의 뛰어난 시문을 감상한다는 의미이다. 한유(韓愈)가 독서하러 떠나는 제갈각(諸葛覺)을 보내며 지은 〈송제갈각왕수주독서(送諸葛覺往隨州讀書)〉에 “바다에 들어가 물고기와 용을 볼 수 있을 것이고, 날개를 쳐서 황곡노 따를 수 있을 것이다.〔入海觀魚龍, 矯翮逐黃鵠.〕”라고 한 데서 나왔다. 《韓昌黎集 卷7》

두 번째 二疊

잠시도 이별 않고 오래 보길 원하니 不願乍離長願逢
벗이 오면 말 안 해도 벌써 기쁜 얼굴이네 朋來未語已歡容
의관에는 반쯤 성 남쪽의 눈이 쌓였는데 衣巾半挈南城雪
걸음은 다들 남산의 봉화처럼 다급하네 履屐多爭紫閣烽
나는 배와 비슷해[87] 가련케도 내내 바람에 흔들리는데 舟近每憐風力戲
그대들은 칼 빛으로 높은 별을 찌를 만하네[88] 星高猶許劍光衝
헛되이 차지한 자리에는 기사(奇士)들이 가득한데 虛紆席上奇珍滿
부끄러워라, 우리 집은 용문[89]이 아니라네 慙愧吾門不是龍

87 배와 비슷해 : 풍파에 시달리는 신세가 마치 떠 있는 빈 배와 같다는 의미인 듯하니, 미상이다.

88 칼……만하네 : 기상이 하늘을 찌를 듯한 것을 말한다. 당나라 두보(杜甫)의 〈인일(人日)〉이라는 시에 “별을 찌르려 잠시 차고 있던 칼을 뽑고, 유수곡 연주 위해 갑 속의 거문고를 꺼내 퉁겨야 하리.〔佩劍衝星聊暫拔, 匣琴流水自須彈.〕”라고 하였다. 《杜少陵詩集 卷21》

89 용문(龍門) : 중국 산서성(山西省), 섬서성(陝西省)에 걸쳐 있는 용문을 가리키는 것으로, 잉어가 황하(黃河) 상류의 급류를 뚫고 용문으로 올라가면 용이 될 수 있다는 전설에서 유래하여, 과거(科擧) 등 어려운 관문을 통과하는 것을 말한다. 여기서는 후한(後漢) 때 이응(李膺)의 풍도를 사모한 후학들이 그의 인정을 받고서 그의 집 마루에 올라가기만 해도 “용문에 올랐다.〔登龍門〕”라고 하면서 기뻐했던 고사에 빗댄 것이다. 《後漢書 黨錮列傳 李膺》《世說新語 德行》

동짓날에 제군과 함께 운자를 뽑다

至日同諸君拈韻

그윽한 관물헌에 세월이 더딘데	觀物軒深日月遲
음양의 변화에서 천기를 은연중에 볼 수 있네	玄機暗賾耦兼奇
천세를 넘기시라 화봉이 임금을 축원하고[90]	華封祝聖輕千歲
백성을 아끼는 고관들이 정오마다 회합하네	繡袞親民坐午時
상원의 숲 상서로운 빛은 구름 속에서 얻고	苑樹祥輝雲裏得
창가의 매화 기쁜 빛은 베개 가에서 알겠네	窓梅喜色枕邊知
하늘의 마음이 시인의 일과 흡사하니	天心酷似詩家事
정원이 순환하여 시기를 잘 맞추네[91]	回斡貞元好趁期

우리 시사(詩社)의 시 짓는 규칙을 '동(東)' 자 운에서 시작하여 '함(咸)' 자 운에서 끝냈다가, 또 '함' 자 운에서 시작하여 '동' 자 운에서 마치는 것으로 정하였다. 그래서 마지막 구에서 말한 것이다.

90 화봉(華封)이 임금을 축원하고 : 옛날 중국의 요(堯) 임금이 천하를 다스린 지 50년 만에 세상이 과연 잘 다스려지는지를 알아보기 위하여 여러 지방을 순시하다가 화 땅에 이르렀는데, 그곳에서 국경을 지키는 봉인(封人)이 요 임금에게 장수하고 부유하고 아들이 많기를 축원하였다. 그 말 가운데 "천년 뒤에 세상이 싫어지거든 신선이 되어 올라가서 저 흰 구름을 타고 상제의 고을에 이르소서."라는 내용이 있다.《莊子 天地》

91 정원(貞元)이……맞추네 : 사계절이 어김없이 순환하는 것을 말한다. 정원은 원형이정(元亨利貞)의 준말로,《주역》〈건괘(乾卦)〉에 "건은 원하고 형하고 이하고 정하다.〔乾, 元亨利貞.〕"라고 한 데서 나왔다. 177쪽 주4 참조.

즉흥시
即事

양이 이르러[92] 시절이 한창 태평한데	陽至時方泰
하늘이 굽어살피시어 일 또한 적네	天臨事亦稀
붉은 구름은 학의 수레와 이어지고[93]	紅雲通鶴駕
서설이 용의 옷[94]에 가까이 내리네	瑞雪近龍衣
검과 패옥의 차가운 소리가 모이고	劍佩寒聲集
온갖 악기의 기이한 음향이 날아다니네	簫韶異響飛
사롱[95]에 저녁 빛이 들자	紗籠帶暝色
노래하고 춤추던 백관들이 돌아가네	歌舞百僚歸

92 양(陽)이 이르러 : 동지를 가리킨다. 동지는 음이 극에 달하여 양이 다시 자라나기 시작하는 날이므로 이렇게 표현한 것이다.

93 붉은……이어지고 : 붉은 구름은 제왕의 주변에 서린다는 붉은 기운을 말하고, 학의 수레는 세자의 수레를 가리킨다.

94 용의 옷 : 제왕의 곤룡포(袞龍袍)를 가리킨다.

95 사롱(紗籠) : 구름무늬 망사를 씌운 등롱(燈籠)으로, 궁중이나 고위 관료들의 밤나들이에 썼다.

동지 후 밤에 모였다. 성오[96]가 장차 돌아가려고 해서이다

至後夜集誠吾將歸

문사는 겨울 동안 익힌 것으로 충분하고[97]	文史三冬足
정친은 사 대에 걸쳐 넉넉하였네[98]	情親四世餘
올해에 비로소 급제하여	今年始及第
한 달 동안 함께 기거하였네	一月與同居
구름 눈 속에 작은 말이 떠나고 나면	雲雪驪駒小
강호에는 기러기들이 드물게 되리라[99]	江湖鴻雁疎
수령의 인편이 있을 터이니	因便有地主
편지 소식 뜸하지 말아야 하리	莫遣少來書

96 성오(誠吾) : 강침(姜忱, 1732～?)의 자이다. 본관은 진주(晉州)이다.

97 문사(文史)는……충분하고 : 겨울철에 학문에 매진하는 것을 말한다. 214쪽 주75 참조.

98 정친(情親)은……넉넉하였네 : 강침의 증조부인 삼휴당(三休堂) 강세귀(姜世龜) 때부터 친분이 있었다는 말이다.

99 기러기들이 드물게 되리라 : 소식이 뜸하게 되리라는 뜻으로, 기러기는 편지를 가리킨다. 흉노(匈奴)가 한 무제(漢武帝)의 사신 소무(蘇武)를 19년 동안이나 억류하고 있으면서 송환 요구를 받을 때마다 소무가 이미 죽었다고 둘러대자 한나라 사신이 기러기의 발에 묶여 있는 소무의 서신을 받았노라고 꾀를 내어 그를 구출하였다는 고사가 있다. 《漢書 蘇武傳》

밤에 모여서, 고향으로 돌아가는 구호[100]를 삼가 전송하다
夜集奉送龜湖還山

말 머리엔 만 리 가득 눈구름이 끼었는데	馬首同雲萬里齊
나그네 길은 쓸쓸히 호서로 들어가리	蕭蕭客路入湖西
금년에 연지의 모임[101]에서 다시 만났더니	今年再奉連枝會
내일이면 다시 총계[102]에서 깃들려 하네	明日重尋叢桂棲
근래에 생활할 곡식은 익지 않았는데	生理邇來秋不熟
늙어서도 문장의 기상은 줄지 않았네	文章老去氣難低
맑은 술 외로운 촛불로 남산 아래서 대화하니	淸樽孤燭終南話
차가운 창에 첫닭 울음 들릴까 걱정일세	恐報寒窓第一鷄

두 번째 二疊

자욱한 안개 속 솔 그림자 가지런하니	雲氣溶溶松影齊

100 구호(龜湖) : 번암의 이종형 이수일(李秀逸)의 호이다. 본관은 한산(韓山), 자는 자준(子俊), 영의정 이산해(李山海)의 7대손이다.

101 연지(連枝)의 모임 : 형제들의 모임을 가리킨다. 연지는 두 그루 나무의 가지가 서로 연결되어 자라는 것으로, 형제간의 친밀한 관계를 비유할 때 쓰는 표현이다.

102 총계(叢桂) : 계수나무가 무성하게 자란다는 뜻으로, 세속을 피해 산림에 숨은 은사(隱士)의 거처를 형용할 때 흔히 인용된다. 한(漢)나라의 회남왕(淮南王) 유안(劉安)이 지은 〈초은사(招隱士)〉에 "계수나무 무더기로 자라누나, 산골 깊은 곳에. 꼿꼿하고 굽은 가지 서로 얽히었네.〔桂樹叢生兮山之幽, 偃蹇連蜷兮枝相繚.〕"라고 한 데서 나온 말이다. 《楚辭 卷12》

알겠네, 그대 집이 화산의 서쪽에 있음을　君家知在華山西
한가한 몸은 동화의 꿈[103]이 익숙지 않으니　身閑不慣東華夢
수척한 매화가 평상 반을 나누어 차지하리라　梅瘦應分半榻棲
늙은 아내에겐 아직도 술 데워 주길 바라고　妻老尙謀斟酒暖
돌아간 아이에겐 우선 글공부에 전념하게 하리　兒歸先遣下帷低
서루에는 이별의 한만 남았는데　書樓獨有相離恨
도성에 달이 지자 또 새벽닭이 우네　月落嚴城又曉鷄

세 번째 三疊

장자의 제물론[104]처럼 되기는 참으로 어려우니　莊生物論苦難齊
세상에서 유유히 동서로 떠도네　世界悠悠東復西
성대라서 다투어 황극이 섰다[105] 말하는데　聖代爭言皇極立
우리들은 분수 지켜 푸른 산에 은거하네　吾儕隨分碧山棲
다리 가엔 눈 자욱해 이별 술잔 식었고　橋頭雪暗離樽冷

103 동화(東華)의 꿈 : 조정에서 벼슬하는 것을 말하는 것으로, 동화는 대궐의 동문을 가리킨다.

104 제물론(齊物論) : 춘추 전국 시대 때 노장학파(老莊學派)의 사상으로, 우주 간의 일체 사물은 생사(生死), 수요(壽夭), 시비(是非), 득실(得失), 물아(物我), 유무(有無)에 대해서 모두 동등하게 인식해야 한다고 보았으며, 《장자(莊子)》의 〈제물론〉에 잘 반영되어 있다.

105 황극(皇極)이 섰다 : 정치가 잘 이루어지고 있다는 말이다. 황극은 《서경》 〈홍범(洪範)〉에 나오는 말로 '홍범구주(洪範九疇)'라고 하는 아홉 가지 통치의 기본 강령 중 다섯 번째에 해당하는 내용이다. 황은 임금을 말하고 극은 표준을 말하니, 곧 임금이 솔선하여 표준을 세움으로써 사방에서 본받도록 하는 것을 말한다.

말 머리엔 얼음 생겨 한강 물이 낮아졌네　　馬首氷生漢水低
들판의 학은 공중에 살아 길들이지 못하니　　野鶴盤空馴不得
곡식 먹는 세상의 닭처럼 구속할 수 있으랴　　人間何限稻粱鷄

즉흥적으로 제군과 함께 읊다

卽事同諸君賦

돌아올 제 관복이 환하다 싶더니	歸來晃朝服
달빛이 도성 길에 떠오르고 있었네	月色上天街
수역[106]의 임금이 성스러우니	壽域君王聖
노년에 제회[107]가 아름답네	衰年際會佳
문장으로 만년에 시사를 맺어	文章晩結社
신발이 밤마다 섬돌에 가득하네	履舃夜盈階
다만 서호의 경치 때문에	獨有西湖望
세모의 정을 금하기는 어렵다네	難爲歲暮懷

두 번째. 이인길에게 주다 二疊 屬李仁吉

황혼에 한 마리 작은 나귀 타고	黃昏一驢小
밭두렁을 건너 거리를 지나가네	越陌又穿街
오래 이별한들 정이 어찌 쇠하랴	久別情何間
상봉할 때마다 대화가 아름다우리	相逢語每佳
술은 매화 아래 술통에 향기롭고	酒香梅底榼

106 수역(壽域) : 누구나 장수를 누리는 태평성대를 가리킨다.

107 제회(際會) : 풍운제회(風雲際會)의 준말로, 훌륭한 임금과 신하가 의기투합하여 선정을 베푸는 것을 말한다. 《주역》 〈건괘(乾卦) 문언(文言)〉에 "구름은 용을 따르고 바람은 범을 따른다.〔雲從龍, 風從虎.〕"라고 한 데서 나왔다.

대지팡이는 눈 속 섬돌에 누웠네　　筇落雪中階
한마음 벗들의 구성진 노래가　　宛轉同聲曲
밝은 등불처럼 이 마음을 비추네　　明燈照此懷

세 번째 三疊

구로[108]가 먼 길을 가니　　龜老有行邁
거리 가득 서리가 쓸쓸도 하네　　蕭蕭霜滿街
강호를 지나느라 말굽은 얼었을 터인데　　江湖馬蹄凍
구름 속 달빛에 골짜기 모습이 아름답네　　雲月峽容佳
세월의 흐름은 거울 속에서 볼 테고　　歲色看青鏡
임금을 그려 대궐을 꿈에서 보리　　天香夢玉階
오늘 밤 외로운 객점에서　　今宵孤店裏
찬 이불 덮은 그 심정 어이 달랠거나　　被冷若爲懷

108 구로(龜老) : 구호(龜湖) 이수일(李秀逸)을 가리킨다.

근래에 구로가 고향으로 돌아가 시사가 자못 활기를 잃었는데, 조정에서 퇴근하였을 때 공회[109]가 찾아 주니 뜻이 매우 은근하였다. 운자를 뽑아 함께 읊다

近因龜老還山詩社頗散落朝退公會見訪意甚勤也拈韻同賦

황혼에 여전히 시사의 벗들 찾아오니	黃昏依舊社朋來
웃으며 아내에게 다시 잔을 씻게 하네	笑勅山妻更洗杯
세모의 인정은 멀리 작별함을 슬퍼하였더니	歲暮人情傷遠別
기쁘게도 한가한 밤중에 시사가 거듭 열렸네	夜閑詩壘喜重開
춥다고 주접[110]을 소홀히 한 적 있던가	天寒晝接何曾簡
달이 진 뒤 매번 서둘러 조복을 입었네	月落朝衫每被催
사랑스러운 소매가 석과[111]와 같아	珍重小梅如碩果
가지마다 희미한 양기가 돌아오고 있네	枝枝含得嫩陽回

109 공회(公會) : 이정운(李鼎運)의 자이다. 본관은 연안(延安), 호는 오사(五沙)이다.

110 주접(晝接) : 임금이 하루에 세 번 신하를 접견하는 것으로, 대신(大臣)이 임금으로부터 특별한 은총을 받아 자주 임금을 면대하는 것을 의미한다. 《주역》 〈진괘(晉卦)〉에 "진은 나라를 편안히 하는 제후에게 말을 하사하기를 많이 하고, 낮에 세 번 접견하도다.〔晉, 康侯用錫馬蕃庶, 晝日三接.〕"라고 하였다.

111 석과(碩果) : 과일나무의 높은 가지 끝에 사람들이 따 먹지 못하여 겨우 달려 있는 한 개의 큰 과일로, 종자가 되어 다시 훗날을 기약할 수 있다는 점에서 어지러운 세상에서도 큰 덕을 지닌 채 소인들에게 해를 당하지 않는 군자를 지칭할 때 많이 쓰인다. 《주역》 〈박괘(剝卦) 상구(上九)〉의 "큰 과일이 먹히지 않으니, 군자는 수레를 얻고 소인은 집을 허물리라.〔碩果不食, 君子得輿, 小人剝廬.〕"라는 구절에서 온 말이다.

구옹이 돌아간 뒤로 며칠 동안 마음이 좋지 않았는데, 계화와 운로가 왔기에 슬프게 앉아서 운자를 뽑다

龜翁歸後作數日惡季和雲路至悄坐拈韻

풍설 속에서 그대를 보내니	送君風雪中
말굽 자국이 문 앞에 남아 있네	馬跡門前在
홀로 일찍 핀 매화가 있어	獨有早梅花
아쉬움에 찬 그림자를 마주하네	依依寒影對

두 번째. 경삼을 그리워하다 二疊 憶景參

장적[112]은 병 치료 어떻게 하고 있나	張籍病如何
성 남쪽 골목에서 두문불출하고 있네	閉門南巷在
세모에 온갖 근심이 생겨나	歲暮百憂生
쓸쓸히 처자만 마주하고 있네	蕭蕭妻子對

112 장적(張籍) : 당나라의 저명한 시인으로, 장안(長安)에서 태상시 대축(太常寺大祝)으로 있었으나 녹봉이 박하여 빈궁한 데다가 눈병으로 거의 실명할 지경에 이르렀으므로 맹교(孟郊)가 그를 "궁핍하고 애꾸인 장 태축(張太祝)"이라고 놀렸다고 한다. 《全唐詩 卷378 寄張籍》

22일 밤에 수오가 오다
二十二夜秀五至

강호에 풍설이 몰아치기에	江湖有風雪
사람들은 전날 돌아갔었지	前日送歸人
변함없이 와 준 그대를 보니	見爾來如舊
내 감회가 다시 새로워지네	使余懷更新
골짜기의 뱀은 만류해도 머물지 않고[113]	壑蛇留不住
구름 속 학은 아득하여 친하기 어렵네	雲鶴杳難親
스스로 우스워라, 벼슬에 매인 몸은	自笑簪纓者
새벽녘 입궐 시각에 바쁘기만 하네	悤悤禁漏晨

113 골짜기의……않고 : 송(宋)나라 문장가 소식(蘇軾)의 〈수세(守歲)〉라는 시에 "저물어 가는 한 해를 알고 싶은가? 흡사 골짜기로 달려가는 뱀과 같다네.〔欲知垂盡歲? 有似赴壑蛇.〕"라고 한 데서 온 말로, 인생의 늘그막에 세월이 빨리 흐른다는 뜻이다.《東坡全集 卷1》

경선, 유선, 성저, 경현이 내방하여 운자를 뽑아 함께 읊조리다

景善幼選聖著景玄見訪拈韻同賦

흔들흔들 나귀 탄 나그네들 嫋嫋騎驢客
안개 속에서 조금씩 분간이 되네 煙中稍可分
계절이 섣달에 가까워지니 天時方近臘
산에는 매일 눈구름이 자욱하네 山氣每同雲
병 나은 뒤엔 피는 매화를 사랑하여 病起憐梅動
시로 읊어 학을 시켜[114] 전하게 하네 詩成遣鶴聞
그대들은 부디 자주 찾아와 주오 須君數來往
이곳에는 속세의 분잡함이 적으니 於此少塵紛

두 번째 二疊

우리 집이 약산에서 가까워 吾家近藥岫
화산의 반을 그대들과 나누었네[115] 半華與君分

114 학을 시켜 : 심부름꾼에게 시킨다는 말로, 신선들의 심부름을 하던 학사(鶴使)를 빗대서 한 말이다.

115 화산(華山)의……나누었네 : 마음이 맞는 사람끼리 경치 좋은 구역을 나누어 함께 은거하는 것을 뜻한다. 송(宋)나라의 명신 장영(張詠)이 포의(布衣)로 있던 시절, 화산에 은거하고 있는 희이(希夷) 선생 진단(陳摶)을 찾아가 "원컨대 화산 반쪽을 나누어 살고 싶은데 되겠습니까?"라고 하니, 진단이 "공에게는 당연히 그렇게 해 줄 수가

설사 성시로 옮겨 간다고 하더라도 縱道移城市
결국에는 이곳 자연을 꿈꾸겠지 終然夢水雲
경고가 울려 통금이 풀릴 때면 每當更鼓下
들려오는 발자국 소리가 너무도 기쁘네 剛喜屧聲聞
좋아하기에 함께 찾아오는 것이라 惠好應携手
눈이 펑펑 쏟아지는 건 상관하지 않네 非關雨雪紛

세 번째 三疊

한들한들 궁중 숲의 나무에는 依依芳苑樹
봄기운이 슬슬 생겨나려고 하네 春意欲三分
대궐로 이어지는 번화한 거리를 통해 綺陌連雙闕
붉은 관복은 오색구름에 다가가네 緋袍近五雲
진귀한 탕의 향기를 매일 받들면서 珍湯香每捧
나지막한 임금의 말씀도 듣게 되네 天語細猶聞
수레와 말 타고 늦게 귀가하자니 軒騎歸家晚
별빛이 소매 위에 어지러이 비치네 星華袖上紛

네 번째 四疊

밤 되어 장안에 안개가 자욱하니 長安夜多霧

있소."라고 한 데서 온 말이다.《漁隱叢話後集 卷19 張復之》삼각산의 이칭이 화산이므로 중의적으로 사용하였다.

성곽이 아직은 완전히 드러나진 않네　城郭未全分
누추한 곳이지만 객을 잡아 앉히고　巷僻猶留客
가난한 살림에도 술 빚기를 허락하네　家貧許養雲
은하가 술잔 속에서 돌아가는데　天河杯裏轉
숲속 눈 소리가 촛불 앞에서 들리네　林雪燭前聞
부끄러워라, 문장을 짓는 일이여　慙愧詩書事
헛된 명성 지닌 채 백발에 이르렀네　虛名到白紛

26일 성익과 경삼이 오다

二十六日聖益景參至

고요히 온갖 오묘함의 문[116]에 집중하니　寂寂凝神衆妙門
침소 옆 성시가 온통 조용하네　枕邊城市摠收喧
잠두봉(蠶頭峯)에는 눈이 오려는지 하늘이 저녁처럼 어둡고　蠶崖欲雪天如暮
외풍 없는 표벽[117]은 섣달에도 따스하네　豹壁無風臘亦暄
이별 후에 오래도록 호숫가 나무를 꿈꾸었더니　離夢長懸湖上樹
좋은 약속이 성곽 남쪽의 마을에서 이어지네　佳期不盡郭南村
술과 시 모임에서 나의 기호를 따를 뿐　詩棚酒社從吾好
그 나머진 차라리 침묵하는 게 낫다네　餘外忘言勝有言

116 온갖 오묘함의 문 : 도를 가리킨다. 노자(老子)의 《도덕경(道德經)》 제1장에 "도는 현묘한 중에서도 더욱 현묘하여 만물이 모두 여기에서 나온다.〔玄之又玄, 衆妙之門.〕"라고 한 데서 나왔다.

117 표벽(豹壁) : 추위를 막기 위해 표범 가죽으로 휘장을 친 벽을 말한다.

사술이 파주에서 도성으로 들어왔기에 기뻐서 운자를 뽑다
士述自坡州入城喜而拈韻

혜음령(惠陰嶺)[118]에 빙설이 많았을 터	惠嶺多氷雪
오는 길에 춥지는 않았던가	汝行無乃寒
나라 걱정에 찬찬히 술을 기울이면서도	酒應憂國細
말로는 벼슬 벗기 어려움을 이야기하네	言是解官難
적미(糴米)[119]를 갚는 일 어찌 뜻대로 되랴	捧糴寧如意
손님을 맞아도 참으로 즐거움이 적네	迎賓定少歡
언제나 율리의 집에 모여서	何時栗里宅
송국을 함께 구경할 수 있으랴[120]	松菊與相看

두 번째 二疊

집이 있어도 폐가와 같은지라	有宅應如廢

118 혜음령(惠陰嶺) : 혜임령(惠任嶺)이라고도 하는, 경기도 파주군 광탄면(廣灘面)과 고양군(高陽郡) 벽제 사이에 있는 고개이다.

119 적미(糴米) : 흉년이나 춘궁기에 곡식을 빈민에게 대여하고 추수기에 이를 환수하던 환곡(還穀) 제도에서, 빌렸다가 갚는 쌀을 말한다.

120 율리(栗里)의……있으랴 : 은거하는 곳에서 동지들과 함께 노니는 것을 말한다. 율리는 동진(東晉) 때의 시인인 도잠(陶潛)이 나라가 망하자 벼슬에서 물러나 은거하던 곳이다. 도잠의 〈귀거래사(歸去來辭)〉에 "세 갈래 길은 황폐해져 가는데, 소나무와 국화는 아직도 남아 있네.〔三逕就荒, 松菊猶存.〕"라는 구절이 있다.

문에서 맞이하는 늙은 종이 추워하네	迎門老僕寒
더구나 멀리에서 와야 했으니	況當長至過
몇 날 밤 동안 어려움을 겪었으리	經得數宵難
나와 같이 묵어야 할 것이니	我與須同宿
찾아온 벗과 일단 한껏 즐기고 보세	朋來且盡歡
겨우내 지은 시가 상자에 가득하니	三冬詩滿篋
그대에게 보이려고 주저 없이 내어놓네	爛漫許君看

또 칠언 율시의 운자를 뽑다

又拈七律

시가 완성될 때마다 근심스러운 얼굴이 펴지니	詩成一一破愁顏
표피 휘장 안에서 늘 동이 술을 마시네	朋酒尋常豹帳間
밤이 오래되면 좌석은 관원들로 가득 차고	夜久坐因黃綬密
깊은 등불 아래 한가로이 백발을 빗질하네	燈深梳得白頭閑
언뜻 부는 바람 소리는 회나무에서 먼저 들리고	天風乍起先聞檜
가벼이 내린 섣달의 눈은 산 모습을 바꾸지 못하네	臘雪輕來不改山
종남산 집 근처에 산다고 말하지 말라	莫道終南家近住
이 같은 새벽 추위에 돌아가선 안 되리니	曉寒如此未宜還

밤에 모여서 운자를 뽑다. 내가 약원 제조의 직임을 막 벗었을 때였다

夜集拈韻時余纔解藥院提擧

우뚝한 내원이 대궐의 곁에 있다 보니 內院岧嶢傍九天
제조의 반열은 임금의 화로 앞에 가까웠네 提調班近御爐前
몸은 옥패를 흔들며 낮에 세 번 달려가[121] 身搖玉佩趨三晝
손으로 금광[122]을 받들고 만세를 축원했네 手奉金光祝萬年
대전 섬돌에서 익숙하게 길 밝힐 촛불을 찾고 殿陛慣尋行路燭
대궐 문에서 때로 이경의 쪽잠을 청했지 閤門時假二更眠
사직을 하였지만 마음은 여전히 매여 있어 縱蒙恩解心猶繫
이불 속에서 멀리 새벽 파루에 놀라네 衾裏遙驚曉漏傳

두 번째 二疊

쓸쓸한 초가집에 날이 쉬이 저무니 白屋蕭蕭易暮天
드문 별 아래 천천히 지팡이에 기대었네 一笻徐倚數星前
강호는 아득하니 늙어 가는 것을 탄식하고 江湖緬邈嗟垂老

121 낮에……달려가 : 번암의 〈정원록(貞元錄)〉 서문에 의하면, 약원 제조로서 하루에 세 번 영조에게 건공탕(建功湯)을 올렸다고 한다.

122 금광(金光) : 금광초(金光草)를 말하는 것으로, 불로장생하는 신선들이 복용한다는 명경초(明莖草)의 일종이다. 여기서는 영소에게 올리는 약물(藥物)을 높여서 말한 것이다.

경세의 뜻 어긋나니 내심 가는 해를 아쉬워하네	經濟差池暗惜年
관청의 일은 가을 이후에 점점 많아지는데	府牒漸多秋後事
성은 덕분에 새로 새벽잠을 잘 수 있네	君恩新借曉來眠
맑은 시는 그저 한가한 시름을 달래려는 것이니	淸詩秖爲閑愁遣
만전[123]에 베껴서 함부로 전하지 마소	寫罷蠻牋莫浪傳

세 번째 三疊

어둠 속 하늘엔 잠두봉 봉화가 걷혔는데	蠶岳烽收暝裏天
작은 병풍 앞에서 기거가 편안하네	興居安穩小屛前
궁중에선 새해 맞아 새로 달력을 반포하고	宮中瑞莢頒新曆
누대 위 연리지는 지난해를 생각하게 하네	樓上連枝憶去年
새벽 눈은 깃든 새의 잠을 방해하는 듯하니	曉雪欲猜棲鳥夢
밤 추위는 응당 늙은 닭의 잠을 줄이겠지	夜寒應損老鷄眠
남산에서 유(兪)와 조(趙)가 주정을 부린 일은	兪狂趙醉終南事
한가로이 영리한 종을 통해 소식을 들었네	消息閑憑黠僕傳

123 만전(蠻牋) : 당(唐)나라 때 우리나라에서 수출하던 고급 종이를 가리키기도 하고, 촉(蜀) 땅에서 생산되는 귀한 채색지를 가리키기도 하는데, 고운 무늬와 색깔 때문에 주로 시를 적거나 편지를 쓸 때 사용하였다. 만전(蠻箋)이라고도 한다.

6일 밤에 제군이 내방하여 운자를 뽑았다. 이유문 동욱 에게 주다

六日夜諸君見訪拈韻屬李幼文 東郁

멀다고 하지 않고 성남에서 말 타고 오니	南城騎馬不言遙
숲속 밝은 사립이 달빛 아래 흔들리네	的歷林扉月下搖
생각건대 나는 이미 노쇠하게 되었지만	念我已當衰懶日
그대는 응당 성대의 조정을 꾸미게 되리라	如君應飾聖明朝
외딴 학루에서 주나라의 열람을 거쳤고[124]	鶴樓孤絶經周覽
총마 타고 순행하여 한나라 민요에 들리라[125]	驄步工行入漢謠
따뜻한 집, 털 담요에 모두 잘 만하여	煖屋氍毹渾可寢
발 밖의 거센 북풍 소리에 아랑곳하지 않네	笑聞簾外北風驕

124 외딴……거쳤고 : 학루는 충청도 황간(黃澗)의 가학루(駕鶴樓)를 가리키는 듯하다. 이동욱은 1773년(영조49) 충청도 도사에 제수되었다. 원문의 '周覽'은 두루 유람하다는 말인데, 아래의 '漢謠'와 대를 이루기 위해 이렇게 번역하였다.

125 총마(驄馬)……들리라 : 사헌부의 관리로서 임무를 충실히 수행하여 칭송을 받으리라는 뜻으로, 당시 이동욱이 사헌부 장령에 임명되었기 때문에 이렇게 말한 것이다. 총마는 사헌부 등 대간의 관직에 있는 사람이 타는 푸른 말로, 한(漢)나라 때 환전(桓典)이 시어사(侍御史)에 제수되어 국정을 농단하던 환관들을 조금도 꺼리지 않고 탄핵하였는데, 항상 총마를 타고 다녔으므로 도성 사람들이 모두 "가던 걸음 일단 멈추고, 총마 탄 어사를 피하라."라고 노래하였다. 《後漢書 桓典列傳》

두 번째 二疊

비단 이불로 객을 붙잡으니 밤이 한창 긴데	華氍留客夜方遙
누대 머리 바람 맞은 휘장이 살짝 흔들리네	風幔樓頭暗自搖
소합의 매화는 저무는 듯 보이는데	小閤梅花看欲暮
광통교 구름 눈은 또 아침까지 이어지네	廣通雲雪又連朝
익숙한 손님은 외로운 학이 먼저 알리고	慣賓孤鶴先知報
일을 놓은 추위 속 닭은 게을러 울지 않네	解事寒鷄懶不謠
은사를 초빙하는 거문고 곡조를 멈추지 말라	琴裏莫停招隱操
상림에는 자고로 늙은 까마귀들이 설치나니[126]	上林終古老鴉驕

세 번째 三疊

고유기불[127]이 참으로 멀리 있는 게 아니니	皐兪夔咈定非遙

126 상림(上林)에는……설치나니 : 조정에는 노회한 소인배들이 설치게 마련이라는 뜻으로, 상림은 궁궐의 후원이고 늙은 까마귀들은 조정의 소인배들을 가리키는 말이다. 《번암집》 권4의 〈부상역에서 묵다〔宿扶桑驛〕〉라는 시에 "예로부터 까마귀 떼 해 질 녘에 설쳤거니.〔終古群烏驕日下〕"라고 하였다.

127 고유기불(皐兪夔咈) : 군신간에 화목하게 조정의 정사를 논하는 것을 뜻하는 말이다. 고(皐)와 기(夔)는 순(舜) 임금의 어진 신하였던 고요(皐陶)와 기이고, 유(兪)는 동의하는 말이고, 불(咈)은 반대하는 말이다. 《서경》 〈익직(益稷)〉에 "우가 말하기를 '아, 훌륭합니다. 황제시여. 자리에 있을 때를 삼가소서.'라고 하니, 제순(帝舜)이 말하기를 '그 말이 옳다.'라고 하였다.〔禹曰都帝, 愼乃在位. 帝曰兪.〕"라고 하였고, 또 《서경》 〈요전(堯典)〉에 "황제가 말씀하기를 '아니다. 그 말은 옳지 않다.'라고 하였다.〔帝曰吁, 咈哉.〕"라고 한 데서 나왔다.

백악은 늘 푸르고 바다엔 파도가 없네[128] 白岳長青海不搖
별전의 맑은 재실은 납제(臘祭) 날을 맞았고 別殿清齋當臘日
대궐의 서기에서 태평성대를 알 수 있네 禁城佳氣識熙朝
진귀한 탕은 은연중에 천년의 금액(金液)[129]에 부합하고
珍湯細合千年液
춘첩은 다투어 만백성의 민요를 전하네 春帖爭傳萬姓謠
사신의 수레가 압록강을 건넜다 하니 聞說使車經鴨水
낙천인 것이지 외천인 게 아니라네[130] 樂天非是畏天驕

네 번째 四疊

《남화경》을 읽고 즐겨 소요를 하니 南華看罷好逍遙

128 바다엔 파도가 없네 : 성왕(聖王)이 다스리는 태평성대를 뜻한다. 주(周)나라 성왕(成王) 때 주공(周公)이 섭정하여 천하가 잘 다스려졌는데 멀리 월상국(越裳國)에서 사신이 흰 꿩을 가져다 바치면서 "하늘에는 폭풍우가 일지 않고 바다에는 거센 물결이 일어나지 않은 지가 어언 3년이나 되었는데, 아마도 중국에 성인이 계셔서 그럴 것이라고 여겨서 조회하러 왔습니다."라고 말한 고사가 있다. 《韓詩外傳 卷5》

129 금액(金液) : 전설상의 선약으로, 반 냥을 먹으면 장수를 누리고 한 냥을 먹으면 신선이 되어 하늘로 올라간다고 한다. 《抱朴子 金丹》

130 낙천(樂天)인……아니라네 : 중국을 사대(事大)의 예로 대함은 진심에서 우러난 것이지 형세가 두려워서 그런 것은 아니라는 말이다. 《맹자》 〈양혜왕 하(梁惠王下)〉에 "대국이면서 소국을 섬기는 자는 천리(天理)를 즐거워하는 자요, 소국이면서 대국을 섬기는 자는 천리를 두려워하는 자이니, 천리를 즐거워하는 자는 온 천하를 보전하고, 천리를 두려워하는 자는 자기 나라를 보전한다.〔以大事小者, 樂天者也, 以小事大者, 畏天者也. 樂天者保天下, 畏天者保其國.〕"라고 한 데서 나왔다.

삼뢰[131]가 언제고 울린 적이 있던가　三籟何曾靜裏搖
앉은 자리는 눈꽃으로 밤에도 환할 테고　坐處雪花應不夜
새벽녘 시초는 또 아침까지 이어지리　曉來詩草又兼朝
세상에 다시 취대의 모임[132]이 있다면　人間復有吹臺會
부끄럽지만 연주하는 열국의 민요에 끼일 수 있으리라　絃上羞參列國謠
별과 달 비치는 길거리에 추위가 더욱 심해지니　星月街頭寒更重
유하[133]가 값을 더해 입으로 술술 들어가네　流霞增價入唇驕

다섯 번째 五疊

처마 끝의 별은 다가올 듯 말 듯 한데　簷星忽近復如遙
비 갠 뒤 또렷하게 온갖 그림자 흔들리네　霽後分明萬影搖
정좌하는 도를 중년부터 좋아하여　靜坐道從中歲好
이전에 아침마다 상평전을 갈던 것[134]을 저버렸네　向來耕負上平朝

131 삼뢰(三籟) : 《장자》 〈제물론(齊物論)〉에 보이는 인뢰(人籟), 지뢰(地籟), 천뢰(天籟)를 가리킨다. 208쪽 주65 참조.

132 취대(吹臺)의 모임 : 뜻 맞는 문사들이 함께 모여 시문을 지으며 즐기는 것을 말한다. 취대는 양(梁)나라 효왕(孝王)이 가무를 즐기기 위해 지은 대(臺)로, 당(唐)나라 때의 시인인 이백(李白), 두보(杜甫), 고적(高適)이 이곳에 올라 함께 시를 지으며 노닐었던 고사가 있다. 《新唐書 杜甫列傳》

133 유하(流霞) : 유하주(流霞酒)의 준말로, 신선이 마신다는 좋은 술을 가리킨다.

134 아침마다……것 : 초야에서 농사지으며 은거하던 것을 말한다. 상평전(上平田)은 위쪽의 평평한 밭을 말하는 것으로, 당(唐)나라 시인 왕유(王維)의 〈상평전〉이라는 시에 "아침에 상평전을 갈고, 저녁에 하평전을 가네. 나루를 묻는 자에게 한번 물어보세

겨우내 매화를 구경하는 모임은 시들해지고	三冬約略看梅會
천고의 벌목 노래[135]를 은근하게 부르네	千古慇懃伐木謠
성대라 오활한 너희 무리를 용납해 주리니	聖代疎狂容爾輩
빈천한 이가 남에게 교만해도 무방하리[136]	不妨貧賤向人驕

여섯 번째 六疊

책 중의 고인이 멀리 있다고 말하지 말라	書中休道古人遙
술작하는 우리들은 채색 붓을 놀리네[137]	述作吾儕彩筆搖

나, 장저(長沮) 걸닉(桀溺)이 낫다는 걸 누가 알아주려는지.〔朝耕上平田, 莫耕上平田. 借問問津者, 誰知沮溺賢?〕"라고 하였다. 《王右丞集箋注 卷13》

135 벌목(伐木) 노래 : 《시경》 〈소아(小雅) 벌목〉을 가리키는 것으로, 친구 사이의 우정을 읊은 시이다.

136 빈천한……무방하리 : 위(魏)나라 문후(文侯)가 현인인 복자하(卜子夏), 전자방(田子方), 단간목(段干木)을 예우하자 천하의 인재들이 많이 모여들었다. 하루는 문후의 아들 격(擊)이 자신에게 예를 갖추지 않은 전자방에게 "부귀한 자가 교만합니까, 가난한 자가 교만합니까?"라고 따지자, 전자방이 "빈천한 자가 교만하지, 부귀한 자가 어찌 교만하겠소. 임금이 교만하면 나라를 잃고, 대부가 교만하면 집안을 잃소. 선비처럼 빈천한 자는 말이 채용되지 않고 행실이 맞지 않으면 신발을 신고 떠날 뿐이니, 어딜 간들 빈천하지 않겠소."라고 대답한 고사가 있다. 《史記 魏世家》

137 채색 붓을 놀리네 : 문장 실력을 마음껏 발휘한다는 의미이다. 남조 시대 양(梁)나라의 강엄(江淹)이 야정(冶亭)에서 묵었는데, 꿈에 한 장부가 나타나 스스로 곽박(郭璞)이라고 칭하면서 강엄에게 이르기를 "내게 붓이 있었는데, 그대에게 가 있은 지가 오래되었으니 돌려주어야겠다."라고 하였다. 강엄이 품속을 뒤져 보니 과연 오색으로 된 붓이 나와서 그에게 주었는데, 그 후로는 시를 지어도 아름다운 구절이 없었다고 한 고사에서 나왔다. 《南史 江淹列傳》

약물로 억지로 현안의 병[138]을 눌러두니 藥餌强扶玄晏病
관원이 때때로 임금의 조정에서 내려오네 衣冠時下紫宸朝
서리 짙어 매일 밤 범 발자국 이어지고 霜深怪虎連宵跡
봄 가까워 그윽한 새는 신나게 노래하네 春近幽禽得氣謠
누대 위에서 만류하노니, 돌아가지 마소 樓上留君君莫返
종남산 돌아가는 길 새벽 추위가 심하다네 終南去路曉寒驕

일곱 번째 七疊

서쪽 골목, 남쪽 성 사이 편지 왕래 뜸한데 西巷南城折簡遙
도리어 우스워라, 저는 나귀에 요동치듯 앉았네 蹇驢還笑坐如搖
그대들의 시 명성은 성대에 쟁쟁한데 似君詩價傾昭代
산에서 노닐기로 좋은 날을 정했네 于彼山遊選穀朝
늘그막에도 요행히 즐거운 일을 독차지하니 樂事幸專垂老境
넉넉한 한가로움에 성은을 길게 노래하네 餘閑長誦感恩謠
동산의 서리와 성곽의 눈도 이기지 못하기는 園霜郭雪終難屈
정정한 소나무 잣나무만 한 것 천하에 없으리라 天下無如檜柏驕

이가장(李家莊)에서 노닐기로 약속하였으므로, 편내에서 언급한 것이다.

138 현안(玄晏)의 병 : 찬 바람이나 습기가 몸에 침투하여 생기는 병으로 통증과 마비 증상을 보이는 풍비(風痺)를 말한다. 현안은 진(晉)나라 황보밀(皇甫謐)의 호이다. 진나라의 좌사(左思)가 10년 동안 구상하여 〈삼도부(三都賦)〉를 지었는데, 황보밀이 서문을 써서 칭찬을 하자 부자와 귀족들이 서로 다투어 베끼는 바람에 낙양의 종잇값이 일시에 폭등했다는 고사가 전할 정도로 학문적으로 명성이 있었는데, 후에 풍비에 걸려 시름하면서 의학을 연구하여 《침구갑을경(針灸甲乙經)》을 저술하였다. 《晉書 皇甫謐列傳》

8일 밤에 모여서 운자를 뽑다

八日夜會集拈韻

작은 집이 나의 게으름을 증명하니	小屋徵吾懶
해를 넘겨서야 비로소 띠를 갈았네	經年始改茅
늙은 눈은 작은 글자는 읽지 않고	老眸纖字擲
위태로운 치아는 연한 음식을 골라 먹네	危齒軟飡抄
좋은 약속은 산을 연 사영운[139]처럼 하고	勝約開山謝
속세의 일에 귀를 씻던 허소[140]와 같네	塵機洗耳巢
겨우내 미친 듯이 잠들지 못하고	三冬狂不寐
그대들이 비웃거나 말거나 시를 지어 보네	詩就任群嘲

139 산을 연 사영운(謝靈運) : 사영운은 남조(南朝) 시대 송(宋)나라의 시인으로, 경치가 좋은 곳을 찾아다니기를 좋아하여, 경치 좋은 곳을 찾으면 산을 깎고 못을 만드는 일을 멈추지 않았다. 높은 산에 오르기를 매우 좋아하여 아무리 험준한 산이라도 끝까지 오르곤 하였으며, 등산할 때는 나막신을 신었는데, 올라갈 때는 앞쪽 굽을 뽑고 내려올 때는 뒤쪽 굽을 뽑았다고 한다. 《宋書 謝靈運列傳》

140 허소(許巢) : 요(堯) 임금 때의 고사(高士)인 허유(許由)와 소부(巢父)이다. 함께 기산(箕山)에 들어가 은거하였는데, 요 임금이 허유를 초빙하여 구주(九州)의 장(長), 즉 황제의 자리를 물려주려 하자 허유는 추한 말을 들었다며 영수(潁水)에서 귀를 씻었다. 소부가 소에게 물을 먹이려다가 사연을 듣고는 소의 입을 더럽히지 않기 위해 상류로 가서 물을 먹였다 한다. 《高士傳 許由》

밤에 모여서 운자를 뽑았다. 경삼에게 주다
夜集拈韻屬景參

누대 위 슬픈 노래 부르는 것은　　樓上悲歌者
추운 날 술동이에 술이 있어서네　　天寒樽有醪
요명[141]은 분분하여 쉬지를 않으니　　堯蓂紛不息
희어[142]는 어찌 그리 수고로운고　　羲馭一何勞
고요한 집에는 멀리 밤 종소리 들리고　　靜閤昏鍾遠
경비 엄한 성은 밤에 눈이 수북하네　　嚴城夜雪高
읽다 만 책을 여전히 손에 잡고　　殘書猶在手
힘써서 차호[143]를 점검하네　　努力檢差毫

141 요명(堯蓂) : 요(堯) 임금의 뜨락 앞에 나던 서초(瑞草) 명협(蓂莢)으로, 세월을 가리킨다. 명협은 초하루부터 매일 한 잎씩 나서 자라다가 보름이 지난 16일부터는 매일 한 잎씩 져서 그믐에는 다 떨어지기 때문에 이것으로 날을 계산하여 달력으로 삼았다는 고사가 전한다. 《竹書紀年 卷上 帝堯陶唐氏》

142 희어(羲馭) : 태양을 가리킨다. 전설상의 신인 희화(羲和)가 해를 끌기 때문에 붙여진 이름이다.

143 차호(差毫) : 털끝만큼의 아주 작은 차이로서, 의리의 분석이나 선악의 차이와 같이 결과적으로 현격하게 차이를 보이는 문제들도 실은 아주 작은 부분에서 차이가 시작된다는 것을 뜻한다. 《예기(禮記)》 〈경해(經解)〉에 "《주역》에 '군자는 처음을 삼가야 하니, 털끝만 한 차이로 인해 천 리가 어긋나는 것이다.〔君子愼始, 差若毫釐, 繆以千里.〕'라고 하였는데, 이를 두고 한 말이다."라고 하였다.

흡곡 수령으로 부임하는 심운로를 전송하며

送沈雲路之任歙谷

동문으로 나가면 눈이 가득할 텐데	靑門東出雪嵯峨
어쩔거나, 새벽별 보며 이별하게 되었으니	起視晨星奈別何
우리 시사는 덕분에 겨우내 문채가 찬란했고	吾社三冬盛文藻
자네 집은 오늘 성은이 가장 성대하리	爾家今日最恩波
검푸른 바다 하늘 끝엔 왜놈들 배가 작게 보이고	天端水黑蠻帆小
구름 자욱한 사장 가엔 게잡이 등불이 많으리	沙際雲深蟹火多
슬프다, 속세에서 매여 있는 이 몸이여	怊悵紅塵羈絆住
무슨 수로 그곳에 가 무성가[144]를 들어 보랴	那由去聽武城歌

144 무성가(武城歌) : 지방 수령의 선정을 상징하는 노래이다. 공자(孔子)의 제자 자유(子游)가 무성 고을의 수령이 되었을 때 예악(禮樂)으로 교화하여 고을 사람들이 모두 현악(弦樂)에 맞추어 노래를 불렀는데, 공자가 무성에 가서 그 소리를 듣고는 흐뭇하게 웃으며 "닭을 잡는 데에 어찌 소 잡는 칼을 쓰느냐.〔割鷄, 焉用牛刀?〕"라고 한 고사가 있다. 《論語 陽貨》

납일에 벗들이 밤에 모여 함께 읊다

臘日諸益夜集共賦

성긴 숲으로 떼 지어 저녁 까마귀 돌아올 제 疎林接翅有歸鴉
성곽 밖 집으로 쪽지가 전해지네 尺素分傳郭外家
약속한 듯 달빛이 손님과 함께 찾아오니 如約月華同客至
다정한 매화 그림자는 그대들을 향해 기울었네 盡情梅影爲君斜
추위가 누그러진 시내 굽이엔 남은 눈이 녹고 寒輕澗曲融殘雪
봄이 가까워지자 종소리는 노을 속으로 퍼지네 春近鍾聲泛彩霞
연래에는 조용히 지낼 수 있다고 괜히 말했나 錯道年來能靜坐
시 짓느라 이경인데도 떠들썩하네 二更詩就却生譁

두 번째. 이인길에게 주다 二疊 屬李仁吉

낙산 아래 사람은 날아가는 까마귀를 따르고 駱下人隨訛尾鴉
소나무 문은 양서의 집을 가리지 않네 松門莫掩瀼西家
시끄러운 주방에선 부드러운 밥 향기 막 피어나고 廚喧軟飯香初動
술 오르자 새 시는 글자가 반은 비뚤비뚤하네 酒重新詩字半斜
객지에서 필시 약 파는 이와 인연을 맺을 테니[145] 爲客定應緣賣藥

145 약……테니 : 별천지(別天地)에서 신선을 만나게 될 것이라는 뜻이다. 후한(後漢) 때의 선인(仙人)인 호옹(壺翁)이 시장에서 약을 팔다가 장이 파하면 문득 사람들 모르게 병 속으로 들어가곤 했는데, 우연히 다락 위에서 그 모습을 보게 된 비장방(費長

산이 있으니 분명 은거할 계획을 지키리라　　有山端不負棲霞
종남산의 이 밤은 천금의 가치가 있으니　　終南此夜千金直
명월 아래 못가 누대에서 잠시 번잡함을 잊네　　明月池臺暫息譁

房)이 그를 따라 병 속으로 들어가 보니, 그 속에 별천지가 펼쳐져 있었다는 고사가 있다.《後漢書 方術列傳 費長房》

정 시랑이 달밤에 내방하여 기쁘게 벗들과 운자를 뽑다
鄭侍郎月夜見訪喜與諸益拈韻

어느 곳인들 새로 뜬 달이 없으랴만　何處無新月
마음을 써서 우리 집을 찾아 주었네　慇懃訪我堂
하인이 와서 서둘러 눈을 쓸고　僮來掃雪急
나는 기뻐서 황급히 옷을 걸치네　吾喜攬衣忙
늙은 소나무는 바람을 맞으며 섰고　松老風前立
말쑥한 매화는 세상 밖에 숨었네　梅淸世外藏
서로 기약하길, 덕을 밝히면서　相期有明德
백발이 되도록 잊지 말자고 했네　皓首以難忘

두 번째 二疊

어르신의 안색이 좋아 보이고　丈人顏色好
앉으신 곳이 또 중당이네[146]　安坐且中堂
이 골목길이 어찌 먼 적이 있으랴　巷路何曾遠
애초에 견여가 바쁘지 않았던 것이네　肩輿本不忙
촛불을 밝히자 둥지의 학이 피하고　燭來巢鶴避

146 앉으신……중당(中堂)이네 : 중당은 재상을 가리키기도 하고, 대청의 가운데를 가리키기도 하는데, 당시 정광충(鄭光忠)은 실직(實職)에서 사직하여 직임을 맡지 않은 상태이므로 의미가 정확하지 않아 일단 좌석의 중앙을 의미하는 것으로 번역하였다.

달이 뜨자 갠 하늘의 은하가 감춰지네	月上霽河藏
많고 많은 장안의 집들 중에서	無數長安屋
내 집을 그대는 잊지 않으셨구려	吾居君未忘

밤에 모여 즉흥적으로 읊다
夜集卽事

구름 눈 막 걷히자 큰길이 평평한데	雲雪初消九陌平
좋은 약속으로 벗들이 성 남쪽에 가득하네	故人佳約滿南城
이군까지도 양주에서 이르고 보니	李君亦自楊州至
약산 아래에 지전[147]이 수북이 생겨났네	芝箭多從藥下生
사론이 모두 성대한 우리 시사로 쏠리니	士論同歸吾社盛
공문서가 어찌 맑은 도심을 방해하랴	簿書何損道心清
겨울 한 철 다 가지만 시는 다함이 없으니	三冬欲盡詩無盡
흥겨워 화려한 등을 벼루 가에서 밝히네	隨意華燈硯北明

147 지전(芝箭) : 영지의 일종으로, 줄기가 화살대처럼 생겼다고 해서 붙은 이름이다.

12월 15일 밤에 여러 선비가 모두 모였으므로 운자를 뽑다
十二月十五夜諸子竝集拈韻

영화로운 벼슬아치 한양 성에 가득하지만	冠蓋繁華滿洛城
어찌 시를 짓는 우리 누대처럼 맑으랴	有詩爭似我樓淸
화벽[148]은 아껴 볼 뿐 어찌 값을 논할까	愛看和璧寧論價
서시[149]를 감상할 뿐 이름 붙일 필요가 없네	解賞西施不待名
멀리 남쪽 거리 북쪽 골목까지 아우르고	邀得南街兼北巷
가을 중반부터 봄기운이 생겨날 때까지라네	直從秋仲到春生
세상에 이런 즐거움은 전혀 비길 데 없으니	人間此樂殊無敵
발 앞의 새벽 파루 소리 들리거나 말거나	遮莫簾前曉漏聲

두 번째. 목유선에게 주다 二疊 屬睦幼選

듣기로 그대가 북산의 성에 내왕하면서	聞君來往北山城
안개 노을에 씻겨 신발이 깨끗해졌다지	銜着煙霞履舃淸
살랑살랑 부는 바람에 술기운이 맑아지고	天籟颯然澈酒氣
불쑥 솟은 운대[150]는 시적 명성에 걸맞네	雲臺突爾敵詩名

148 화벽(和璧) : 초(楚)나라 사람 변화(卞和)가 형산(荊山)에서 얻었다는 옥의 원석인 박옥(璞玉)을 말하는데, 여기서는 귀한 시문을 가리킨다.

149 서시(西施) : 춘추 시내 월(越)나라의 절세미인을 말하는데, 여기서는 역시 귀한 시문을 가리킨다.

골짜기 눈 아직 남아 추위가 여전히 심한데　方殘壑雪寒猶盛
지지 않는 암벽의 단풍잎에 무리가 생길 듯하네　未落巖楓暈欲生
산악의 신령이 기이한 일 보여 준 덕분에　剛被岳靈供異事
비단 주머니에 새로운 시 있음이 이상할 것 없어라　錦囊無怪有新聲

유선(幼選)이 막 성 북쪽에서 와서, 올해의 단풍잎이 질리도록 떨어지지 않아 눈 속의 벼랑이 온통 붉다고 극구 말하였다. 그래서 편내에서 언급한 것이다.

세 번째 三疊

엷은 구름 막 흩어져 달이 성에 비치는데　纖雲初散月臨城
낡은 주렴 드리운 누각에는 도기가 맑네　簾閣翛翛道氣清
모인 집은 가난하여 별미가 드물고　會處家貧稀別味
조정에선 늘그막에 허명을 띠고 있네　班心年老泥虛名
밤 깊어 은은하게 매화 향이 특이하고　梅芬暗覺深宵異
시내에는 물이 요즘 들어 새로 생겨나네　澗脈新從近日生
물어보세, 세간에 무슨 일이 즐거운가　借問世間何事樂
〈양춘곡〉 속에 동성이 있다는 게지[151]　陽春曲裏有同聲

150 운대(雲臺) : 인왕산 자락, 지금의 서울시 종로구 필운동 배화여고 뒤뜰에 있는 높은 암벽인 필운대(弼雲臺)를 가리키는 것으로, 이항복(李恒福)이 이곳에 살았기 때문에 그의 호를 따서 이름 붙였다고 한다.

151 양춘곡(陽春曲)……게지 : 고상하게 화답하는 시 속에 의기가 투합하는 면이 있다는 말이다. 〈양춘곡〉은 〈백설가(白雪歌)〉와 함께 병칭되는 전국 시대 초(楚)나라의 가곡(歌曲) 이름으로, 곡조가 고아(高雅)하고 심오하여 화답할 수 있는 사람이 적었다

네 번째 四疊

가을이 와도 도성을 나서지 않으니　秋來不出午門城
남쪽 언덕의 맑은 물과 나무를 저버렸네　孤負南厓水樹淸
경전이 자연히 늙는 것도 잊게 만드니　經傳自然忘老至
사나이가 시로 이름나려 한 것이 부끄럽네　丈夫堪笑以詩名
아침마다 저보는 모두 한가한 내용뿐이요　朝朝邸報俱閑事
밤마다 누대의 벗은 반은 수척한 서생일세　夜夜樓朋半瘦生
세간의 악기들이 어찌 한량이 있으랴만　何限世間絲與竹
고인은 오직 갑 속의 거문고 소리만 꼽았다네　古人惟數匣琴聲

다섯 번째. 정법정을 추억하다 五疊 憶丁法正

외로운 배가 구월에 강성으로 내려갈 제　孤舟九月下江城
배 위에서 아련히 대궐을 꿈꾸었으리　舟上依依夢紫淸
성군이 자주 낮에 세 번 접견해 주시니[152]　贏得聖君三晝接
백여 년 전 선조[153]의 명성을 계승하였네　繼來吾祖百年名

고 한다. 송옥(宋玉)의 〈대초왕문(對楚王問)〉에 “어떤 사람이 영중(郢中)을 지나다가 〈하리곡(下里曲)〉·〈파인곡(巴人曲)〉을 부르니 화답한 자가 수천 명이고, 〈양아곡(陽阿曲)〉·〈해로곡(薤路曲)〉을 부르니 화답한 자가 수백 명이고, 〈양춘곡〉·〈백설가〉를 부르자 화답한 자가 수십 명을 넘지 못했다.”라고 하였다. 《文選 卷45》

152 낮에……주시니 : 임금이 하루에 세 번 신하를 접하는 것을 가리킨다. 231쪽 주110 참조.

153 선조 : 정시한(丁時翰, 1625～1707)을 가리킨다. 본관은 나주(羅州), 자는 군익

동호에는 화려한 배가 낮에 가득하고　東湖晝舫明時盛
초가집에는 서재 등불이 밤새도록 밝네　白屋書燈永夜生
시끄러운 시골 마을 노랫소리를　啁哳村謳兼里唱
희성[154]과 쉽게 섞이게 하지 마소　莫教容易混希聲

여섯 번째 六疊

종남산 푸른 솔 추운 성 곁에 이어지니　終南松翠傍寒城
남기가 발로 들어와 꿈마저 맑도다　嵐氣排簾夢亦淸
높은 누각 한밤 자리에 달빛도 함께하고　高閣夜筵參月色
사실(私室)의 봄옷에서는 향기가 풍기네　燕居春縷揀香名
겨울 동안 술에만 마음을 쏟았는데　經冬歡伯心惟許
해마다 매화는 얼굴이 낯설지 않네　每歲梅兄面不生
시끄러움 다 사라져도 귀를 기울이는 건　斂盡群囂猶側耳
새벽 은하수가 서쪽으로 흐르는 소리가 들릴 듯해서라네　西流河漢欲晨聲

(君翊), 호는 우담(愚潭)·구담(龜潭)·법천(法泉)이다. 이현일(李玄逸), 이유장(李惟樟) 등과 교유하였으며, 성리학에 밝았다. 저서로는 《우담집(愚潭集)》이 있다. 《星湖全集 卷60 愚潭丁先生墓碣銘》

154 희성(希聲) : 보통 사람이 귀로 듣지 못하는 위대한 음으로, 상대의 시문을 높여서 하는 말이다. 《도덕경(道德經)》 제41장에 "큰 소리는 들리지 않고, 큰 형상은 형체가 없다.〔大音希聲, 大象無形.〕"라고 하였다.

일곱 번째 七疊

우연히 내 사는 곳 성시에 가까워 偶爾吾居近市城
관리들이 때로 맑은 옥진을 깨뜨리네[155] 吏人時破玉塵清
서루의 해와 달은 시권을 비추는데 書樓日月淹詩卷
병석의 일상은 약 이름을 점검하네 病枕興居檢藥名
전망 속 산하는 한 해가 저물려는데 望裏山河仍歲暮
시사의 이별에 홀연 시름이 생겨나네 社中離合忽愁生
동해는 본래 서강과 이어지니 東溟本與西江接
간 뒤에 성대하게 치적을 들려주오 去後洋洋報政聲

여덟 번째 八疊

조롱의 새 무단히 도성 안으로 떨어져 籠鳥無端落禁城
십 년 동안 부질없이 맑은 강호를 그리워했네 十年空憶海山清
속세에서 나는 우선 유속을 따르려니 塵埃我且隨流俗
예나 지금이나 조물주는 큰 명성을 꺼렸다네 今古天應忌大名
경학은 유향[156]과 같다고 말할 만하거니와 可道傳經似劉向

155 옥진(玉塵)을 깨뜨리네 : 눈을 밟아 발자국을 남기는 것을 말한다. 옥진은 눈[雪]이다.

156 유향(劉向) : 한(漢)나라 성제(成帝) 때의 종실(宗室)이자 박학한 학자로서 많은 서책을 교감하여 중국의 학문 발전에 큰 영향을 미친 인물이다. 천록각(天祿閣)에서 서책을 교정하고 있을 적에 한번은 밤에 황의(黃衣)를 입은 노인이 명아주 지팡이를 짚고 찾아와서는 지팡이 끝에 불을 붙여 유향을 비춰 주고 홍범오행(洪範五行), 천문지

제물[157]은 장자를 배워야 함을 알아야 하리	須知齊物學莊生
한밤중 한 가닥 기운 이처럼 신령하니	中宵一氣神如許
높은 누대에 달이 떠 저자의 소란을 잠재우네	月上高樓斂市聲

아홉 번째 九疊

높은 누각은 멀리 북쪽 성을 마주했는데	高閣迢迢對北城
흰 구름 걷히자 골목 문이 말쑥하네	白雲分作巷門淸
새봄 울루[158]로 상서를 내려 주길 재촉하고	新春鬱壘催頒瑞
납일의 은혜로운 환약[159]은 또한 이름이 있네	臘日恩丸亦有名
강호에 노닐려는 우리 도는 심히 아득도 한데	吾道江湖殊杳杳
천기는 매화와 버들에서 생생하게 넘쳐 나네	天機梅柳欲生生
기풍이 쉬이 옮겨 감을 지금에야 알겠거니	如今始覺移風易
하내의 곳곳에서 노랫소리 들려오네	河內謳傳幾處聲

당시에 젊은 사람들이 각각 시사(詩社)를 만들어서 그 숫자가 이루 말할

도(天文地圖) 등의 글을 유향에게 전수해 주었다. 유향이 그 노인의 성명을 묻자, 그 노인이 "나는 태을(太乙)의 정기인데, 천제(天帝)께서 유씨의 자식 중에 박학한 자가 있다는 말을 듣고 내려가서 살펴보게 하였다."라고 한 고사가 있다. 《三輔黃圖》

157 제물(齊物) : 춘추 전국 시대 때 노장학파(老莊學派)의 사상이다. 227쪽 주104 참조.

158 울루(鬱壘) : 옛날 사기(邪氣)를 막기 위해 새해 아침에 두 개의 복숭아나무 판에다 써서 내 걸었던 귀신의 이름이다. 후대에는 춘축(春祝) 부적을 가리키는 말로 쓰였다.

159 납일(臘日)의 은혜로운 환약 : 해마다 납일에 임금이 가까운 신하들에게 나누어 주던 납약(臘藥)을 말한다. 청심환(淸心丸), 안신환(安神丸), 소신환(蘇神丸) 등이며, 내의원에서 조제하였다. 납일은 동지 이후 세 번째 맞는 미일(未日)을 가리킨다.

수 없이 많았으므로, 장난삼아 언급한 것이다.

열 번째. 사술[160]을 떠올리며 十疊 憶士述

지난 시월 쌍정[161]이 마성으로 나갈 제	十月雙旌出馬城
임진강 물이 현 앞으로 맑게 흘렀네	臨津江水縣前淸
온 고을이 희황의 시대[162]로 들어가	雷封轉入羲皇世
선보의 명성[163]이 금방 대궐에 알려졌네	天闕俄登單父名
새로운 시를 매화 아래서 얻기도 할 테고	能復新詩梅底得
이별의 꿈이 눈 속에서 생겨나기도 했으리	也應離夢雪中生
남문 가 버들에 동풍이 일찍 불어오니	白門楊柳東風早
서쪽으로 오는 오마[164] 소리를 기다리네	佇待西來五馬聲

160 사술(士述) : 채홍리(蔡弘履)의 자이다. 본관은 평강(平康), 호는 기천(岐川)이다.

161 쌍정(雙旌) : 감사(監司)가 가지고 가는 한 쌍의 깃발로, 당나라 때 절도사(節度使)에게 쌍정과 쌍절(雙節)을 지급하여, 정(旌)으로 포상하고 절(節)로 처벌하게 했던 고사가 있다.

162 희황(羲皇)의 시대 : 상고 시대의 태평성대를 가리키는 말이다. 진(晉)나라 시인 도잠(陶潛)의 글에 "오뉴월 여름철에 북창 아래에 누워 있다가 서늘한 바람이 잠깐 불어오면 스스로 복희씨 시대의 사람이라고 여기곤 했다.〔五六月中, 北窓下臥, 遇涼風暫至, 自謂是羲皇上人.〕"라는 구절이 나온다.《陶淵明集 卷7 與子儼等疏》

163 선보(單父)의 명성 : 선정을 베푼 수령의 명성을 말한다. 공자(孔子)의 제자인 복자천(宓子賤), 즉 복부제(宓不齊)가 선보의 수령이 되어 다스릴 적에 "거문고를 타기만 할 뿐 당 아래에 내려가지 않는데도 선보가 잘 다스려졌다.〔彈鳴琴, 身不下堂而單父治.〕"라는 고사가 전한다.《呂氏春秋 察賢》

164 오마(五馬) : 한(漢)나라 때 태수가 타는 수레에 매였던 다섯 마리의 말을 가리키는데, 후대에는 태수를 포함한 지방 수령이나 그 행차를 뜻하는 말로 쓰였다.

잘 다스려 달라는 성상의 하교가 있었다고 한다.

열한 번째 十一疊

선명한 은하가 먼 성으로 내려가니	的歷明河下遠城
새벽에 심골이 더할 나위 없이 맑네	曉來心骨不禁淸
오랜 세월 실로 강호의 꿈이 있었나니	長年實有江湖夢
지난날 참으로 관각의 이름이 부끄럽네	向日眞慙館閣名
오경까지 시 고민에 외로운 촛불이 떨어지고	五夜詩愁孤燭落
삼청동 좋은 기약에 흰 구름이 생겨나네	三淸勝約白雲生
이 놀이 흡사 태평 시절의 악보와 같으니	玆遊恰是昇平譜
곳곳에서 길고 부드러운 노래 들려오네	隨處長歌與緩聲

삼청동(三淸洞)에서 노닐기로 약속하였으므로, 편내에서 언급하였다.

열두 번째 十二疊

발 너머 흰 산봉우리, 그 위쪽의 성은	簾外白山山上城
사철 바라봐도 늘 마음이 맑아지네	四時眺望一般淸
술 마시고 바둑 두며 공무가 적으니	酒樽棋局少公事
치자와 동청도 속된 이름이 아니로다[165]	梔子冬靑非俗名
얼음 속 시내에는 봄기운이 동하려는 듯한데	氷澗欲添春意動

165 치자(梔子)와……아니로다 : 비록 송백(松柏)이 지조를 대표하지만, 치자와 동청도 사철나무로 그 못지않음을 말한 것이다.

눈 쌓인 뜰에는 신발 자국이 무수히 생겨나네	雪庭無數履痕生
가동이 내가 크게 미칠까 싶어	家僮怪我顚狂甚
멀리서 닭 울음소리 많이 들린다고 하네	報道鳴鷄多遠聲

17일 밤에 벗들과 함께 읊다

十七夜與諸益同賦

은거하는 생활이 단출하기도 한데	簡略幽居事
머리 가에는 사방 병풍을 둘렀네	頭邊四疊屛
맑은 옥 소리가 그대들 패옥에서 들리고	玉淸聞子珮
수척한 매화는 내 모습과 비슷하네	梅瘦較吾形
게을러서 달빛 구경조차 사양하려 하더니	懶欲辭卿月
추위 속에서 오히려 노성[166]에 절을 하네	寒猶拜老星
윤음(綸音)에 기뻐하는 말씀이 많으니	絲綸多喜語
섣달의 눈이 이미 세 번이나 내려서라네	臘雪已三經

166 노성(老星) : 남쪽 하늘에 나타나서 밝은 빛을 발하는 노인성(老人星)을 말한다. 달리 수성(壽星), 남극성(南極星)이라고도 하며 장수(長壽)를 상징하는 별이다.

여러 선비와 운자를 뽑아 고향으로 돌아가는 이효명[167]을 전송하다

同諸子拈韻送李孝溟還鄕

내 사는 곳 사림이라 불러도 손색없으니	吾居不讓喚詞林
종일토록 글 무지개가 먹구름 밖으로 떴네	盡日文虹破積陰
주머니 속 찰사[168]는 성가가 대단하고	囊裏札砂聲價重
문 앞의 도리[169]는 해마다 무성해지네	門前桃李歲年深
너희 형제 훌륭한 재주가 막상막하인 게 기쁘니	菁華喜爾難兄弟
젊어서 시 지을 때 이잠[170]을 배웠구나	少小爲詩學李岑
오늘 밤 호방하게 이별을 노래하고	今夜浩歌歌惜別
외로이 누대에 앉았노라니 멀리서 닭이 울어 대네	一樓孤坐遠鷄侵

167 이효명(李孝溟) : 번암의 이종형인 구호(龜湖) 이수일(李秀逸)의 아들이자 이주명(李柱溟)의 동생이다.

168 찰사(札砂) : 옥찰(玉札)과 단사(丹砂)의 준말로, 옥찰은 남의 편지를 높여 부르는 말이고, 단사는 신선들이 만들어 먹는 선약을 말하는 것으로, 여기서는 남의 시문을 높여서 칭한 것이다.

169 도리(桃李) : 화려한 복사꽃이나 오얏꽃처럼 훌륭한 인재들, 특히 제자들이 많은 것을 비유하는 말이다. 당(唐)나라 태종(太宗) 때의 명상(名相) 적인걸(狄仁傑)이 수십 인의 인재를 천거하여 모두 명신(名臣)이 되었으므로 혹자가 적인걸에게 말하기를 "천하의 도리가 모두 공의 문하에 있구려.〔天下桃李悉在公門〕"라고 한 데서 온 말이다. 《天中記 卷52》

170 이잠(李岑) : 당(唐)나라 때의 시인인 이백(李白)과 잠삼(岑參)을 가리킨다.

두 번째 二疊

빛깔 바뀐 성 안개 먼 숲에 자욱한데	改色城煙藹遠林
천기는 쉬지 않아 음양이 번갈아 바뀌네	天機不息遞陽陰
세상사 근심에 잠이 줄어들고	思量世事眠仍少
인재를 도우려는 뜻 또한 깊네	扶護人才意亦深
이별하는 길에 구름 속 나무에서 찬 바람 불어오는데	雲木送寒當別路
독서용 등불로 밤 밝히며 어느 산에서 잠드는가	書燈照夜宿何岑
그대 돌아가면 어른께 안부를 전해 주게	君歸爲向庭闈報
이별 꿈은 늘 새벽 종소리가 방해하네	離夢尋常曉鼓侵

숙승(叔昇)이 당시에 산사에서 독서하고 있다고 하므로 제6구에서 언급하였다.

정법정이 풍기로 부임하려고 하면서 밤을 틈타 내방하였다. 시사의 여러 사람과 운자를 뽑아 함께 읊조리다 갑오년(1774, 영조50)

丁法正將赴豐基乘夜來訪與社中諸人拈韻共賦 甲午

그대만 한 높은 성가는 당금에 없고　　逸價無今代
비슷한 수준이 옛날 노래에는 있네　　同聲有古歌
벼슬하러 멀리 죽령으로 찾아가는데　　官尋竹嶺遠
지은 시는 어전 책상 위에 자주 놓였었지　　詩在御床多
차마 쉽게 이별을 하지 못하고　　未忍輕爲別
그대로 자꾸만 찾아오는구나　　仍成屢見過
잘 알겠나니, 송계의 수령[171]이야　　深知宰松桂
자연 속에 누운 것과 흡사하리란 걸　　一似臥煙蘿

171 송계(松桂)의 수령 : 한가하여 독서를 할 수 있는 고을의 수령을 말한다. 당(唐)나라의 문호(文豪)인 한유(韓愈)의 〈현재독서(縣齋讀書)〉에 "산수 좋은 고을의 수령이 되어, 소나무, 계화나무 숲에서 독서를 하네. 한적하게 지엽적인 일을 버려 버리고, 뜻밖에 초심을 이루게 되었네.〔出宰山水縣, 讀書松桂林. 蕭條捐末事, 邂逅得初心.〕"라고 한 내용에서 나왔다. 《韓昌黎集 卷4》

다음 날 밤에 또 모였다. 법정이 오기로 해 놓고 오지 않아 슬프게 읊다

翌夜又集法正期不至悵然有述

동풍에 눈이 날려 가없이 넓은데	東風吹雪浩無邊
많은 집들의 누대가 온통 새하얗네	萬戶樓臺盡皎然
술로 밤을 지새우려던 일 어이 어겼나	何事杯樽違卜夜
일단 이별하면 해를 넘기리라는 걸 잘 알지	定知離別動經年
봄밤 별은 담장 머리 나무 위에 쏟아질 듯한데	春星撩亂墻頭樹
여로는 기러기 나는 하늘처럼 멀기만 하네	客路蒼茫雁外天
짐작건대 남산 아래 외로이 묵는 곳에는	斟酌終南孤臥處
해진 창, 찬 달빛 아래 홑이불을 덮었으리	破窓寒月布衾連

인일[172]에 법정과 이별하며 대화하다
人日與法正話別

새벽 구름 속 깃발 한 쌍[173]이 출발하려 하니	雙旗欲發曉雲中
노연[174]이 헤어져 함께할 수 없네	勞燕差池不可同
청산은 필시 사조[175]를 환영하리니	定有靑山迎謝朓
현초로 양웅을 늙게 하지[176] 않으리	未應玄草老揚雄

172 인일(人日) : 1월 7일을 말한다. 1일은 닭, 2일은 개, 3일은 돼지, 4일은 양, 5일은 소, 6일은 말, 7일은 사람의 날이라 한다. 중국에서는 이날 일곱 가지 채소를 넣은 국을 먹고 전채(翦綵)로 머리 장식〔花勝〕을 만들어 꽂고 다니며 높은 언덕에 올라가 시를 읊는 풍속이 있었다. 《荊楚歲時記》

173 깃발 한 쌍 : 263쪽 주161 참조.

174 노연(勞燕) : 백로와 제비로, 벗과의 이별을 표현할 때 쓰는 말이다. 《옥대신영(玉臺新詠)》 권9 〈양무제가사(梁武帝歌辭)〉에 "동쪽으로 백로가 날고 서쪽으로 제비가 난다.〔東飛伯勞西飛燕〕"라고 한 데서 유래하였다.

175 사조(謝朓) : 남조(南朝) 제(齊)나라 때의 유명한 시인으로 자는 현휘(玄暉)이며, 특히 오언시를 잘 지었다. 선성 태수(宣城太守)로 부임해서 높은 누대를 짓고 앞산의 경치를 감상하였으므로, 후대에 이 누대를 사공루(謝公樓)·사루(謝樓) 혹은 북루(北樓)라고 일컬었는데, 이백(李白)의 시에 "집 가까운 청산은 사조와 같고, 문 앞에 드리운 푸른 버들은 도잠과 흡사하네.〔宅近靑山同謝朓, 門垂碧柳似陶潛.〕"라는 말이 나온다. 《李太白集 卷24 題東溪公幽居》《南齊書 謝朓列傳》

176 현초(玄草)로……하지 : 현초는 한(漢)나라의 사상가 양웅(揚雄)이 은거할 때 고심하며 지은 《태현경(太玄經)》을 가리킨다. 유흠(劉歆)이 양웅에게 "공연히 스스로 고심만 했을 뿐이다. 지금의 학자들은 녹리(祿利)는 있으나 《주역》에도 밝지 못한데, 게다가 또 《태현경》을 어찌하겠는가. 내 생각에는 후인들이 《태현경》을 장독 덮개로 사용하지 않을까 싶다."라고 하였던 것과 소식(蘇軾)의 〈용전운답서액제공견화(用前

붉은 정자에는 시상[177]의 달이 가까이 비치고　紅亭近照柴桑月
매끄러운 바위에는 늘 죽령의 바람이 불리라　斑石常飛竹嶺風
가거들랑 편지 기별 잊지를 마소　去後莫教稀尺素
봄이 오면 돌아가는 기러기 한양을 지나리니　春來歸雁漢陽通

韻答西掖諸公見和)〉라는 시에서 "문 닫고 나 홀로 《태현경》 지으며 늙는 게 불쌍하도다.〔閉門憐我老太玄〕"라고 한 대목을 염두에 둔 표현이다. 《東坡全集 卷16》

177 시상(柴桑) : 진(晉)나라의 고사(高士)이자 시인인 도잠(陶潛)이 은거하던 곳인데, 후에는 고향, 은거하는 곳을 가리키는 말로 쓰였다. 부임한 지 80여 일 되었을 때 군(郡)에서 독우(督郵)를 파견하였는데, 아전들이 관복을 정중하게 갖추어 입고 뵈어야 한다고 하니, "내가 어찌 다섯 말의 녹미〔五斗米〕 때문에 향리 소배(鄕里小輩)에게 허리를 굽힌단 말이냐."라고 하고, 그날로 관직을 버리고 〈귀거래사(歸去來辭)〉를 읊으며 시상으로 돌아와 은거한 고사가 있다. 《晉書 隱逸列傳 陶潛》

번암집

제12권

詩시

연광정 갑오년(1774, 영조50)
練光亭 甲午

붉은 사다리 한번 오르자 곧 하늘이니　一上丹梯便太虛
명성을 들은 지 쉰다섯 해 남짓 되네　聞名五十五年餘
산은 들판 밖에 솟아 멀리 정을 머금었고　山呈野外含情遠
강은 성 밑에 이르러 천천히 흘러가네　江到城根盡意徐
기생은 살살 주미[1]를 흔들어 대고　紅妓細搖鬆麈尾
비단 자리는 옥두꺼비[2]로 눌러 놓았네　錦筵羅鎭玉蟾蜍
세간의 행락은 나의 계획에 없으니　人生行樂非吾計
옛 마을 민간에서 예악을 찾아보려 하네[3]　禮樂將尋古里閭

1 주미(麈尾) : 고라니의 꼬리털을 매단 먼지떨이를 가리킨다. 위진(魏晉) 시대에 사람들이 그것을 손에 쥐고서 청담(淸談)을 논하였으며, 나중에는 불교의 승려들도 설법할 때에 많이 애용하였다. 《世說新語 容止》

2 옥두꺼비 : 연적을 가리킨다. 《서경잡기(西京雜記)》에 "오직 옥두꺼비 하나가 있어 크기는 주먹만 하고 배는 텅 비어서 5홉의 물을 담을 수 있다."라고 하였다.

3 예악을 찾아보려 하네 : 평양은 전설에 기자(箕子)가 은(殷)나라가 망한 뒤 주(周)나라의 신하가 되기를 거부하고 은나라의 유민을 이끌고 와서 예악의 교화를 폈던 곳이기 때문에 그 유풍이 남아 있는지를 살펴보려고 하는 것이다.

부벽루

浮碧樓

푸른 벼랑 붉은 절벽이 극히 높은데	蒼崖丹壁極岧嶢
몇 층 머리에 선 누대라 형세가 더욱 아득하네	樓壓層顚勢更遙
기이하게도 무협에서 떨어져 나온 섬에서	奇事島從巫峽落
어느 해인가 기린 타고 하늘로 가서 조회했네[4]	何年麟去太淸朝
들판은 신선이 손바닥을 활짝 편 듯하고	野如仙子開全掌
봉우리는 미인이 허리를 반쯤 드러낸 듯하네	峯似佳人露半腰
태평성대라 민정 시찰은 할 일이 없으니	聖代觀風無一政
화려한 배만 흔들흔들 군악 소리가 인도하네	畫船搖蕩導笳鐃

4 기린……조회했네 : 고구려 동명왕(東明王)이 부벽루 아래의 기린굴(麒麟窟)에서 기린마(麒麟馬)를 타고 조천석(朝天石)으로 나가서 하늘에 올라가 조회했다고 하는 전설을 말한다. 《新增東國輿地勝覽 卷51 平壤府》

선화당에서 아사 권영에게 써서 보이다

宣化堂書示亞使權偀

믿지 못하겠네, 대궐에서 내려온 고관은　　未信丹霄下九卿
비자나무 궤안에 좋은 향 사른 한 서생이로다[5]　　名香棐几一書生
주렴이 한가하니 모신 기생이 세 때 졸고　　簾閑侍妓三時睡
관사가 조용하니 투호 소리만 종일 울리네　　閤靜投壺盡日鳴
매일 보고하는 저녁 봉화[6]는 푸른 바다의 안녕을 고하고　　每報夕烽滄海晏
쌍으로 걸린 높은 촛불로 화려한 들보가 밝네　　雙懸高燭畫樑明
붉은 연꽃 푸른 물결이 기이한 경관을 더하는데　　紅蓮綠水添奇事
옥수[7]가 새로 세류영[8]으로 달려가네　　玉樹新趨細柳營

5 비자나무……서생이로다 : 그저 공부나 하는 문약한 서생에 불과하다는 말로, 번암이 스스로를 지칭하는 겸사이다.

6 저녁 봉화 : 변방의 봉화 제도에서 초저녁에 연기를 피우는 것은 평안함을 알리는 신호로, 이를 평안화(平安火)라고 하였다.

7 옥수(玉樹) : 흔히 남의 훌륭한 자제를 지칭하는 말로 쓰이는데, 진(晉)나라의 명사(名士)인 사안(謝安)이 여러 자제에게 "왜 사람들은 모두 자기의 자제가 출중하기를 바라는가?"라고 묻자, 조카 사현(謝玄)이 "이것은 마치 영지와 난초, 옥수가 자기 집 뜰에서 자라나기를 바라는 것과 같습니다."라고 한 데서 나왔다. 《晉書 謝安列傳 謝玄》

8 세류영(細柳營) : 세류라는 곳에 설치하였던 군영을 말하는 것으로, 일반적으로 군율이 엄격한 군영을 의미하는 말로 쓰인다.

인현사에서 제사를 지내고 삼가 율시 한 수를 읊다
行祀仁賢祠恭賦一律

희왕의 천하에서 어디로 가려 했던가[9]	姬王世界欲何之
공마[10]가 천천히 동쪽 압록강 가에 이르렀네	公馬東臨浿上遲
단수(檀樹) 아래 백성들[11] 그래도 가르칠 만하였는데	檀下有民猶可教
맥허에 주인 없으니[12] 슬프지 않으랴	麥墟無主敢忘悲
신명스러운 안목으로 평양을 여니	神明眼力開平壤

9 희왕(姬王)의……했던가 : 주(周)나라 무왕(武王)이 은(殷)나라를 멸망시키고 천하를 차지하자, 이를 말리던 기자(箕子)가 주나라의 신하가 되기를 거부하며 은나라의 유민(遺民)들을 이끌고 새로운 땅을 찾아 나선 것을 말한다. 희왕은 주나라의 왕이라는 의미로, 희수(姬水) 가에 살던 황제(黃帝)가 물 이름인 희(姬)를 성으로 삼았는데, 주나라 사람들이 황제의 후손인 후직(后稷)을 시조로 여겼으므로, 또한 희씨 성을 쓰게 된 데서 비롯되었다.

10 공마(公馬) : 군주의 말을 뜻하는데, 여기서는 기자가 타던 말을 가리킨다. 기자가 은나라 주왕(紂王)의 숙부로서 왕족이었기 때문에 이렇게 표현한 것이다.

11 단수(檀樹) 아래 백성들 : 평양 지역의 백성들을 가리킨다. 단수는 박달나무로, 전설에 의하면, 환웅(桓雄)이 하늘에서 천부인(天符印) 3개를 가지고 태백산(太白山) 신단수(神檀樹) 아래로 강림하였는데, 곰 한 마리가 인간이 되기를 갈망하여 쑥과 마늘을 먹고 여자의 몸으로 변하자, 환웅이 그와 혼인하여 단군왕검(檀君王儉)을 낳았다고 한다.《三國遺事 紀異 古朝鮮》 단군이 평양에 도읍을 정하고 고조선을 건국하였으므로, 훗날 단수 아래는 평양을 가리키는 말로 쓰였다.

12 맥허(麥墟)에 주인 없으니 : 정작 기자 본인의 고국은 망해서 사라진 것을 말한다. 맥허는 보리밭이 되어 버린 유허라는 뜻으로, 은나라가 망한 뒤에 기자가 옛날 은나라 터를 지나다가 궁실이 모두 무너지고 무성하게 보리 이삭이 팬 것을 보고는 가슴이 아파 〈맥수가(麥秀歌)〉를 지어서 노래하였던 고사가 있다.《史記 宋微子世家》

오래지 않아 그 마음은 중니를 만났네[13]	朝暮心期遇仲尼
사당 안에서 조정 관원이 공손히 제사를 받드니	廟裏簪紳恭執事
그 옛날 후관[14]의 의식과 다르지 않으리	至今應似冔冠儀

13 그……만났네 : 공자(孔子)에게 제대로 된 평가를 받았다는 의미로, 중니(仲尼)는 공자의 자이다. 《논어》 〈미자(微子)〉에 "미자는 떠나가고, 기자는 종이 되고, 비간(比干)은 간(諫)하다가 죽었다. 공자께서 말씀하기를 '은나라에 세 인자(仁者)가 있었다.' 하였다."라고 하였다.

14 후관(冔冠) : 은나라 때 쓰던 두건의 이름으로, 은나라 왕족인 기자가 조선으로 건너와 교화를 펼 당시의 문화를 상징하는 말이다.

순회하다가 강선루에 이르다

巡到降仙樓

금채찍으로 구름을 밟는 말[15]을 재촉하는 것은	金鞭催下籋雲蹄
하늘 위 열두 사다리[16]에 뜻이 있어서라네	意在靑冥十二梯
주렴에는 은하수의 습기가 맺혀 있고	珠箔淋漓銀漢濕
화려한 난간에는 미인들이 둘러 있네	畫欄廻復翠娥迷
달 속에는 기린 그림자 어릿어릿 지나는데	月中麟影依依度
호수 속엔 산봉우리 하나하나 비치네	鏡裏螺鬟箇箇低
신선의 꿈속 운우를 따라가지 않고[17]	仙夢不隨雲雨去
비단 자리 맑은 모임이 천계가 울 때까지[18] 이어지네	錦筵淸坐到天鷄

15 구름을 밟는 말 : 하늘을 나는 천마(天馬)를 뜻하는데, 여기서는 높은 곳까지 내달리는 날랜 준마를 가리킨다.

16 열두 사다리 : 전설 속의 선인이 거처하는 곳인 십이루(十二樓)를 말하는데, 훗날에는 높은 누대를 가리키는 말로 쓰였다.

17 신선의……않고 : 기생과 정을 나누러 가지 않았다는 것을 말한다. 운우(雲雨)는 남녀 사이의 정사(情事)를 뜻한다. 전국 시대 초(楚)나라 회왕(懷王)이 고당(高唐)에서 놀다가 낮잠이 들어 꿈속에서 무산(巫山)의 여신과 동침하였는데, 그 여신이 떠나면서 "첩은 무산의 남쪽 높은 산골짜기에 있는데 새벽에는 구름이 되고 저물녘에는 지나가는 비가 되어 아침저녁으로 양대(陽臺)의 아래에서 지냅니다."라고 하였다는 고사에서 나왔다. 《文選 卷19 高唐賦》

18 천계(天鷄)가 울 때까지 : 해가 뜰 때까지라는 의미이다. 천계는 도도(桃都)라는 거목 위에 서식한다는 전설상의 닭으로, 해가 처음 뜰 때 이 닭이 울면 천하의 모든 닭이 뒤따라 울기 시작한다고 하는데, 훗날에는 해를 가리키는 말로 쓰였다. 《述異記 卷下》

순회하던 길에 향산의 동래촌을 방문하려다 밤비를 만나다

巡路將訪香山東萊村値夜雨

강물이 태백산에서 흘러 내려오니	江從太白至
마을의 형세가 맑을 수밖에 없네	村勢已能淸
하늘이 떠다니는 먼지를 씻어 주려는지	浮壒天應洗
마침내 한밤중에 비를 내리게 하네	中宵雨乃行
객점의 닭이 나보다 먼저 일어나고	店鷄先我動
벼랑의 폭포는 기다린 듯 울어 대네	巖瀑待人鳴
우스워라, 풍속을 살펴야 할 곳에서	自笑觀風地
좋은 경치 구경할 생각까지 하다니	兼紆選勝情

영주에서 감회가 일다
寧州感懷

영주의 산수를 홀로 와서 보게 되니	寧州山水獨來看
내 생애 어디에서 격문을 받들고 기뻐하랴[19]	何處吾生捧檄歡
아전 드문 공관에는 외로운 촛불이 어두운데	公館吏稀孤燭暗
뜰 가득 풍수[20]에 추위를 이기지 못하네	滿庭風樹不禁寒

내가 일찍이 걸양(乞養)[21]하여 영변 부사(寧邊府使)에 제수되었는데 미처 부임하기 전에 선비(先妣)께서 세상을 떠나셨으므로 시어가 이와 같은 것이다.

19 격문(檄文)을 받들고 기뻐하랴 : 부모를 봉양하기 위해 어쩔 수 없이 벼슬하는 것을 의미한다. 효성과 청렴으로 이름이 높았던 후한(後漢)의 모의(毛義)가 어느 날 수령으로 부르는 부(府)의 격소(檄召)를 받고는 뜻밖에 희색이 만면하므로, 그를 본 사람들이 모두 그가 부귀에 눈이 멀어 그러는 것으로 오해하여 비웃었는데, 그 후 어머니가 죽은 뒤에 효렴(孝廉)으로 천거되었으나 끝내 응하지 않는 것을 보고 비로소 어머니를 봉양하기 위해 벼슬에 응했다는 것을 알았다고 한다.《後漢書 劉趙淳于江劉周趙列傳序》

20 풍수(風樹) : 바람에 흔들리는 나무라는 뜻으로, 부모에게 효도를 하고자 해도 이미 돌아가신 뒤라 효도할 길이 없는 슬픔을 표현할 때 쓰는 말이다. 공자(孔子)가 길을 가는데 고어(皐魚)라는 사람이 길에서 칼을 안고 슬피 울고 있기에 까닭을 물었더니 "나무는 고요하고자 하여도 바람이 그치지 않고 자식이 봉양하고 싶어도 어버이는 기다려 주지 않는다.〔夫樹欲靜而風不止, 子欲養而親不待.〕"라고 한 데서 유래하였다.《韓詩外傳 卷9》

21 걸양(乞養) : 문과(文科) 출신의 관원이 늙은 부모의 봉양을 위하여 중앙 관직을 떠나 고향 부근의 수령으로 내려가게 해 달라고 청하는 것을 말한다. 걸군(乞郡)이라고도 한다.

약산의 동대

藥山東臺

형언할 수 없을 만큼 눈과 마음을 놀라게 하니	目眩心搖不可名
조물주가 이곳 만드느라 꽤나 고심했으리	化翁爲此亦勞精
자라 머리는 힘이 있어 아득한 하늘을 떠받치고	鰲頭有力撐窮宙
붕새 부리는 일이 없어 쾌청한 날씨에 서 있네	鵬嘴無端立快晴
변경에서 너만이 기상을 드높이고 있으니	末路爾惟尊氣像
좋은 구경 한 나는 평소의 소원을 이루었네	大觀吾不負平生
서쪽 관문의 빗장으로 어디가 이보다 앞서랴만	西門鎖鑰誰爭長
부끄러워라, 선비는 절정만 안고 있네	慙愧儒冠擁節旌

옛 삭주에서 묵다

宿古朔州

천 봉우리 둘러싸서 동문이 그윽하니	千岑廻合洞門幽
낡은 이정표가 그나마 옛 삭주임을 전하네	老堠猶傳古朔州
슬픈 골짜기는 수시로 울어 잠을 방해하는데	哀壑易鳴妨倚枕
고향은 아득히 멀어 누대에 오른 걸 후회하네	故鄉無際悔登樓
찬 꽃은 느지막이 숲속 사당 주위에 피었고	寒花晚繞叢祠發
낙엽은 때때로 황폐한 성가퀴에서 날리네	落葉時從廢堞流
천하가 태평하여 한가하게 즐길 일 많으니	寰海昇平多暇豫
묘당에서는 변방의 방비를 근심하지 않네	關防不入廟堂憂

계반령에서 구일을 맞이하여, 감회를 적어서 조카 이유경[22]에게 보이다

界畔嶺逢九日感懷書示李姪儒慶

맑은 새벽 서리에 홀연히 슬퍼지는데　清晨霜露忽悽然
골바람 숲 소리가 말 머리에 전해지네　壑籟林聲馬首傳
객지에서 또 중양절(重陽節)을 맞으니　客路又逢重九節
모친을 여읜 지 열세 해가 지났구나　慈顔已隔十三年
끝없이 이어진 변경의 구름은 멀리서 비로 내리고　關雲脈脈遙成雨
준령의 거친 잔도는 참으로 하늘로 이어지는 듯하네　嶺棧荒荒定到天
생질이 나를 따라와 준 덕분에　賴有阿甥隨我至
삭주의 서행에서 외로운 잠을 면했네　朔州西去慰孤眠

22 이유경(李儒慶) : 1748~1818. 본관은 함평(咸平), 자는 이선(而善), 호는 청심옹(淸心翁)이다. 번암의 누이의 아들로, 누이가 요절하자 번암이 데려다 길렀다.

임와 홍 상서[23] 명한 에 대한 만사
林窩洪尙書 名漢 挽

마음속 근심으로 잠 못 들 즈음　中心憂結夢難成
들보에서 홀연히 큰 소리가 나 놀라 일어났네　驚起樑頭忽有聲
인물은 실로 국운에 관련되는지라　人物實關家國運
귀신이 그래도 생사의 정을 아네　鬼神猶識死生情
여생은 봉사가 길잡이를 잃은 듯하리니　殘年瞽失冥途相
만사는 하늘이 큰 집 용마루를 꺾어 버린 듯하네　萬事天摧大廈甍
임종할 때 한마디가 천고의 한이 되니　臨纊一言千古恨
소련[24]의 부고 받자 눈물이 갓끈을 적시네　少連書至淚淋纓

공의 병이 깊다는 소식을 듣고 밤늦도록 잠들지 못한 채 뒤척이고 있을 때, 비몽사몽간에 홀연 큰 소리가 나면서 "홍 상서가 죽었다."라고 하였다. 부고(訃告)를 받고 보니, 공이 세상을 떠난 것이 그날 밤 그 무렵이었다. 그래서 기구(起句)에서 말한 것이다. 공이 임종할 때 더 이상 내 얼굴을

23 홍 상서(洪尙書) : 홍명한(洪名漢, 1724~1774)으로, 본관은 풍산(豐山), 자는 군평(君平)이다. 문음(門蔭)으로 입사(入仕)하여 의금부 도사로 재직 중 1754년(영조 30) 증광 문과에 급제하였다. 대사간, 대사헌, 형조 판서 등을 지냈으며, 《동국문헌비고》의 편찬을 주도하였다.

24 소련(少連) : 동이족(東夷族) 출신으로, 형 대련(大連)과 함께 효성이 깊고 거상(居喪)을 잘하였던 인물이다. 《예기(禮記)》 〈잡기 하(雜記下)〉에 공자가 이르기를 "소련과 대련 형제가 거상을 잘하였다. 3일 동안 게을리하지 않았고, 3개월 동안 해이하지 않았으며, 1년 동안 슬퍼하였고, 3년 동안 근심하였으니, 동이족의 자식이다."라고 하였다. 여기서는 홍명한의 아들을 가리킨다.

보지 못하는 것을 한스러워했다고 하였으므로, 낙구(落句)에서 언급하였다.

두 번째 其二

고결한 의표는 조정 관원 중에서도 빼어나	孤標秀出鷺班心
높이 달린 석과가 음효들을 내려다보듯 하였네[25]	碩果亭亭傲衆陰
피부는 완전히 고야의 백설[26]과 흡사하였고	肌骨十分姑射雪
정신은 큰 용광로에서 쇠를 백번 단련한 듯하였네	精神百鍊大爐金
풍랑이 천지에 가득해도 빈 배처럼 평온하여[27]	風濤滿地虛舟穩
푸른 산빛 비치는 누대에서 연회를 즐겼었지	山翠當樓宴座深
어찌 풍진세상 속에 오래 머무르랴	安可久留埃壒裏
옛날부터 맑은 기상은 빨리 사그라지는 법	古來淸氣易銷沈

25 석과(碩果)가……하였네 : 《주역》 박괘(剝卦)가 초효(初爻)부터 5효까지 다섯 효가 음효(陰爻)이고 맨 위의 효 하나만이 양효(陽爻)로 구성되어 있음을 형용한 말로, 이 괘는 소인들로 상징되는 음효가 세력을 떨쳐 군자로 상징되는 양효를 핍박하고 있으나 끝내 정의는 소멸시킬 수 없다는 뜻을 내포하고 있다. 석과는 사람들이 따 먹지 못하여 과일나무의 높은 가지 끝에 겨우 달려 있는 한 개의 큰 과일로서, 종자가 되어 다시 훗날을 기약할 수 있다는 점에서 어지러운 세상에서도 큰 덕을 지닌 채 소인들에게 피해를 당하지 않는 군자를 지칭할 때 많이 쓰인다.

26 고야(姑射)의 백설 : 고야는 막고야산(藐姑射山)을 가리키는 것으로, 《장자(莊子)》 〈소요유(逍遙遊)〉에 "막고야산에 신인이 사는데, 살결은 빙설과 같고, 오곡을 먹지 않으며, 바람을 호흡하고 이슬을 마신다."라는 내용이 있다.

27 빈 배처럼 평온하여 : 풍랑이 저절로 소멸될 때까지 내맡겨 두는 것을 말하는데, 소인배들이 모함해도 일일이 시비를 가리지 않는 것을 뜻한다.

세 번째 其三

같은 시대 같은 품계에 뜻도 같았으니	同時同品又同心
지금까지 줄곧 윤익[28]처럼 도우며 지내 왔네	輪翼相將直至今
성대에 감히 우리 도가 폐했다고 말할 수 있으랴	聖代敢言吾道廢
오랜 눈물 흔적은 임금의 은혜가 깊어서네	淚痕長爲主恩深
훗날 범마[29]처럼 우리 둘의 열전을 적고	他年范馬雙成傳
옛날 아기[30]처럼 음률을 알아들었다 하리	從古牙期兩解音
백발의 이 몸은 서쪽 패강 가에서 곡하나니	白首西臨浿江哭
상여는 어느 곳 눈 덮인 산으로 향하는가	柳車何處雪中岑

28 윤익(輪翼) : 수레바퀴와 새의 날개를 말하는데, 반드시 양쪽이 짝을 갖추어야만 기능을 하기 때문에 서로 뗄 수 없이 밀접한 관계를 가리키는 말로 쓰인다. 주희(朱熹)가 손경보(孫敬甫)에게 답한 편지에 "정 부자(程夫子)의 '함양(涵養)은 반드시 경(敬)으로 하고 학문에 나아감은 치지(致知)에 있다.'라는 이 두 말씀은 수레의 두 바퀴와 같고 새의 두 날개와 같아서, 그 하나를 버리고서 갈 수 있고 날 수 있는 것은 있지 않다."라고 하였다. 《晦庵集 卷63 答孫敬甫》

29 범마(范馬) : 송(宋)나라의 범진(范鎭)과 사마광(司馬光)을 아울러 일컫는 말이다. 두 사람이 평소에 의기가 잘 맞아, 살아서도 뜻을 같이하고 죽어서도 전(傳)을 같이하자고 하였다 한다. 《宋元學案 卷19》

30 아기(牙期) : 춘추 시대 때 거문고의 명인인 백아(伯牙)와 그의 벗 종자기(鍾子期)를 가리킨다. 백아가 거문고를 연주하면 종자기만이 그 음률의 의미를 제대로 알아듣고 서로 즐거워하였는데, 백아가 거문고를 연주할 때 높은 산을 염두에 두고 있으면 종자기가 말하기를 "좋구나. 높고 높아 마치 태산과 같구나.〔善哉! 峨峨兮若泰山.〕"라고 하고, 흐르는 물을 염두에 두고 있으면 "좋구나. 넘실대는 것이 강물과 같구나.〔善哉! 洋洋兮若江河.〕"라고 하였다고 한다. 《列子 湯問》

연정[31]에서의 즉흥시
練亭卽事

가득 찬 기생들이 두 줄로 인도하니	盈盈粉黛導雙行
큰길의 견여가 급할 것이 무엇이랴	紫陌肩輿不用忙
압록강 가 누대는 천고토록 아름다운데	淇上樓臺千古麗
버들 그늘 풍악 소리가 사철 유장하네	柳陰歌吹四時長
임금께서 장수하고 병환조차 나으신 데다	君王壽考仍無疾
제매[32]를 만나니 광채가 찬란하네	弟妹逢迎爛有光
종일토록 한없이 즐겨도 즐거움이 다하지 않으니	永日盡歡歡未盡
달빛이 내 마음처럼 무지개 들보를 비추네	月華如意照虹樑

당시에 막 건강 회복을 축하하는 전문(箋文)을 지어 봉하였으므로, 편내에서 말한 것이다.

을미년(1775, 영조51) 늦봄에 순행(巡行)을 떠나 강변의 여러 고을을 두루 돌아보았는데, 당시에 운산 군수(雲山郡守)인 성대중(成大中) 군을 차원(差員)으로 수행하게 하였다. 여와(餘窩) 목만중(睦萬中)이 마침 서쪽으로 유람을 왔다가 인하여 함께하였다. 두 사람은 문장을 잘하기로 세상에 이름이 나 있어서, 연도의 1000여 리 동안 실컷 수창을 하였다. 그러나 나의 행차는 백성들의 호소가 있어서,

31 연정(練亭) : 연광정(練光亭)을 가리킨다.

32 제매(弟妹) : 번암의 매제를 가리키는 듯하나 미상이다.

앉으면 장부를 처리하는 노곤함이 있는지라, 실로 사한(詞翰)의 저술에 신경을 쓸 겨를이 없었다. 그러나 전간(田間)의 사냥을 구경하는 흥취는 절로 막을 수 없어서 입에서 나오는 대로 붓 가는 대로 꾸밈없이 미속(尾續)[33]을 하였으니, 그저 시축에다 이름이나 올리려는 생각뿐이었다. 어찌 태사씨(太史氏)가 민요를 채집하는 것[34]에 보탬이 될 만한 것이겠는가. 나중에 읽어 보는 자들도 의당 양해해 줄 것이다.

33 미속(尾續) : 구미속초(狗尾續貂)의 준말로, 능력 없는 사람이 높은 벼슬을 함부로 차지하는 것을 비웃는 말인데, 여기에서는 번암이 보잘것없는 자신의 문장력을 무릅쓰고 명시(名詩)나 문장에 화답하는 것을 가리킨다. 진(晉)나라 조왕(趙王) 윤(倫)의 당파가 모두 경상(卿相)이 되어 그 하인들까지 모두 작위를 주었으므로 벼슬아치들이 쓰는 관(冠)의 장식으로 쓰이는 담비 꼬리가 부족하여 개의 꼬리로 대신 장식했던 고사에서 나왔다. 《晉書 趙王倫列傳》

34 태사씨(太史氏)가……것 : 태사씨는 역사를 기록하는 사관(史官)으로, 고대에 민간의 노래와 풍속 등을 채집하여 백성들의 풍속을 관찰하는 일을 담당하였다.

서장대

西將臺

영변(寧邊)에 있다.

층층 무지개 가르고 흰 성가퀴가 펼쳐지니	橫截層霓粉堞開
청산이 둘러싸고 물이 겹겹이 감도네	靑山匼帀水重廻
하늘의 해와 달은 가까이에서 배회하고	天衢日月徘徊近
요동 변방 바람과 구름은 좌우로 다가오네	遼塞風雲顧眄來
옛날에는 금탕[35]이 북쪽 오랑캐를 경시했고	往歲金湯輕北虜
근래에는 동주[36]가 서장대를 수호했네	祗今銅柱護西臺
평생토록 미인의 치마폭에 취해 볼 줄 모르고	平生未解紅裙醉
황룡부 속에서 술잔을 씻으려 하네[37]	擬洗黃龍府裏杯

병자년(1636, 인조14)의 호란 때 청군(淸軍)의 두목이 성 밖에서 3일을 주둔하다가 슬프게 바라보면서 떠나갔으므로, 제6구에서 언급하였다.

35 금탕(金湯) : 쇠로 만든 성과 펄펄 끓는 물을 부은 해자(垓子)라는 뜻의 금성탕지(金城湯池)의 준말로, 난공불락의 굳건한 요새지를 가리킨다.

36 동주(銅柱) : 적병을 몰아내고 국경을 표시하기 위해 세운 구리 기둥이다. 《후한서(後漢書)》〈마원열전(馬援列傳)〉에 "마원이 교남(嶠南)을 모두 평정하고 교지(交阯)에 도착하여 동주를 세워 놓았는데, 한나라 맨 끝의 경계였다."라고 하였다.

37 황룡부(黃龍府)……하네 : 적을 소탕하려는 것을 말한다. 송(宋)나라 때 충신 악비(岳飛)가 금(金)나라의 장수가 군사를 이끌고 투항하자 부하들에게 "곧장 황룡부로 쳐들어가서 그대들과 함께 실컷 취하도록 마시고 싶을 뿐이다."라고 하였다. 《宋史 岳飛列傳》

사절정

四絶亭

어천(魚川)에 있다.

아스라한 맑은 기운이 빈 정자를 감싸는데　　蒼然灝氣在虛亭
한 줄기 강물이 십 리 들판을 가로지르네　　一水斜穿十里坰
봄인데도 발 너머 먼 산에 쌓인 눈에 놀라는데　　春箔遠驚峯雪皛
저녁 창은 고르게 깔린 물가의 푸른 안개에 싸여 있네　　晩欞平撫渚煙靑
물고기를 구경하는 바위에는 벼랑의 솔 그림자 고요하고　　崖松影靜觀魚石
말 씻는 물가에는 다리 옆 버들 그늘이 가볍게 흔들리네　　橋柳陰輕洗馬汀
성안은 평안하고 민원도 간소하니　　城柝不鳴民牒簡
정절이 꽃밭 곁에 한가로이 멈춰 있네　　傍花旌節等閑停

희천

熙川

가벼운 진흙 굽이굽이 가는 수레를 더럽히는데　　輕泥曲曲涴征車
해가 저물기 전에 힘겨운 행차가 끝났네　　行盡崎嶇日未斜
정절이 홀연 초삽에 다다른 것에 놀랐고[38]　　旌節忽驚臨苕霅
고을 성이 오랑캐 땅에 가깝다는 것을 실감하지 못하겠네
　　州城不信近胡沙
빈 누대에서는 시원스레 신선 산의 눈이 보이고　　虛樓爽入仙岑雪
흐르는 물은 향기롭게 적유령의 꽃과 통하네　　流水香通狄嶺花
아름다운 곳은 매번 읊조리게 만드니　　佳處每敎吟嘯發
사화에다 아울러 춘화를 차지하고 싶네[39]　　使華兼欲領春華

38 초삽(苕霅)에……놀랐고 : 초삽은 중국 절강성(浙江省) 호주시(湖州市) 경내에 있는 초수(苕水)와 삽수(霅水)로, 당(唐)나라 때 장지화(張志和)가 은거한 곳이다. 안진경(顔眞卿)이 호주 자사(湖州刺史)가 되었을 때 장지화가 타고 다니는 배가 낡은 것을 보고 새것으로 바꿔 주겠다고 하자, 사양하며 말하기를 "나는 이 배를 물 위에 뜬 집으로 삼아 초수와 삽수 사이를 오가며 지내기를 바랄 뿐입니다."라고 하였다는 고사가 있다.《新唐書 隱逸列傳 張志和》 여기서는 번암이 현재 여러 날 동안 객지를 다니며 절경을 구경하는 것이 장지화가 원하던 바와 같다는 뜻이다.

39 사화(使華)에다……싶네 : 사화는 사신을 뜻하고, 춘화(春華)는 봄꽃을 뜻하는데, 둘 다 '화(華)' 자가 들어가므로 이렇게 표현한 것이다.

백산

白山

적유령(狄踰嶺) 서쪽에 있다.

백 리 멀리 기둥 같은 봉우리 하나 보이자	百里遙瞻一柱峯
수레 속이지만 매무새를 가다듬게 되네	車中還欲斂吾容
전신이 말쑥하니 어찌 먼지를 머금으랴	全身映徹寧含滓
산꼭대기 험준하여 솔도 자라지 못하네	高頂崚嶒不受松
그늘진 골짜기엔 늘 신령스러운 바람이 불고	陰壑尋常靈籟合
허공에는 마치 짙은 새벽 서리가 낀 듯하네	半空依約曉霜濃
지금도 삼한이 약했음을 못 믿겠으니	如今未信三韓弱
오는 동안 관방이 만 겹이나 있던 걸	來處關防已萬重

적유령
狄踰嶺

비가 내려 낙랑 산천의 먼지를 씻어 주니	樂浪山川雨洗塵
중한 관문 기세가 홀연 사람을 놀라게 하네	重關氣勢劃驚人
높은 봉우리에 쌓인 눈은 계절이 따로 없고	危峯抱雪無冬夏
차가운 절벽에 걸린 구름은 귀신인가 싶네	凜壁懸雲似鬼神
따뜻한 날 아정[40]은 숲속으로 들어가고	日暖牙旌穿樹木
깊은 봄에 금탁[41]은 성문에 누워 있네	春深金柝臥城闉
왕공이 험한 관문 설치함은 긴요한 일이 아니니	王公設險還閑事
해마다 동지면 사신이 이어지는 걸	冬至年年足使臣

40 아정(牙旌) : 장수의 군영에 세우는 깃발인 호아기(虎牙旗)를 말하는 것으로, 장수의 군문, 또는 장수를 가리키는 말로 쓰인다. 여기서는 절도사(節度使)를 의미한다.

41 금탁(金柝) : 군대에서 밤에 순찰할 때 치는 일종의 딱따기를 말한다.

장안천 강계에 있다. 에서 노두의 〈청양협〉 운자를 쓰다
長安遷 在江界 用老杜靑陽峽韻

천하에서 험로를 꼽으라고 한다면	天下數險路
장안천보다 고약한 곳은 없으리라	無如長遷惡
그 아래로 물이 천 길이나 되는데	其下水千尋
구름 기운이 검게 서로 얽혀 있네	雲氣黑相錯
가는 오솔길은 발 하나 디딜 만하니	絲徑容一趾
귀신이 자귀로 깎아 놓은 듯하네	鬼物所斤削
울타리를 엮어 그 빈 곳을 보충하여	編籬補其虛
몸이 거꾸로 떨어지지 않게 하였네	免使飜身落
흔들흔들 넝쿨처럼 매달려 가니	搖搖行似寄
분육[42]이라도 마음이 약해지리	賁育心便弱
달라붙어 십 리 길을 다 가고 나니	攀援了十里
저물녘 어두운 기운이 멀리까지 가득하네	暝意遙漠漠
검문의 잔도[43]쯤은 평탄한 것이고	平夷劍門棧

42 분육(賁育) : 전국 시대 제(齊)나라의 역사(力士)인 맹분(孟賁)과 위(衛)나라의 용사(勇士)인 하육(夏育)을 가리킨다.

43 검문(劍門)의 잔도(棧道) : 검문은 중국 사천성(泗川省)에 있는 검문관(劍門關)을 가리키며, 중국 삼국 시대 촉(蜀)나라의 승상 제갈량(諸葛亮)이 대검산(大劍山) 중간 부분의 벼랑을 이용해 설치한 관문에서 유래하였다. 험준하기로 유명하여 "내 장차 조물주를 벌주어, 첩첩 산들을 깎아 내고 싶어라.〔吾將罪眞宰, 意欲鏟疊嶂.〕"라는 두보(杜甫)의 〈검문〉 시가 있을 정도였다.《杜少陵詩集 卷9》 잔도는 절벽과 절벽 사이

태항산[44]이야 자손 정도에 불과하다 하리　　兒孫太行嶽
나랏일이라서 급히 달려가는 것일 뿐　　王事遂叱馭
목숨을 가벼이 여겨서가 아니라네　　非爲性命薄
조심조심 걷는 것이 한바탕 장난과 같으니　　跼步類一戲
천지는 본래 빈껍데기일 뿐이네　　天地本虛廓
평생에 처음으로 기이한 구경 하였으니　　百年始詭觀
이전의 유람들은 참으로 적막할 뿐이네　　前遊諒寂寞

를 통행하기 위하여 나무를 엮어 연결해 놓은 다리이다.

44 태항산(太行山) : 중국 하남성(河南省)과 산서성(山西省) 경계에 있는 산이다. 당나라 백거이(白居易)의 시 〈태항로(太行路)〉에 "태항산 길이 수레를 부술 정도로 험하다지만, 인심에 비한다면 평탄한 길이라네.〔太行之路能摧車, 若比人心是坦途.〕" 라고 할 정도로 길이 험준하기로 유명하였다. 《白氏長慶集 卷3》

회재의 서원[45]에 배알하다

謁晦齋書院

강계(江界)에 있다.

당시의 일을 탄식하노니 歎息當時事
선생이 이런 걸음을 하실 줄이야 先生爲此行
그려 보며 사당에 절을 하자니 依然拜廟貌
지금도 그 음성을 받드는 듯하네 猶似侍金聲
연의[46]는 깊이 한을 남겼고 衍義深留恨
유장에는 간절한 정성을 담았네 遺章耿抱誠
우리 도가 어두워짐을 근심하지 않노니 不愁吾道晦
저 하나의 등잔대처럼 천고토록 전해지리니 千古一書檠

선생이 유배 생활을 할 적에 쓰던 쇠 등잔걸이가 아직도 서원 안에 보관되어 있다.

45 회재(晦齋)의 서원 : 회재는 이언적(李彦迪)의 호이고, 서원은 평안북도 강계군에 있던 경현서원(景賢書院)을 말한다. 지방 유림에서 1609년(광해군1) 이언적의 학문과 덕행을 기리기 위해 세웠는데, 이언적이 양재역 벽서 사건(良才驛壁書事件)에 연루되어 이곳으로 유배되어 강학과 저술에 힘쓰다가 세상을 떠난 인연이 있기 때문이었다. 1614년 사액서원으로 승격하였으며, 1868년(고종5) 서원철폐령으로 훼철되었다.

46 연의(衍義) : 이언적이 유배지에서 편저한 《중용구경연의(中庸九經衍義)》를 가리킨다. 구경(九經)은 천하 국가를 다스리는 아홉 가지 요체로, 《중용장구》 제20장에 나온다.

강주를 출발하며 〈발진주〉 시의 운자를 사용하다

發江州用發秦州韻

오늘날 사람은 몸이 편안하길 좋아하나	今人愛身逸
고인은 변방의 대책을 중시하였네	古人重邊謀
늙고 병든 몸 억지로 변방으로 나오니	衰病强出塞
이 나라 영토가 강주에서 끝이 나네	疆域盡江州
주민은 농사를 생업으로 삼는데	居民業畊鑿
건장한 아이는 방추[47]에 지치네	健兒罷防秋
강의 근원은 큰 못에서 발원하니	江源大澤發
그 빛이 참으로 그윽하기도 하네	其色正幽幽
사군은 폐해져서 다스려지지 않는데	四郡廢不治
신령스러운 아삼(椏蔘)[48]이 거친 들판에서 생산되네	靈椏産荒疇
이 물건은 귀신이 숨겨 둔 것인데	此物鬼神秘
집집마다 가혹한 할당에 괴로워하네	家家困誅求
다행스러운 건 나라에 근심거리가 없어	所幸國無恐
변경까지 수레와 배 통하는 걸세	關塞通車舟

47 방추(防秋) : 외침을 방어하는 것이다. 옛날 중국 서북쪽의 유목 민족들은 왕왕 가을이 되어 말이 살찔 때가 되면 남침을 하였는데, 그것을 막기 위해 가을과 겨울 초기에는 병사를 2배로 하여 엄중하게 수비하는 것을 방추라고 하였다.《舊唐書 陸贄列傳》《詩經 小雅 采薇 朱子註》

48 아삼(椏蔘) : 평안북도 강계에서 나는 특산 인삼으로, 품질이 좋기로 유명하였으며, 주로 쪄서 말리는 숙삼(熟蔘)의 형태로 유통하였다.

처음에는 나랏일에 급급하였는데	始因急王事
마침내 대단한 유람을 실컷 하였네	遂得窮壯遊
오랑캐 산에는 흰 안개가 걸쳐 있고	胡山橫白霧
검푸르게 짙은 숲속 나무들이 빽빽하네	慘慘林木稠
미인이 술잔을 따라 올리지만	美人進叵羅
변경의 근심은 해소할 길이 없네	未可解邊憂
한여름에도 기후가 이상하여	朱夏氣候異
얼음과 눈 눈부신 빛은 사라지지 않네	氷雪爛不收
주전[49]에 정해진 일정이 있는지라	廚傳有程期
빗속에서도 머물러 있기 어렵네	天雨亦難留
우뚝하게 솟은 세검정[50] 위에서	峇兀洗劍亭
자꾸만 멍하니 돌아보게 되네	惘然屢回頭
군악 울리며 번갈아 맞이하고 전송하니	笳角遞迎送
위수[51]가 수레 앞에서 흘러가네	渭水車前流
산속 샛길이 저처럼 험하고	山蹊險如此

49 주전(廚傳) : 주(廚)는 음식점인 주포(廚鋪)이고 전(傳)은 역마를 내주는 역전(驛傳)으로, 지방을 오가는 관원에게 경유하는 역참(驛站)에서 음식과 역마를 제공하는 것을 말한다.

50 세검정(洗劍亭) : 정자 이름으로, 고산(孤山) 윤선도(尹善道)의 〈갑진년(1664, 현종5) 8월 5일에 세검정에 오르다〔甲辰仲秋初五日登洗劍亭〕〉라는 시의 자주(自註)에 "인차외(仁遮外) 보루(堡壘)의 동쪽에 바위가 우뚝 서 있는데, 구름의 파도 속에 반쯤 들어가 있는 모습이 지주(砥柱)를 연상케 한다. 민간에서는 이 바위를 오지암(烏知巖)이라고 부른다. 만호(萬戶) 경가행(景可行)이 이 바위 위에 작은 정자를 짓고는 나에게 이름을 지어 달라고 하기에 내가 '세검'이라고 명명하였다."라고 하였다. 《孤山遺稿 卷1》

51 위수(渭水) : 평안북도 영변 지역의 옛 지명이다.

바위 형세는 천고에 떠 있는 듯하네	石勢千古浮
길이 생각하노니, 삼한의 강역에	永言三韓域
상서로운 기운이 영원히 가득하기를	休氣鬱悠悠

세검정

洗劍亭

만포(滿浦)에 있다.

한가로운 대장군은 반백의 머리인데　無事元戎鬢半華
밤에 변방 누대에 오르니 검에서 꽃이 피네　邊樓夜上劍生花
네 고을 폐해진 성엔 늘 먹구름이 끼었고　四州城廢雲常黑
오국성 높은 산엔 달이 쉬 기우네　五國山高月易斜
강물 빛은 곧바로 넓은 요해로 연결되고　江色直通遼海闊
봉화 연기는 번갈아 멀리 한궁으로 들어가네　烽煙遞入漢宮賒
당시 정원[52]의 행태는 부끄러워할 만하니　當時定遠堪羞殺
오랑캐 소탕하기도 전에 집을 그리워하였으니　未掃胡塵已憶家

두 번째 其二

달빛 흐리고 별 드물어 아직 개지 않았는데　微月稀星未放晴
갖옷 띠는 바람 맞아 비스듬히 날리네　受風裘帶半斜橫
봄추위에 새들은 서릿발 같은 창을 맴돌고　春寒鳥雀廻霜戟

52 정원(定遠) : 후한(後漢) 초기의 유명한 장수였던 반초(班超)의 자이다. 그는 흉노의 지배하에 있던 50여 나라를 한(漢)나라에 복종시켰고, 중국과 서역(西域) 간의 경제와 문화 교류를 촉진하는 데 지대한 공헌을 하였다. 서역에 종군(從軍)하여 만년에 정원후(定遠侯)로 봉해졌다. 일찍이 관상가(觀相家)가 제비턱과 호랑이 머리 같은 그의 관상을 보고 만리후(萬里侯)가 되리라고 예언했던 고사가 있다. 《後漢書 班超列傳》

야간 경계에 어룡조차 그림 깃발 피하네　　夜肅魚龍避畫旗
천 겹 모래바람 변새에 불어 어둑한데　　千疊沙氛臨塞暗
오경의 강물 빛이 밝게 난간을 비추네　　五更江色入欄明
엽서[53]가 의주(義州)의 수령에게 날아드니　　獵書飛報灣州伯
의기가 먼저 우북평[54]에서 꺾였네　　意氣先摧右北平

53 엽서(獵書) : 회렵(會獵), 즉 선전 포고를 하는 글을 말한다.

54 우북평(右北平) : 고을 이름이다. 한(漢)나라 때 설치했는데 지금의 중국 북경시 진해도(津海道) 동북부와 하북성 일대이다. 한나라의 명장 이광(李廣)이 이 고을의 태수를 지내며 흉노를 막았는데, 흉노들이 그를 '비장군(飛將軍)'이라고 부르면서 겁을 낸 나머지 몇 년 동안 감히 침입하지 못했다는 고사가 있다. 《史記 李將軍列傳》 여기서는 이광 같은 명장을 가리킨다.

벌등진 강계에 있다. 에서 오국성을 바라보며 〈목피령〉[55] 시의 운자를 사용하다

伐登鎭 在江界 望五國城用木皮嶺韻

벌등을 억지로 진이라고 호칭하지만	伐登强號鎭
그저 쓸쓸하게 몇 개 마을뿐이라네	蕭條秖數村
격한 감정에 노래를 부르면서	我歌歌激烈
서쪽으로 오국성의 문을 바라보네	西眺五國門
쓸쓸하도다, 송나라의 두 황제[56]여	荒哉宋二帝
겪은 상란은 다 논하기 어려울 정도였네	喪亂難具論
자식조차 남면을 즐거워하니[57]	有子南面樂
누가 그 안부를 염려해 주리오	誰爲念寒暄
간악[58]은 한스럽게도 영험함이 없어	艮嶽恨無靈

55 목피령(木皮嶺) : 당(唐)나라 두보(杜甫)가 지은 시이다. 목피령은 지금의 중국 감숙성(甘肅省) 성현(成縣)의 동쪽에 있는 산으로, 황소(黃巢)의 난 때는 왕탁(王鐸)이 이곳에 관문을 설치하였을 정도로 산세가 험준하기로 유명하다.

56 송나라의 두 황제 : 북송(北宋)의 황제인 휘종(徽宗)과 흠종(欽宗)을 가리킨다. 1126년 금(金)나라가 송나라의 수도 개봉(開封)을 함락할 때 포로로 잡혀 오국성에 유폐되었으며, 휘종은 그곳에서 병사하였다.

57 자식조차 남면(南面)을 즐거워하니 : 휘종이 금나라 군대에 포로로 잡힌 다음, 그의 아홉째 아들인 조구(趙構)가 강남으로 도주하여 임안(臨安)에서 남송을 건국하였는데, 금나라와 전쟁하여 중원을 회복하고 적극적으로 아버지와 형을 구하기보다는 화의(和議)를 추진하여 후세 지식인들의 기롱을 받은 것을 가리킨다. 《宋史 胡銓列傳》

58 간악(艮嶽) : 중국 하남성(河南省) 개봉부(開封府)에 있는 산 이름으로, 송나라

달아나는 황제의 수레를 만류하지 못하였네　莫挽帝車奔
개벽한 이래로 그런 변고는 처음이니　開闢始此變
견양이 지존을 가두었네[59]　犬羊囚至尊
예조[60]가 그 자손을 위하여　藝祖侈厥孫
넓디넓은 천지를 물려주었네　貽以大乾坤
액운이 어찌 저 하늘 탓이랴　厄運豈彼蒼
나라를 잃은 건 어리석음 때문이네　淪喪由乃昏
슬프고 슬프도다, 쇠로 만든 등걸이[61]여　哀哀鐵燈檠
죽어서도 수레는 돌아가지 못하였네　死亦非返轅
만승 황제의 몸을 묶어서　束縛萬乘體
저 오랑캐 산기슭에 던져두었네　托彼胡山根
진회는 연회와 음악을 좋아하여　秦檜好宴樂
으리으리한 집에서 빈번히 풍악을 울렸지　甲第笙竽繁
천하의 한 악야[62]는　天地一岳爺

휘종이 각종 진귀한 화초와 수석을 쌓아서 5년에 걸쳐 인위적으로 만든 만세산(萬歲山)을 가리킨다. 이 산이 도성의 동북방, 즉 간방(艮方)에 해당하기 때문에 간악이라 한 것이다. 수산(壽山), 수악(壽嶽)이라고도 한다.《宋史 佞幸列傳 朱勔》

59 견양(犬羊)이 지존(至尊)을 가두었네 : 견양은 오랑캐를 비유한 말로, 여기서는 금나라를 가리킨다. 지존은 휘종과 흠종을 가리킨다.

60 예조(藝祖) : 문덕(文德)을 소유한 시조(始祖)라는 뜻으로,《서경》〈순전(舜典)〉의 "돌아와서는 예조의 사당에 나아가 소 한 마리를 써서 제사하셨다.〔歸格于藝祖, 用特.〕"라는 말에서 유래하였다.

61 쇠로 만든 등걸이 : 무덤 속에 부장(附葬)하는 것으로, 황제의 시신을 상징한다. 휘종은 1135년(소흥5) 금나라 땅인 오국성에서 54세로 죽고, 1142년에 남송으로 운구(運柩)되어 영우릉(永祐陵)에 장례를 지냈다.《宋史 禮志 山陵》

죽은 눈에 부질없이 눈물 흔적 남았네	死睫空淚痕
천년 뒤에도 분하여 말을 잊게 되니	千載尙憤瘿
폐해진 성가퀴가 아직도 남아 있네	廢堞今仍存
화를 자초함은 성인도 경계하셨으니[63]	自作聖有戒
무슨 말로 외로운 혼을 위로할까	何辭慰孤魂

62 악야(岳爺) : 악씨 노인이라는 뜻으로, 송나라 고종(高宗) 때의 명장 악비(岳飛)를 가리킨다. 자는 붕거(鵬擧), 시호는 무목(武穆)이다. 여러 차례 금나라 군대를 격파하여 용맹을 떨쳤으나, 간신 진회(秦檜)의 모함에 걸려 39세의 나이로 옥사(獄死)하였다. 《宋史 岳飛列傳》

63 화를……경계하셨으니 : 《서경》 〈태갑 중(太甲中)〉의 "하늘이 내린 재앙은 피할 수 있지만, 스스로 만든 재앙은 피할 수 없다.〔天作孽, 猶可違; 自作孽, 不可逭.〕"라는 말을 가리킨다.

위원군에서 〈적곡〉 시에 차운하다

渭原郡次赤谷韻

둥글고 높은 위성이여	渭城圓且峻
큰 바위가 그것을 둘러싸고 있네	巨石環擁之
물이 불어나서 건널 수 없고	水漲不可涉
원습[64]에 돌연 기일을 어기게 되네	原隰倏愆期
낮잠을 한바탕 실컷 자고 나니	爛漫亭午睡
지고 남은 꽃이 다시 이곳에 있네	餘花復在玆
그림 병풍이 한바탕 웃음을 주니	畫屛供一笑
하나하나 희고 고운 살결의 미인들일세	箇箇膚凝脂

좌중에 미인을 그린 8폭 병풍이 있었다.

여염에서는 원래 가절을 중시하는데	閭閻重佳節
더구나 흉년이 들지 않은 경우에랴	況復歲不飢
등불 매단 장대를 이 밤에 높이 세우니	燈竿聳是夜
옛 풍속을 잘 이해하여 따른 것이네	古俗能解追
담소하며 변경 누대에 앉았노라니	談笑坐邊樓
집이 있어도 길이 그리워하지는 않네	有家不永思

64 원습(原隰) : 언덕과 습지라는 뜻으로, 왕명을 받들고 사신(使臣) 가는 일을 가리킨다. 《시경》 〈소아(小雅) 황황자화(皇皇者華)〉에 "화려한 저 꽃들 언덕과 습지에 피어 있도다. 부지런히 달리는 사신은 행여 사명을 수행하지 못할까 걱정일세.〔皇皇者華, 于彼原隰. 駪駪征夫, 每懷靡及.〕"라고 한 데서 온 말이다.

구구하게 소유[65]를 생각하니	區區念少游
복파[66]가 도리어 가소로워지네	伏波還足嗤

65 소유(少游) : 후한(後漢) 때의 명장 마원(馬援)의 종제(從弟)인 마소유(馬少游)를 가리킨다. 마소유가 마원이 웅지를 품고 세상에 나가 크게 활동하는 것이 못마땅한 나머지 "선비가 한세상에 나서 의식은 겨우 해결할 정도면 되고, 작은 수레에 조랑말을 몰며 고을의 아전이 되어 분묘(墳墓)를 지키고 살면서 고을 사람들에게 선인(善人)이라고 일컬어질 정도면 충분합니다. 그 나머지를 구하면 스스로 괴로울 뿐입니다."라고 하였다는 고사가 있다. 《後漢書 馬援列傳》

66 복파(伏波) : 한나라 때의 관직명으로 큰 공을 세운 장군에게 붙여 주는 호칭인데, 후한의 명장인 마원이 건무(建武) 연간에 복파장군(伏波將軍)이 되어 교지(交趾)를 쳐서 평정하고 돌아왔으므로, 흔히 마원을 가리키는 말로 쓰인다.

위원의 객관에서 당나라 시인의 시에서 운자를 뽑아 함께 읊조리다
渭原客館拈唐人韻同賦

백성들 사는 집이 위수 가에 있는데	民居臨渭水
태반은 나무껍질로 이은 집이라네	半是木皮家
변방의 비는 봄에 성곽을 적시고	塞雨春淋郭
오랑캐 바람은 낮에 모래를 날리네	胡風晝起沙
오랜 노정에는 비상약이 필요한데	長途須藥餌
절역에서 꾀꼬리와 꽃에 감격하네	絶域感鶯花
부끄러워라, 동산의 소나무가	慙愧園松樹
맑은 그늘로 나의 수레를 쉬게 하네	淸陰憩我車

남천교 위원에 있다. 에서 〈수회도〉[67] 시의 운자를 사용하다
南川橋 在渭原 用水會渡韻

무너진 다리를 밤까지 수리하였는데	橋崩夜還葺
삐거덕거리는 소리는 자못 불안하네	窸窣頗不安
지방으로 서울로 분주하게 다니다 보니	郡國遞奔走
백성들 생업을 어렵게 만들까 염려되네	民力念艱難
급히 불어난 물은 쉽게 줄어드는 법	急漲易見減
새벽이 되자 앞 강물이 잔잔해졌네	曉殺前江寬
성곽을 나서자 벗은 듯 시원한데	出郭爽如脫
높은 물결이 없기만을 바랄 뿐이네	意欲無層瀾
겨우내 쌓인 눈이 녹아서인지	宿雪所融液
버들 기운이 매우 차기도 하네	楡柳氣甚寒
사자항은 험난하기도 하니	崎嶇獅子項
푸른 진흙 상 위를 걸어가는 듯하네	步步靑泥盤
자욱한 산안개는 한낮에도 떨어져	重嵐晝猶滴
지다 남은 꽃의 윤기가 마르지 않네	餘花潤不乾
언제나 고향으로 돌아가서	何當歸故山
소나무와 노을을 즐길 수 있으랴	松霞以爲餐

67 수회도(水會渡) : 당나라 두보(杜甫)의 시이다.

초산관에서 〈봉황대〉 시의 운자를 사용하다
楚山館用鳳凰臺韻

일곱 고을이 압록강 가에 있는데　七郡據鴨溢
웅장하기로는 이산(理山)을 꼽을 수 있네　雄强數理州
태조께서 몸소 이 땅을 개척하신 뒤로　太祖躬拓地
왕업이 성대하게 이어졌네　王業赫悠悠
장동의 옛날 적들이 다니던 길에는　長洞古賊路
오랑캐 기운이 오래도록 떠 있네　虜氣長時浮
진부한 유생이 말을 타고 이르러　腐儒攬轡至
고적을 찾으니 백발인 게 부끄럽네　訪古慙白頭
긴 성 아래에 날이 저무니　日暮長城下
오랑캐 기병의 함성이 들리는 듯하네　如聞胡騎啾
전달에 무지개가 해를 꿰뚫으니　前月虹貫日
나라 사람들이 두려워하고 근심하네　國人恐且愁
행차를 멈추고 산천을 돌아보니　駐節撫山川
옛 자취는 어디에서 찾을까　舊蹟從何求
그 옛날 이여송[68]은　伊昔李如松

68 이여송(李如松) : 1549~1598. 자는 자무(子茂)이고, 호는 앙성(仰城)이다. 명(明)나라 때 요동(遼東) 철령위(鐵嶺衛) 사람이다. 영원백(寧遠伯) 이성량(李成梁)의 아들로 부친을 따라 전투에서 많은 공을 세웠고, 영하(寧夏)의 반란이 일어나자 총병관(總兵官)이 되어 평정하였다. 임진왜란 때 아우 이여백(李如栢), 이여매(李如梅) 등과 함께 조선에 출정하여 평양성과 개성을 탈환하고 서울을 수복하였다. 1593년(선조26)

공적이 천지에 가득하였지　　勳業天壤流

기린각[69]에는 이미 풀이 무성한데　　麟閣已茂草

노강은 쉬지 않고 흐르고 있으리라　　魯江流不休

이 장군 여송의 조부는 초주(楚州) 사람으로, 그 집이 독로강(禿魯江) 가에 있다고 한다.

어쩌랴, 오랑캐 황제의 뜻으로　　奈何胡皇旨

큰길가에 드러나게 비석을 세웠다네[70]　　顯刻立道周

변방의 신하는 그저 유흥을 즐겨　　邊臣但行樂

호수에 비치는 나는 듯한 누대에서　　湖上映飛樓

한낮에 풍악이나 울리면서　　白日有歌管

음우의 계책[71]은 세우지 않네　　陰雨無謀猷

내가 듣기로 옛날의 성왕은　　我聞古聖王

중국 조정의 명에 따라 환국하였고, 1598년 4월 토만(土蠻) 즉 타타르의 침입에 맞서 싸우다가 전사했다.

69 기린각(麒麟閣) : 한(漢)나라 무제(武帝)가 건립한 건물로, 선제(宣帝) 때에 이르러 곽광(霍光), 소무(蘇武) 등 공신(功臣) 11인의 초상화를 그려 이 누각 위에 걸어 놓고 기렸다고 한다.《漢書 李廣蘇建傳》후대에는 공신을 기리는 건물이라는 의미로 쓰인다.

70 오랑캐……세웠다네 : 청(淸)나라 태종(太宗)이 병자호란이 끝난 뒤 인조(仁祖)에게 항복을 받은 것을 기념하기 위해 삼전도(三田渡)에 비석을 세운 것을 말한다.

71 음우(陰雨)의 계책 : 앞으로 닥칠 일들에 대해 미리 대비하는 것으로, 음우는 궂은비, 장맛비를 뜻한다.《시경》〈빈풍(豳風) 치효(鴟鴞)〉에 "하늘이 궂은비를 내리기 전에 저 뽕나무 뿌리의 껍질을 벗겨다가 우리 집 창틀을 칭칭 감아 둔다면, 저 아래 사는 백성들이 누가 감히 우리를 업신여기랴.〔迨天之未陰雨, 徹彼桑土, 綢繆牖戶, 今女下民, 或敢侮予?〕"라고 한 데서 나왔다.

편안할 때도 어려운 때를 잊지 않았다네	安不忘艱憂
묵묵히 대비책을 생각하면서	默然念籌策
검 한 자루를 무릎 위에 올려놓네	孤劍膝上留

아이진 초산에 있다. 에서 〈철당협〉 시의 운자를 사용하다
阿耳鎭 在楚山 用鐵堂峽韻

우뚝한 절벽이 사방에서 둘러싸니	傑壁四環拱
그 위로는 나는 새조차 끊어졌네	其上飛鳥絶
그림을 새긴 듯 정상에는 구름이 떠 있고	刻畫浮雲頂
견고한 성은 백금을 녹인 듯하네	堅城鎔白鐵
큰 강이 허리띠처럼 둘러 있어서	大江束成襟
화이의 지맥이 그로 인해 나뉘었네	華夷地脈裂
백성들의 힘으로 가는 길을 내느라	民力刱線路
사월에 얼어 있는 눈을 깎아 내네	四月斲氷雪
변경의 요새가 비로소 생기니	關防始有得
성을 순시하며 얼굴이 밝아지네	徇譙我顔悅
수항루를 이고 있는 저 표암은	標巖戴受降
만고토록 서서 꺾이지 않으리라	萬古立不折
병사와 식량을 넉넉하게만 한다면	但使兵食足
흉적을 멸하는 일 무에 그리 어려우랴	何有攙搶滅
소매 속의 〈손오전〉[72]을 읽고 있자니	袖中孫吳傳
몸속의 피가 오래도록 뜨거워지네	腔血長時熱

72 손오전(孫吳傳) : 춘추 시대 제(齊)나라의 병법가인 손무(孫武)와 전국 시대 위(衛)나라의 병법가인 오기(吳起)의 열전(列傳)으로, 《사기(史記)》 〈손자오기열전〉을 가리킨다.

수항루 아이에 있다. 에서 〈법경사〉 시의 운자를 사용하다
受降樓 在阿耳 用法鏡寺韻

이 만 길의 바위를 깎자면	斲此萬丈巖
귀신의 솜씨로도 정말 고생 많았으리	鬼斧良亦苦
동건강이 그 아래를 물고 있으니	童巾嚙其根
드넓은 기세는 영원토록 흐르리라	灝氣流終古
외로운 정자 홀로 정상에 서 있으니	孤亭特據頂
구름과 안개가 날아드는 곳이네	雲霏所翔聚
올라갈 때 내 머리카락이 곤두서니	登陟凜我髮
어제의 밤비로 돌층계가 미끄러워서라네	磴滑前宵雨
푸른 하늘이 요동의 들판을 덮었는데	青天蓋遼野
바람과 물이 가렸다 드러냈다 하네	風水互呑吐
굽어보니 온통 아스라한데	俯視一茫然
오랑캐 산을 어찌 셀 수 있으랴	胡山那得數
사냥 불은 낮에도 꺼지지 않으니	獵火晝不息
오랑캐 기마가 매우 분주하네	胡騎太旁午
어떻게 하면 마음속 울분을 씻고	何以洗磈磊
평상에 앉아 봄 술을 마시리오	據床春酒取

소파아 벽동에 있다. 에서 〈백사도〉[73] 시의 운자를 사용하다
小坡兒 在碧潼 用白沙渡韻

오랑캐 배가 아침 해를 받으며　虜艇帶朝日
저 강의 북쪽 언덕을 거슬러 가네　泝彼江北岸
온통 머리를 붉은 천으로 싸맸으니　泯然紅抹首
만주족인지 한족인지 어떻게 구분하랴　何以分滿漢
예의와 공경의 뜻을 표하려는 듯　似欲知禮敬
나를 향해 반쯤 무릎을 꿇었네　向我跪膝半
배가 홀연히 움직이지 않더니　舟閣忽不動
발가벗은 놈들이 서로 불러 대네　赤裸相呼喚
너의 발을 침식하지 않을 수 있으랴　得無嚙爾足
늙은 바위는 넘실대는 물결에 잠겼네　老石被汗漫
인삼을 캐서 자루는 도리어 신비로워지고　採蔘橐還秘
벌목할 때면 밋밋한 나무는 제외하네　伐木槮每散
지역의 백성들은 소국임을 한스러워하니　域民恨國小
오랑캐가 세상을 어지럽힐까 근심하네　猾夏憂世亂
하찮은 것들에게 따질 수도 없으니　侏儒不可問
물가에 임해 홀로 길이 탄식하네　臨水獨長歎

73 백사도(白沙渡) : 당나라 두보(杜甫)의 시이다.

수렵하는 오랑캐를 보고 왕 우승[74]의 〈거연성외엽천교〉 시에 차운하다

見獵胡次王右丞居延城外獵天驕韻

유주는 삼월에도 풍설이 사나운데	幽州三月雪風驕
낭산에 불 질러 마음껏 태워 버렸네	火入狼山盡意燒
큰 사막의 빈 하늘엔 가는 새가 헷갈리고	大漠天空迷去鳥
먼 봉우리 먹구름에 나는 독수리를 놓쳤네	遙峯雲黑失飛鵰
선우는 사냥 즐겨 봄이면 변방까지 나타나	單于喜獵春臨塞
사자가 화친하러 밤에 요동에서 자기도 하네	使者求和夜宿遼
장수는 지금 귀족 자제들 많으니	將帥卽今多甲第
젊어서 고생은 표요도 우스우리[75]	少年辛苦笑嫖姚

74 왕 우승(王右丞) : 당(唐)나라 현종(玄宗)과 숙종(肅宗) 연간의 시인인 왕유(王維)로, 상서 우승(尙書右丞)을 지냈다. 자는 마힐(摩詰)이다. 특히 시에 뛰어났고 음률과 서화에도 능하였다. 망천(輞川)에 별장을 두고 배적(裴迪) 등과 더불어 거문고를 타고 시를 읊으며 유유자적한 생활을 하였다.

75 젊어서……우스우리 : 고생스럽더라도 젊어서 변방에서 경험을 쌓으면 늙어서도 곽거병(霍去病)처럼 무용을 유지할 수 있다는 의미이다. 표요(嫖姚)는 굳세고 날랜 모습을 형용하는 말인데, 흔히 한(漢)나라 무제(武帝) 때의 명장인 곽기병을 가리키는 말로 쓰인다.

창주를 출발하여 10여 리 남짓 걸었는데, 거쳐 온 길의 경물이 참으로 아름다웠으므로, 〈오반〉[76] 시의 운자를 사용하다

發昌洲行可十餘里經遷路景物正佳用五盤韻

양쪽 벼랑을 덮은 짙은 녹색이	濃綠被兩崖
새로 내린 비에 말쑥하기도 하네	照映新雨餘
은은한 향이 걷은 휘장으로 들어오니	暗香入褰帷
저녁 꽃이 적지 않게 남아 있어서라네	晩花留不疎
깃발 그림자가 강물에 비치니	旗影落江水
먹이인 줄 알고 대어가 종종 몰려드네	往往奔大魚
제철 만난 새는 더없이 사랑스러운데	時鳥不勝嬌
나뭇가지에는 정해진 거처가 없네	樹枝無定居
수레를 일부러 천천히 몰면서	我車故徐徐
한낮에 실컷 흥취를 느껴 보네	化日盡情舒
마주하며 한바탕 기쁜 얼굴을 지으니	對此一怡顔
나그네 시름을 그로 인해 씻을 수 있네	客愁爲掃除
구름은 건주의 산으로 돌아가고	雲歸建州山
풀은 야인의 터에 우거져 있네	草沒野人墟
호방하게 노래하며 하늘의 운행을 헤아리니	浩歌撫天運
황극[77]도 여관에 불과할 따름이네	皇極亦蘧廬

76 오반(五盤) : 당나라 두보의 시이다.

77 황극(皇極) : 황제의 궁궐을 뜻하는데, 여기서는 천지를 가리킨다.

마랑동 창주 건너편 벼랑에 있다. 에서 〈비선각〉[78] 시의 운자를 사용하다

馬郞洞 在昌洲隔岸 用飛仙閣韻

청나라 칸[79]은 뜻이 커서	淸汗意想大
구정[80]을 하나의 털처럼 여겼네	九鼎視一毫
마랑동의 길은 달빛이 캄캄할 때였는데	月黑馬郞道
군대의 기율은 한밤중에도 견고하였네	師律中夜牢
하늘이 또 압록강을 얼게 만드니	天又鴨江氷
밟아 대도 작은 물결조차 일지 않네	蹴踏無纖濤
만 마리의 말이 귀신처럼 빠르니	萬馬如鬼速
질풍같이 달려도 시끄러운 소리 없네	肅肅無喧號
사흘 만에 서울 도성까지 다다랐으나	三日薄京都
남한산성은 광활하고도 높았네	南漢空復高
그러나 용렬한 방어사가	區區防禦使
견고하게 만들려고 노력이나 했으랴	補牢無乃勞
변방의 그물은 부디 소홀히 하지 말지니	邊網愼勿疎

78 비선각(飛仙閣) : 당나라 두보의 시이다.

79 청(淸)나라 칸 : 청나라의 태종을 가리킨다. 병자년(1636)인 인조 14년 12월 1일 청군 7만, 몽고군 3만, 한군 2만의 대군을 이끌고 조선을 침략하였다.

80 구정(九鼎) : 하(夏)나라 우(禹) 임금이 구주(九州)의 쇠를 거두어 만들었다는 솥이다. 후세에는 천하, 국가를 상징하는 물건으로 인식되있는데, 여기서는 중국을 가리키는 말로 쓰였다.

창귀[81]는 도망친 죄수들 중에 있었네	倀鬼在逋逃
유독 장군의 비석이 남아 있어	獨有將軍碑
시원스레 우리들을 일깨워 주네	磊落起吾曹

81 창귀(倀鬼) : 호랑이에게 물려 죽은 사람의 혼(魂)으로, 다른 곳으로 가지 못하고 호랑이가 먹이를 사냥하러 다닐 때 앞잡이 노릇을 한다고 한다. 못된 짓을 하는 데 앞장서는 사람을 비유하는 말로 쓰이는데, 여기서는 호란 때 청나라 군대의 길 안내자 역할을 했던 정명수(鄭命壽), 한윤(韓潤) 같은 사람들을 가리킨다.

연평령 창성에 있다. 에서 〈녹두산〉[82] 시의 운자를 사용하다
延坪嶺 在昌城 用鹿頭山韻

푸른 하늘과 주먹 하나 차이처럼 가까워	青天間一握
은하수로 갈증을 해소할 수 있을 듯하네	銀漢可沃渴
풍진세상 벗어난 곳에 홀로 서서	特立埃壒外
사방을 둘러보니 정신이 쾌활하네	四顧精神豁
구불구불하여 제자리로 돌아오는 듯하니	盤盤往似復
한나절이 걸려서야 넘을 수가 있었네	半日始能越
만주를 시험 삼아 한번 바라보니	滿洲試一望
자욱한 운무가 광활하게 끼어 있네	藹藹雲霧闊
깊은 숲은 끝날 줄을 모르는데	穹林不知終
성대라서 도적의 출몰은 없다네	聖代無竊發
변방의 방어가 참으로 훌륭하더라도	關防雖信美
묘당의 계책은 매번 부족함이 많네	廟算每多闕
맨 꼭대기에는 기운이 자욱하니	絶頂氣鴻濛
안개 속 누대는 홀로 우뚝하네	煙臺獨岧兀
옛 성은 어느 시대에 폐지하였나	古城何代廢
그 아래에 전사한 해골이 많네	其下多戰骨
영구의 탑[83]이 희미하게 보이는데	隱約靈龜塔

82 녹두산(鹿頭山) : 당나라 두보의 시이다.

83 영구(靈龜)의 탑 : 영고탑(寧古塔), 영고탑(靈古塔)이라고도 하는데, 청(淸)나라

교토의 굴을 부지런히 마련했지[84] 密勿狡兎窟
전날에는 호랑이에게 쫓긴 말이 前日虎逐馬
물결을 헤치고 우리 경내에 도달했지 凌波我境達
네가 무지하다고 누가 생각하랴 孰謂爾無知
죽음을 각오해야 살아날 수 있는 법일세 置死方能活
용맹하게 앞장섬은 본래 요령이 있나니 倡勇本有要
나는 오랑캐를 채찍질하고자 하네 吾欲鞭古月

의 발상지로, 지금의 흑룡강성(黑龍江省) 목단강시(牧丹江市) 일대이다.

84 교토(狡兎)의……마련했지 : 청(淸)나라 순치제(順治帝) 때 수도를 심양(瀋陽)에서 북경으로 옮긴 후에도 변란에 대비해 영고탑에 많은 물자를 모아 두었던 것을 가리킨다.

연평령
延坪嶺

원기가 중화와 오랑캐 땅에 가득한데 元氣蟠夷夏
보루는 가을 터럭처럼 작게 보이네 秋毫小障亭
드넓은 창공의 색깔처럼 穹然半天色
두 고을의 푸른빛이 끝이 없네 未了二州青
먼 들판, 바람 부는 강가에 서니 迥野風江立
높은 숲에 떠가는 해도 쉬어 가네 高林日馭停
순회한 노정이 수천 리인데 巡程數千里
물이고 산이고 각양각색이로다 流峙得形形

삭주에 도착하다
到朔州

성 그늘에 말 세우니 삭풍이 불어오는데	立馬城陰朔氣吹
원문은 결단코 말을 내달리기를 허락지 않네[85]	轅門端不許驅馳
삼변의 태수는 금빛 비늘 갑옷을 입고	三邊太守金鱗甲
대야의 군용은 붉은 깃 깃발에 드러나네	大野軍容赤羽旗
나랏일 십 년에 사람은 늙어 가는데	王事十年人欲老
변방 관문 천 리 길 어찌 그리 더디뇨	塞門千里路何遲
군율을 장난으로 보지를 마소	莫將師律看遊戲
소굴을 쓸어버릴 웅심은 검만이 아나니	掃穴雄心劍獨知

85 말을……않네 : 장수가 군대를 잘 다스려 군중의 기율이 엄격하게 유지되고 있다는 뜻이다.

관농정 삭주에 있다. 에서 〈한협〉[86] 시의 운자를 사용하다

觀農亭 在朔州 用寒峽韻

금헌[87]에서 왼쪽 창을 열어 보니	琴軒左拓牖
물속에 작은 정자가 서 있네	小亭立無端
널다리는 응당 견고하게 묶었겠지	板橋駕應牢
처마 끝 풍경 소리가 더욱 차게 느껴지네	簷鐸語更寒
쌀쌀한 바람이 소매에 가득하니	泠然風滿襟
내 옷 얇아 홑옷만 입지 못하겠네	我絺不敢單
네모난 못에 저 배를 띄우니	方塘艤彼舟
어린 기생이 잔물결에도 겁을 내네	小妓畏微瀾
남쪽 들판을 앉아서 살필 수 있으니	南畝坐可監
이곳저곳에서 오찬을 먹고 있네	歷歷喰午餐
정자가 작다고 크게 지을 생각 말고	勿以亭爲小
부디 백성들의 어려움을 살피기를	庶察民艱難

86 한협(寒峽) : 당나라 두보의 시이다.

87 금헌(琴軒) : 지방 장관이 정사를 보는 건물을 말한다. 공자(孔子)의 제자인 복자천(宓子賤)이 선보(單父)의 수령으로 있으면서 그저 비파[琴]를 타고 노래만 부를 뿐 공당(公堂)에서 내려간 적이 없는데도 고을이 잘 다스려졌다는 고사에서 유래한 것이다. 《呂氏春秋 察賢》

옥강정 의주에 있다. 에서 〈길백도〉[88] 시의 운자를 사용하다
玉江亭 在義州 用桔柏渡韻

다시 보니 문득 이정표가 기억나고	重逢輒記堠
재차 건너니 다리가 도리어 사랑스럽네	再渡却憐橋
절역에서 비로소 맑은 경치를 보니	絶域始淸賞
옥강정은 저물녘에도 말쑥하구나	玉亭晚蕭蕭
긴 강에는 거울이 곳곳에 번쩍이고	江長鏡陸離
선 해오라기는 깃이 바람에 날리네	鷺立絲飄飆
북쪽 배는 나를 피해 가 버리고	北船避我去
오랑캐도 준동하지 않네	胡兒亦不驕
뗏목을 엮는 것은 그래도 괜찮지만	編筏尙云可
영험한 인삼을 어찌 요구한단 말인가	靈蔘胡乃要
운행하는 배 한 척 보이지 않고	不見獨步航
오직 요해의 조수만 보이누나	惟見遼海潮
슬픈 노래가 숲에서 울리는데	悲歌動林木
연나라 저자는 어찌 그리 적막한가[89]	燕市何寂寥

88 길백도(桔柏渡) : 당나라 두보의 시이다.

89 슬픈……적막한가 : 중국 고대 연나라와 조나라 지역에는 '연조풍(燕趙風)'이라는 말이 있을 정도로 기개(氣概)가 높은 인물이 많이 배출되었는데, 나라가 망한 지금은 그런 기풍이 보이지 않는다는 말이다. '슬픈 노래'는 전국 시대 때 형가(荊軻)가 연나라 태자 단(丹)의 부탁을 받고 진왕(秦王)을 죽이러 떠날 적에, 축(筑)의 명인인 고점리(高漸離)의 반주에 맞추어 〈역수한풍(易水寒風)〉이라는 비장한 노래를 부르고 작별했

천명이 어떤지를 거의 점칠 수 있으니	天運庶可卜
쌀과 산초[90] 싸 들고 가 물을 필요가 없네	不必懷糈椒

다는 고사를 가리킨다. 《戰國策 燕策3》

90 쌀과 산초 : 점을 칠 때 내는 복채의 일종이다. 《초사(楚辭)》 〈이소(離騷)〉에 "무함이 저녁나절에 내려오니, 산초와 쌀을 안고 가서 맞이하여 점을 치게 하네.〔巫咸將夕降兮, 懷椒糈而要之.〕"라고 한 것에서 나왔다.

봉현 의주에 있다. 에서 당나라 시인의 운자를 사용하다
蜂峴 在義州 用唐人韻

강가 여섯 군의 성을 두루 다녀 보니	歷遍沿河六郡城
이천 리 노정에 온통 해당화가 만발했네	棠花開盡二千程
함께 흘러온 압록강은 언제나 다하랴	同來鴨水何時了
끝없는 기쁨이 의주에서 모처럼 생겨나네	失喜龍灣特地生
대장군을 맞이하며 쇠북이 울리는데	迎接元戎金鼓振
옆쪽의 위도에는 오색구름이 선명하네	橫臨威島彩雲明
오랑캐들이 자꾸 오늘 밤 꿈을 깨우리니	胡兒易警今宵夢
사막 북쪽에서 먼저 큰 사냥 소리 들려오네	漠北先飛大獵聲

의주에서 삭주의 운자[91]를 거듭 쓰다

義州疊朔州韻

관례대로 군영에서 화각을 불어 대지만　　隨例轅門畫角吹
서쪽 변방 우서[92]가 달릴 일이 무에 있겠나　　何曾西塞羽書馳
모래바람에 요동의 성책을 구별하지 못하는데　　風沙不辨遼東柵
일월처럼 한나라 장수의 깃발은 더욱 밝네　　日月增明漢將旗
용도(龍韜)[93]의 기묘한 변화를 터득하기만 하면　　但得龍韜機變妙
기린각[94]에 그려질 날이 머지않으리라　　未應麟閣畫圖遲
건아들은 성남의 아녀자를 그리워 말라　　健兒莫戀城南婦
황극의 안위는 아직 알 수 없으니　　皇極安危未可知

91 삭주(朔州)의 운자 : 《번암집》 권12 〈삭주에 도착하다〔到朔州〕〉라는 시의 운자를 가리킨다.

92 우서(羽書) : 우격(羽檄)이라고도 한다. 새의 깃털을 꽂은 격문(檄文)이라는 뜻으로, 나는 새처럼 빨리 전달하라는 의미에서 새의 깃털을 꽂았다고 한다. 《史記 陳豨列傳》

93 용도(龍韜) : 강태공(姜太公), 즉 주(周)나라 여상(呂尙)이 지었다고 전하는 병법서인 《육도(六韜)》의 편명으로, 여기서는 일반적인 병법서를 가리킨다.

94 기린각(麒麟閣) : 공신을 기리는 건물이다. 312쪽 주69 참조.

통군정

統軍亭

호랑이 사냥에서 돌아올 때 채색 배를 풀어놓으니	獵虎歸時放畫舟
통군정 위 나의 놀이 장쾌하기도 하네	統軍亭上壯吾遊
만 리의 바람 불어오는 곳에 곧게 서서	直當萬里風來處
삼한의 땅 끝나는 곳을 비스듬히 내려다보네	橫壓三韓地盡頭
도호의 성지에는 원기가 모였는데	都護城池元氣合
황화의 문조[95]에는 저녁 구름이 시름겹네	皇華文藻暮雲愁
청유장[96] 속에서 천 잔의 술을 마시고	靑油帳裏千鍾酒
웃으며 하늘가 압록강을 바라보네	笑挹天邊鴨綠流

95 황화(皇華)의 문조(文藻) : 통군정에 걸린 중국 사신의 시를 말한다. 화려한 꽃이라는 뜻으로, 모두 사신의 행차를 가리킨다. 《시경》 〈소아(小雅) 황황자화(皇皇者華)〉라는 시에서 유래한 것으로, 사명(使命)을 받고 떠난 신하가 행여라도 임금의 뜻에 미치지 못할까 매양 염려하는 뜻을 노래한 시이다.

96 청유장(靑油帳) : 청유막(靑油幕)인데, 푸른 기름을 발라 꾸민 장막으로 군막(軍幕)을 지칭한다.

위화도에서 여와[97]의 시에 차운하다

威化島次餘窩韻

군영의 많은 군사들 소란스럽지 않고	列校千行靜不喧
큰 깃발 붉은 해가 평원에 가득하네	大旗紅日滿平原
무단히 준마가 날랜 토끼를 쫓으니	無端快馬追飛兎
강가에 모래 먼지로 온 길이 어둑하네	江上塵沙一道昏

97 여와(餘窩) : 목만중(睦萬中, 1727~1810)으로, 본관은 사천(泗川), 자는 유선(幼選), 호는 여와이다.

위화도에서 〈검문〉 시의 운자를 사용하다
威化島用劍門韻

대장군이 새벽에 호령을 내니	元戎晨發號
사냥하는 군사들 몸이 건장하네	獵士身手壯
짐을 꾸려 메고 궁도를 찬 모습이	騰裝佩弓刀
마치 요계로 쳐들어가려는 듯하네[98]	似欲遼薊向
흰 말도 있고 붉은 말도 있어서	白馬與紫馬
하나의 모습이 아니라 다양도 하네	颯沓非一狀
왼쪽 오른쪽으로 날개처럼 벌려서	張爲左右翼
재빠르게 숲을 에워싸네	肅肅林藪傍
목숨이 달린 산토끼는 포위 밖으로 도망치고	決命野兎突
소굴을 뺏긴 벼랑의 호랑이는 슬퍼하네	盪穴崖虎愴
날랜 창이 못 미치는 곳에는	飛槍所不及
성난 사냥개를 급하게 풀어놓네	怒獒風火放
변방의 오랑캐가 숨어서 엿보다가	戍胡匿影窺
간담이 철렁하지 않을 수 있으랴	心膽無乃喪
활약을 펼치고 와서 성과를 바치니	騰躍來獻功

98 요계(遼薊)로 쳐들어가려는 듯하네 : 고려 우왕(禑王) 때 요동(遼東)을 정벌하기 위해 출정하던 것을 가리킨다. 요(遼)는 지금의 요령(遼寧) 지역이고, 계(薊)는 북경시(北京市)와 하북성(河北省) 동북쪽 지역을 가리킨다. 전국 시대 연(燕)나라의 도성이 있던 지역으로, 중국으로 가는 관문 또는 중국의 수도인 북경을 가리키는 말로 흔히 쓰인다.

돌아갈 때도 여전히 기운이 왕성하네	回轡氣猶王
이들을 북지의 부개자[99]라 칭한들	北地傅介子
어찌 크게 손색이 있으랴	此輩何多讓
태조가 옛날에 이곳에 임하시자	太祖昔此臨
서기가 봉우리마다 가득하였네	佳氣擁千嶂
영릉[100]께서 내리신 일모의 조서[101]에	寧陵日暮詔
충성스러운 신하는 마음이 슬퍼지네	忠臣有悲悵

99 부개자(傅介子) : 한(漢)나라 소제(昭帝) 때의 무신(武臣)으로, 대완국(大宛國)에 사신으로 가서 조령(詔令)으로써 누란국(樓蘭國)과 구자국(龜玆國)을 책하니, 모두 복종하였다. 그 뒤에 누란과 구자가 배반하자, 누란에 가서 누란 왕의 목을 베어 가지고 돌아와 의양후(義陽侯)에 봉해졌다.《漢書 傅介子傳》

100 영릉(寧陵) : 효종(孝宗)과 인선왕후(仁宣王后) 장씨(張氏)의 능으로, 여기서는 효종을 가리킨다.

101 일모(日暮)의 조서 : 효종이 북벌의 꿈을 미처 이루지 못하는 안타까운 심정을 토로하면서 이경여(李敬輿)에게 내린 비답을 말한다. 거기에 "아, 과인이 좋아하는 것을 끊고 밤낮으로 몸 달아 하면서 조그마한 효과라도 보고자 하는 이유는, 그런 것이 지엽적인 일이라는 것을 몰라서가 아니라 진실로 지극히 원통한 마음이 있는데 날은 저물고 갈 길은 먼 것 같은 뜻이 있기 때문이다."라는 내용이 있다.《孝宗實錄 8年 5月 5日》

백마산성에서 〈석감〉 시의 운자를 사용하다
白馬山城用石龕韻

의주는 백마산성에 의지하여　龍灣倚白馬
서북 지역에서 눈 흘기며 웅거할 수 있었네　睥睨雄據西
쓸쓸도 해라, 장군의 사당[102]이여　荒荒將軍廟
원통한 혼백이 슬피 우는 듯하네　冤魄似悲啼
일렁이는 물빛이 멀리까지 보이니　浮光盪遠眺
석양빛 때문에 요해가 물들었네　遼海落日迷
고각 소리는 높은 구름 위로 흩어지고　吹角散高雲
세워 둔 깃발에 층층 무지개가 걸렸네　樹羽干層霓
옛날 청나라 두목도 무서워하여[103]　淸酋昔知畏
감히 수레나 사다리를 시험하지 못했지　不敢試車梯
국가에서 근심스레 깊이 고려하여　國家耿長慮
비축해 둔 소금이 산처럼 많네　峙鹽山與齊
황계가 밤에 울지를 않으니[104]　荒鷄夜不唱

102 장군의 사당 : 임경업(林慶業)을 기리는 사당으로, 의주 백마산성(白馬山城) 내에 있는 현충사(顯忠祠)를 가리킨다. 1710년(숙종36)에 세워졌으며, 강감찬(姜邯贊), 임경업, 황일호(黃一皓), 최효일(崔孝一), 안극함(安克諴), 차예량(車禮亮), 차충량(車忠亮), 차원철(車元轍), 차맹윤(車孟胤), 장후건(張厚鍵)을 모셨다.

103 청나라 두목도 무서워하여 : 청나라 두목은 태종을 가리킨다. 병자호란 당시 청나라 군대는 임경업이 지키고 있는 백마산성을 피하여 진격하였다.

104 황계(荒鷄)가……않으니 : 적의 침입과 같은 불길한 일이 없음을 뜻한다. 황계는

건아들이 농사에 종사할 수 있네 健兒未耟携

사람들 마음이 철옹성보다 굳으니 衆心勝鐵城

상책은 백성들을 어루만지는 거라네 上策撫黔黎

3경(更) 전에 우는 닭을 가리키는데, 제시간에 우는 것이 아니므로 그 울음소리를 불길한 징조로 보았다. 동진(東晉) 때 강개(慷慨)한 지절(志節)로 명성이 높았던 조적(祖逖)이 친구인 유곤(劉琨)과 함께 한 이불을 덮고 자다가 한밤중에 황계 소리를 듣고는 발로 유곤을 차서 깨우며 "이 소리는 악성(惡聲)이 아니다."라고 하며 함께 춤을 춘 고사가 있다. 《世說新語 賞譽》

청류당 용천 양책관에 있다. 에서 〈석궤각〉[105] 시의 운자를 사용하다

聽流堂 在龍川良策館 用石櫃閣韻

용골[106]이 석양을 받아	龍骨受夕照
나의 깃발을 붉게 물들이네	射我羽旗赤
적막한 마을 속 객관에서	寂寥村裏館
이런 수석이 있을 줄 어찌 알았으랴	那意此水石
고운 새가 맑은 늪을 지나가고	嬌鳥度澄沼
아름다운 나무가 푸른 절벽에 가득하네	佳木森翠壁
수령이 나는 듯한 건물을 지어	使君理飛觀
풍악을 울려 상객을 즐겁게 하네	歌瑟娛上客
장부는 게으른 본성을 속박하고	簿書束懶性
원습[107]은 한가한 걸음을 방해하네	原隰妨散跡
화각 소리가 세 번 울리니	畫角報三聲
일정이 또 촉박하게 되었네	期程又相迫
고삐 잡고는 범방의 맑음[108]에 못 미치고	轡遜范滂澄

105 석궤각(石櫃閣) : 당나라 두보의 시이다.

106 용골(龍骨) : 산 이름으로, 용호산(龍虎山)이라고도 하는데, 용천군의 동쪽 8리에 있는 진산(鎭山)이다. 서쪽으로 큰 바다에 임하고, 북쪽으로 압록강을 바라보며, 강 밖에는 송골산(松鶻山) 등 여러 산이 펼쳐져 있어 절경으로 이름이 높았다.

107 원습(原隰) : 언덕과 습지라는 뜻으로, 왕명을 받들고 사신(使臣) 가는 일을 가리키는 말이다. 307쪽 주64 참조.

감당나무 아래에선 소공의 은택[109]에 부끄럽네　　　棠愧召公澤
마름 아래에는 노니는 물고기 있으니　　　荇藻有游魚
나만이 너의 한적함을 아노라　　　唯我知爾適

108 범방(范滂)의 맑음 : 범방은 후한 때의 인물로, 청렴하고 지조 있는 관원으로 이름이 높았다. 기주(冀州)에 기황(饑荒)이 들어 도적 떼가 일어나자 청조사(淸詔使)에 임명되었는데, 수레에 올라 고삐를 잡으면서 강개하여 천하를 맑게 하겠다는 뜻을 품었다. 기주의 경계에 들어서자 그 고을 수령이 스스로 자신이 탐관오리임을 아는지라 멀리서 그의 모습만 보고도 수령의 자리를 내놓고 떠나갔다고 한다.《後漢書 黨錮列傳 范滂》

109 소공(召公)의 은택 : 지방 수령의 선정을 뜻한다. 주(周)나라 소공이 지방을 순행(巡行)하면서 어진 정치를 펼쳤으므로 백성들이 그를 추모하여 그가 쉬어 갔던 감당나무까지도 소중히 여겨 "무성한 저 감당나무를 자르지도 말고 베지도 말라. 소백께서 쉬시던 곳이니라.〔蔽芾甘棠, 勿翦勿伐, 召伯所茇.〕"라고 노래하였다고 한다.《詩經 召南 甘棠》

좌현 선천에 있다. 에서 〈발동곡〉[110] 시의 운자를 사용하다
左峴 在宣川 用發同谷韻

우리나라가 본래 성기고 틔어 있어	東國本疎闊
오랑캐가 자리를 말듯 쉽게 밀려왔네	胡來如捲席
마치 집에 울타리를 세우지 않으면	譬猶藩不揷
도적이 빈집을 훔치는 것과 같으리	盜賊攫空宅
좌현은 병 주둥이처럼 좁아서	左峴扼甁口
그 형세가 험하고도 궁벽하네	其勢險且僻
왕년에 절도사를 임명하여	往年具節度
성을 쌓는 일에 창고의 재물을 다 쏟았네	府庫匱城役
적이 침입할 때 실로 요로이니	賊路實綰轂
이곳 외에 다시 어디로 가리오	外此更安適
이제 적절한 장수를 얻기만 하면	但令將得人
버들 울타리가 먼 산의 바위보다 견고하리[111]	柳樊堅邁石
솔숲 작은 샛길로 걸어가자니	行松夾一徑
푸른 기운이 낮에도 뚝뚝 듣는 듯하네	蒼翠晝猶滴
아직도 옛날 전쟁터라 이야기하면서	尙說古戰場

110 발동곡(發同谷) : 당나라 두보의 시이다.

111 버들……견고하리 : 멀리 있어서 위급할 때 직접적으로 도움이 되지 않는 것보다는 부족하나마 가까이 있는 것이 더 믿을 만하다는 말이다. 《시경》 〈제풍(齊風) 동방미명(東方未明)〉에 "버들가지로 채소밭 울타리를 만들어 놓으면 미친 사람조차도 보고 놀란다.〔折柳樊圃, 狂夫瞿瞿.〕"라고 한 데서 온 말이다.

귀신불에 행인들이 슬퍼하네 鬼燐行路慽
경업[112]의 공훈은 쓸쓸하고 蕭條慶業勳
양규[113]의 자취는 사라졌네 蕪沒楊規跡
어디에서 이 비장[114]을 얻으랴 安得李飛將
깃털을 가다듬듯[115] 신이한 용맹이 있는 神勇如刷翮

112 경업(慶業) : 임경업(林慶業, 1594~1646)을 가리킨다. 본관은 평택(平澤), 자는 영백(英伯), 호는 고송(孤松)이다. 1618년(광해군10) 무과에 급제하였으며, 첨지중추부사를 거쳐 1624년(인조2) 이괄(李适)의 난을 평정하는 데 공을 세워 진무 원종공신(振武原從功臣) 1등이 되었다. 1630년 평양 중군(平壤中軍)으로서 가도(椵島)에 주둔한 명나라 도독(都督) 유흥치(劉興治)의 군대가 준동하는 것을 막았고, 공유덕(孔有德) 등 명나라의 반도(叛徒)를 토벌하여 명나라로부터 총병(摠兵) 벼슬을 받았다. 1636년 병자호란 때는 산성을 굳게 지켜 적이 그곳을 피해서 가게 만들었으며, 청으로 돌아가던 요퇴(要魋)를 압록강에서 궤멸하고 잡혀가던 백성들을 구해 내는 등 혁혁한 공을 세웠다. 1640년 안주 목사(安州牧使)로 있을 때 청나라의 요청에 따라 주사 상장(舟師上將)으로 명나라를 공격하기 위해 출병하였으나, 명군과 내통하여 청군에 대항하려다가 발각되어 체포되었다. 도중에 탈출하여 명나라로 망명한 후, 명군의 총병이 되어 청나라를 공격하다가 포로가 되었다. 이때 좌의정 심기원(沈器遠)의 모반에 연루되었다는 설이 나돌아 청나라에 송환되어 인조의 친국(親鞫)을 받다가 김자점(金自點)의 밀명을 받은 형리(刑吏)에게 장살(杖殺)되었다.

113 양규(楊規) : 고려 초기의 무신이다. 1010년(현종1) 거란의 임금 성종(聖宗)이 40만 대군을 이끌고 침입하였을 때 도순검사(都巡檢使)가 되어 흥화진(興化鎭)에서 항전하였다. 최후까지 성을 지키면서 여러 차례 적의 군대에 막대한 타격을 입혔으나 애전(艾田)에서 전사하였다. 《高麗史 卷4 顯宗世家1 1年, 卷127 叛逆列傳1 康兆》

114 이 비장(李飛將) : 한나라 무제(武帝) 때의 명장 이광(李廣)을 가리킨다. 무용이 뛰어나서 흉노(匈奴)들이 그를 비장군(飛將軍)이라 부르고 피하였다고 한다. 《史記 李將軍列傳》

115 깃털을 가다듬듯 : 독수리와 같은 맹금류가 부리로 털을 쪼아 윤기가 나게 만드는 것으로, 무예(武藝)와 용력(勇力)이 뛰어났다는 뜻이다. 두보(杜甫)의 〈증사공왕공사

선천 의검정에서 임와 홍 상서의 시판을 보고, 밤에 앉아 차운하여 산양의 감회[116]를 조금 풀다

宣川倚劍亭見林窩洪尚書詩板夜坐次韻少洩山陽之感

맑은 시 쓸쓸히 흰 먼지에 덮였는데	淸詩零落素塵侵
빈 누대에서 눈물 뿌리자니 저녁 빛이 깊어졌네	淚灑虛樓暮色深
잠깐 이별한 뒤에도 번번이 안부를 물어 주시더니	乍別每叨煩問訊
반년 동안 무슨 일로 소식이 끊어졌나	半年何事廢書音
꽃다운 자태는 이미 중원의 흙에 묻혔으니	英姿已掩中原土
이 밤 외로운 촛불에 마음 가누기 어렵네	孤燭難爲此夜心
쓸쓸한 종남산의 소나무와 학은	蕭瑟終南松與鶴
지금까지 탈 없이 지내고 있는지	可能相保到如今

례(贈司空王公思禮)〉라는 시에 "사공은 동이족 출신으로, 어릴 때부터 굳센 깃털 가다듬었다오.〔司空出東夷, 童稚刷勁翮.〕"라는 말이 나온다. 《杜少陵詩集 卷16 八哀詩》

116 산양(山陽)의 감회 : 죽은 친구를 간절히 그리워하는 마음을 뜻한다. 산양은 중국 하남성(河南省)에 있는 지명으로, 진(晉)나라 때의 고사(高士) 혜강(嵇康), 상수(向秀) 등이 이곳에서 친하게 지냈다. 그 뒤 상수가 이곳을 지나다가 어디선가 들리는 피리 소리를 듣고 죽은 친구인 혜강 등이 그리워 〈사구부(思舊賦)〉를 지었다. 《晉書 向秀列傳》

의검정에서 〈성도부〉 시의 운자를 사용하다

倚劍亭用成都府韻

어느새 오십 년 세월이 흘렀구나	堯蓂五十春
임금께서 왕위에 올라 다스리신 지	聖人垂黼裳
강역에는 개도 짖어 대지 않고[117]	疆埸狗不警
현송의 교화[118]가 사방에 미쳤네	絃誦被四方
선천(宣川)은 그 옛날의 전장으로	宣城古戰場
충의가 가득 넘치던 고을이었네	鬱鬱忠義鄉
귀웅[119]이 바람과 천둥을 몰아치고	鬼雄駕風霆

117 개도……않고 : 선정으로 인해 탐관오리나 도적들이 사라진 것을 뜻한다. 후한(後漢) 때의 유총(劉寵)이 회계 태수(會稽太守)로 선정을 베풀고 떠날 즈음에, 산음현(山陰縣)의 노인들이 그를 전송하며 "다른 태수 때에는 관리들이 백성을 갈취하는 일이 밤이 되도록 끊이지 않았기 때문에 개들이 밤새도록 짖어 대고 백성들이 안정을 취할 수 없었는데, 명부께서 부임하신 뒤로는 개들도 밤에 짖지 않고 백성들도 관리를 볼 수 없었다."라고 찬양한 고사가 전한다. 《後漢書 循吏列傳 劉寵》

118 현송(絃誦)의 교화 : 현송은 고대의 전통적인 교육 방식으로 현악기로 연주하면서 배우는 것과 소리 내어 외우면서 배우는 것을 아울러서 가리키는 말이며, 현가(絃歌)라고도 한다. 공자의 제자 자유(子游)가 노나라 무성(武城)이라는 고을의 수령으로 있으면서 이런 방식으로 백성들을 교화한 데서 나온 말이다. 《論語 陽貨》

119 귀웅(鬼雄) : 귀신 중에서도 웅걸(雄傑)한 존재를 말하는 것으로, 나라를 위해 순국한 영령을 가리키는 말로 쓰인다. 《초사(楚辭)》 〈구가(九歌) 국상(國殤)〉에 "몸은 이미 죽었으나 정신은 신령하니, 혼백이 굳세어 귀웅이 되리로다.〔身既死兮神以靈, 魂魄毅兮爲鬼雄.〕"라고 하였는데, 왕일(王逸)의 주석에 "나라를 위해 순국한 인물이 죽은 뒤에 정신이 강장(强壯)해지고 혼백이 굳세어져서, 오래도록 온갖 귀신 중에서

괴이한 빛이 긴 변새를 밝히네　光怪燭塞長
방영[120]에서 장관을 보게 되니　防營壯觀瞻
하늘에 닿을 듯한 누대가 있어서네　有樓薄穹蒼
잔치와 풍악으로 나를 맞이하니　迎我以讌樂
피리 소리 생황 소리가 어우러지네　轇轕簫與簧
시를 읊으며 〈소융〉[121]은 건너뛰니　吟詩廢小戎
푸른 이끼가 수레 채에 생겨나네[122]　綠苔生輈梁
가인이 배를 모는 것에 익숙하니　佳人習行船
푸른 바다처럼 드넓은 곳이라네　桑海一蒼茫
높은 촛불 무지개다리에 늘어세우니　高燭列虹梁
못물과 함께 빛이 번득이네　池塘與飜光
심하의 일[123]을 말하지 말라　莫話深河事
천고토록 영원히 상심하게 하나니　千古有永傷

웅걸한 존재가 된다."라고 하였다.

120 방영(防營) : 방어사(防禦使)의 군영을 가리킨다

121 소융(小戎) : 《시경》 〈진풍(秦風)〉의 편명이다. 진(秦)나라 양공(襄公)이 병거(兵車)를 성대하게 동원하여 서융(西戎)을 토벌한 것을 찬미한 노래이다.

122 푸른……생겨나네 : 전쟁이 없어 병거를 쓸 일이 없음을 말한다.

123 심하(深河)의 일 : 심하는 중국 요동에 있는 강(江) 이름으로, 명나라와 조선 연합군이 후금의 군대에 패해 몰살당한 일을 가리킨다. 1618년(광해군10) 후금의 누르하치가 명나라의 무순(撫順), 청하(淸河) 등의 보(堡)를 침입하자 명나라는 요동에 군대를 파견하고 조선에 원병을 요청하였는데, 조선에서는 도원수 강홍립(姜弘立)을 파견하여 명나라와 함께 공격하였으나 대패하였다. 이 전투에서 김응하(金應河) 장군은 3000명의 휘하 군사로 수만 명의 후금군을 맞아 고군분투하다가 중과부적으로 패배하고 전사하였다.

가주관에서 밤에 읊다

嘉州館夜吟

행역을 한 지 석 달이 다 되어 가는데	于役垂三月
돌아가는 노정이 효성령에서 시작되네	言歸始曉星
우리 경내 산천이 사랑스럽기만 한데	山川憐內地
검게 탄 내 얼굴 우습기도 하네	黧黑笑吾形
깃발에는 변방의 기색이 배어 있고	牙旆携邊色
장미화는 저물녘 향기를 풍기네	薇花落晚馨
나그네는 맑고 서늘한 밤 꿈에	淸泠客夜夢
먼저 연광정으로 들어가는구나	先入練光亭

효성은 고개 이름이다.

백상루

百祥樓

수나라 당나라와 전쟁한 지 이천 년 隋唐戰伐二千年
여전히 이 누대가 하늘 높이 솟았네 尙有玆樓高近天
상선이 몰려오니 어느 고을에 비라도 내리는가 商船驅來何郡雨

절도사가 새로 상선에 대해 세금을 걷었기 때문에 다른 경내에 정박할 수 없다고 한다.

성가퀴가 만 가구의 연기를 감싸고 있네 女墻廻護萬家煙

외성(外城)을 신축하였으므로 이렇게 말한 것이다.

은하수는 장강의 밖에 있지 않은데 星河不在長江外
초목은 옛 성 가에서 우는 듯하네 草木如鳴古堞邊
참으로 대궐에 문후를 여쭈지 못하였으니 最是玉宸違問候
오경까지 촛대 밝혀 잠들지 못하겠네 五更銀燭可能眠

이날 내원(內院)에 숙직하라는 통보를 받았다.

두 번째 其二

절도사의 군영은 북방에서 으뜸이니 節度營開雄朔方
이름난 누대 고각 소리 푸른 하늘에 울리네 名樓鼓角殷蒼茫
황금이 한번 흩어지니 강물이 새로 나고 黃金一散江流折

당시에 청천(淸川)을 준설하느라[124] 부고(府庫)의 재물이 바닥났다고 한다.

백조가 멀리 가로지르니 들판 형세가 유장하네 白鳥遙橫野勢長

남한에서 사세가 궁해도[125] 하늘은 막막했고 南漢事窮天漠漠
닫힌 을지의 사당[126]에는 풀만 쓸쓸하네 乙支祠掩草荒荒
백 년토록 오로지 의춘의 장수[127]만 있어 百年惟有宜春帥
수려한 산하에 광채를 덮었다네 盤鬱山河被耿光

124 청천(淸川)을 준설하느라 : 청천강은 영원(寧遠), 양덕(陽德)에서 흘러와 평안남도 안주에 있는 안주성(安州城)의 백상루(百祥樓) 아래쪽 성을 감돌아 바다로 들어간다. 자연스럽게 참호의 역할을 하므로 성의 방비에 긴요하였는데, 영조 당시에는 퇴적으로 인해 강과 성 사이에 넓은 토지가 형성되었으므로 1769년(영조45)경에 평안병사 구선행(具善行)의 주관으로 청천강을 준설한 일이 있다.

125 남한(南漢)에서 사세가 궁해도 : 병자호란 때 인조(仁祖)가 남한산성(南漢山城)에서 청(淸)나라 군대에 포위되었다가 항복한 일을 가리킨다.

126 을지(乙支)의 사당 : 고구려 영양왕(嬰陽王) 때 살수(薩水)에서 수(隋)나라 대군의 침입을 물리쳤던 장군 을지문덕(乙支文德)을 기리는 사당으로, 조선 숙종(肅宗) 때 평양에 세웠다.

127 의춘(宜春)의 장수 : 정묘호란 때인 1627년(인조5) 후금군의 침입을 받아 격전을 벌이던 중 무기가 떨어져 안주성이 함락되자 성에 불을 지르고 불 속에 뛰어들어 순직한 평안도 병마절도사 남이홍(南以興)을 가리킨다. 그가 이괄(李适)의 난 때 공을 세워 의춘군(宜春君)에 봉해졌으므로 이렇게 표현한 것이다.

청천강에서 〈만장담〉 시의 운자를 사용하다

清川江用萬丈潭韻

오랑캐 땅에서 사십여 일을 지내는 동안	胡地四旬過
모래바람으로 내내 낮에도 어두웠네	風沙每晝晦
효령[128]의 험지를 비로소 벗어나	始脫曉嶺險
구불구불 청천의 안으로 들어왔네	迤入淸川內
청천은 느릿느릿 흘러가고	淸川去安安
제방의 버들잎은 다시 무성해지네	堤柳復靄靄
군영의 보루는 전쟁과는 멀어졌는데	營壘戰伐遠
성의 못은 배치한 규모가 크네	城池布置大
빽빽한 만 채의 집들 날아갈 듯하고	萬家鬱竝騫
일곱 부처가 평온하게 마주하고 있네	七佛穩相對
파도 머리는 이리저리 부딪혀 사그라들고	濤頭息奔突
하늘 모습이 엉긴 물결에 비치네	天容照凝瀨
남당의 갯가에 천천히 부딪히니	徐戛南塘鋪
풍포(楓浦)의 다리 부서질 일은 영원히 없겠네	永免楓橋碎
범선은 가까운 거리에 들어오고	颿檣入彀內
목석은 모래섬 밖에 퇴적되어 있네	木石堆渚外
힘들게 부르는 〈호자가〉[129]여	辛勤瓠子歌

128 효령(曉嶺) : 효성령(曉星嶺)을 가리킨다.

129 호자가(瓠子歌) : 한(漢)나라 무제(武帝)가 지은 노래이다. 호자는 지금의 중국

수고에 지친 절도사의 깃발이여 勞瘵節度旆
높은 곳에서 내려다보면 암대와 같고 縹緲俯用臺
넘실대는 물결은 세찬 여울처럼 시끄럽지 않네 演漾喧殺瀨
큰 고을을 다스린다고 생색을 내고 生色大州治
군병들이 강하다고 자랑을 하네 誇强列校輩
장부의 사업은 끝이 없으니 丈夫業無窮
강을 준설하는 공만이 제일이 아니라네 疏鑿功非最
금, 비단 요구하며 취막[130]이 찾아오고 金繒毳幕跪
강역은 책문[131]이 가로막혀 있네 疆域柵門礙
원하노니, 그가 크게 눈을 돌려서 願渠大着眼
일이 닥쳤을 때 기회를 잃지 말기를 臨事莫失會

하남성(河南省) 복양현(濮陽縣)에 있는 지명으로, 그곳에 있는 황하의 둑이 터지자, 무제가 급암(汲黯)과 정당시(鄭當時)를 시켜서 터진 곳을 메우게 하였으나 실패하였다. 다시 급인(汲仁)과 곽창(郭昌)으로 하여금 군사 수만 명을 징발하여 메우게 하는 등, 무제가 직접 현장으로 가서 공사를 독려하였으나 둑을 막지 못하였다. 이에 무제가 이 노래 2장(章)을 지어 슬퍼하자, 마침내 둑을 막을 수 있게 되었다고 한다.《史記 河渠書》

130 취막(毳幕) : 유목 민족이 거주용으로 사용하는 천막으로, 여기서는 오랑캐를 뜻하는 말로 쓰였다.

131 책문(柵門) : 압록강 건너 중국 요령성(遼寧省)의 봉천성(奉天城)에 있는 임시 변문(邊門)을 가리킨다. 청은 조선과의 국경 분쟁을 피하기 위한 방편으로 압록강부터 이 책문까지의 사이를 완충 지대로 하여 두 나라 사람들이 다 경작과 입주를 하지 못하게 하였으나, 점차 양국의 상인들이 사무역을 하는 장소로 바뀌었다.

평양으로 돌아와 〈적초령〉 시의 운자를 사용하다
還平壤用積草嶺韻

녹음이 긴 물가에 우거지니	綠陰覆長干
누각이 보였다 사라졌다 하네	樓閣隱復現
보지 못한 지 얼마나 지났다고	不見曾幾何
시절의 경물이 이미 변하였구나	時物已云變
유헌[132]을 타고 두루 돌아보니	輶軒以歷覽
마흔 남짓 되는 군현이었네	四十餘郡縣
내 행차가 돌아간다고는 하지만	我旆雖云旋
나의 흥취는 여전히 사라지지 않네	我興猶未倦
따라오는 이들에게 광채가 있으니	相隨有光輝
풍채 좋은 두 명의 재사(才士)일세	翩翩二才彦
호방하게 읊는 시에 북방의 소리가 담겼고	豪吟帶朔聲
오랑캐 술이 허연 얼굴에 오르네	虜酒上白面
지난 일 돌아보매 이미 마음이 서운한데	拊事已依依
이별을 생각하니 더욱 연연해하게 되네	念別尤眷眷
그저 원하노니, 백 년 인생 안에	但願百年內
노래하고 읊으며 오래 만날 수 있기를	歌嘯長相見

132 유헌(輶軒) : 옛날에 사명(使命)을 받든 자가 타던 가벼운 수레이다.

보통문을 중건하여 누대 위에서 낙성연을 베풀었다. 술자리에서 읊어 유선[133]에게 보이다

重建普通門設落成於樓上酒席吟示幼選

먼 공중에 금옥 같은 건물이 전처럼 솟으니	遙空金碧聳如初
사녀들이 구경하느라 화려한 수레가 가득하네	士女環觀簇鈿車
아득히 기자의 시대부터 견뎌 오니	塵劫渺茫箕子世
섬 오랑캐로부터도 귀신이 파손을 막아 주었네	鬼神扶護島蠻餘
어디선가 온 빗기운이 평야에 이어지고	何來雨色連平楚
시냇물이 내는 빛이 태허에 가득하네	自在川光滿太虛
기생들은 그저 풍악 소리로 나를 즐겁게 할 뿐	羅綺絃歌聊樂我
정교한 건축 솜씨는 그들과는 무관하네	神明雕飾不關渠

133 유선(幼選) : 목만중(睦萬中)의 자이다. 331쪽 주97 참조.

유선이 비 때문에 출발하지 못하여, 데리고 좌소정에 올라 함께 읊다

幼選闗雨未發携上坐嘯亭同賦

시를 읊고 또다시 솔 그늘에 앉으니	吟詩又復坐松陰
아양곡[134] 속의 음이 옛날과 한가지네	依舊峨洋曲裏音
잠깐 개어 내일이면 끝내 이별하게 되니	乍霽終須明日別
잠시 머무르며 주인의 마음을 자못 위로하네	少留頗慰主人心
송가의 술 익어 향이 술통을 따라오고	宋家酒熟香隨榼
단온의 노래 길어 울림이 숲에 가득하네	丹媼歌長響滿林
이내 몸 전원으로 돌아갈 날 응당 머지않으니	按使歸田應不遠
모화현[135]에서 기다려 줄 수 있는지	可能相待慕華岑

134 아양곡(峨洋曲) : 친한 벗이 부르는 시가(詩歌)를 말한다. 자세한 내용은 288쪽 주30 참조.

135 모화현(慕華峴) : 지금의 무악재를 가리킨다.

을미년(1775, 영조51) 10월에 세 통의 상소를 올려 체직을 청하여 윤허받았다. 출발하는 날에 온 성의 사녀가 나와서 전송하였다. 도중에 읊다

乙未十月三疏乞遞蒙允發程之日士女傾城出餞路中有吟

긴 숲의 구름과 눈은 낮에도 찬 기운을 풍기는데	長林雲雪晝寒生
노소가 수레를 붙들어 말이 가지를 못하네	髫白攀轅馬不行
부벽루 연광정을 모두 웃으며 이별하였지만	浮碧練光皆笑別
개중에 버리기 어려운 건 지친 백성들일세	就中難捨是疲氓

영종대왕 만사 병신년(1776, 정조 즉위년)

英宗大王挽 丙申

왕위를 계승하여 다스림이 훌륭하시더니　單傳密付聖謨洋
화악루[136] 속에서 긴 잠에 빠지셨네　花萼樓中御枕長
천승의 나라 임금 노릇 즐겁지 않으시어　無樂爲君千乘國
때로 육오당[137]으로 돌아가는 꿈을 꾸었으리　有時回夢六吾堂
어진 하늘은 은연중에 삼종[138]의 맥을 보호하고　仁天暗護三宗脈
의로운 거울[139]은 만고불변의 이치를 밝게 드리웠네　義鑑昭垂萬古常

136 화악루(花萼樓) : 당 현종(唐玄宗)이 세운 누대(樓臺)의 이름이다. 화악이라는 이름은 형제의 우애를 노래한 《시경》〈소아(小雅) 상체(常棣)〉의 "아가위 꽃이여, 그 꽃송이 울긋불긋 아름답네. 이 세상에 누구라 해도, 형제만 한 이가 없다네.〔常棣之華, 鄂不韡韡. 凡今之人, 莫如兄弟.〕"라는 구절에서 따온 것으로, 현종이 수시로 여기에 올라 형제들과 화락하게 즐겼다고 한다.《唐書 讓皇帝憲傳》 여기서는 경종(景宗)과 영조(英祖)가 형제간임을 중의적으로 표현한 것이다.

137 육오당(六吾堂) : 영조의 생모 숙빈(淑嬪) 최씨(崔氏)의 묘소인 소령원(昭寧園)에 딸린 재실이다.

138 삼종(三宗) : 조선 효종(孝宗), 현종(顯宗), 숙종(肅宗)으로, 소현세자(昭顯世子)의 계통이 아닌 효종의 계통으로 이어지는 왕통을 말한다. 영조가 이들의 혈맥을 이었음을 말하는 것으로, 1721년(경종1) 연잉군(延礽君)을 후계자로 정하는 과정에서 당시 왕대비로 있던 인원왕후(仁元王后) 김씨가 내린 언문 교지에 "효종대왕의 혈맥과 선대왕의 골육은 주상과 연잉군뿐이니, 어찌 딴 뜻이 있겠소."라고 하였다.《景宗實錄 1年 8月 20日》

139 의로운 거울 : 영조가 왕위에 오르게 되는 과정에서 생긴 각종 의혹을 밝힌《천의소감(闡義昭鑑)》을 말한다. 1721년 영조가 왕세제로 책봉된 이후 1755년(영조31) 나주

시종 여중요순[140]이 계시어	終始女中堯舜在
태양을 도와서 부상에 떠오르게 했네[141]	太陽扶得上扶桑

두 번째 其二

한 중화의 기운이 본성에 부여되니	一氣中和賦性初
우리 왕실 가법은 어버이에게 효도하는 것이네	我朝家法孝親於
노년에 더욱 중화의 사모함[142]을 드러내니	暮年益著重華慕
지극한 행실은 원래 《소학》 책에서 나왔다네	至行元從小學書
해마다 시절이 돌아오면 마치 조상을 뵙는 듯하면서	日月依辰如或見
원릉에 행차하느라 편히 지낼 겨를이 없었네	園陵有事不遑居

벽서 사건에 이르기까지 여러 차례 역모 사건이 일어났는데, 영조는 그 원인이 자신의 세제 책봉을 둘러싼 의혹 때문이라고 여겨 세제 책봉이 정당한 처사였음을 밝히기 위해 이 책을 편찬하게 하였다.

140 여중요순(女中堯舜) : 원래는 송(宋)나라 영종(英宗)의 후비(后妃)인 선인황후(宣仁皇后) 고씨(高氏)를 가리키는 말이다. 아들 신종(神宗)이 죽자 철종(哲宗)을 세우고 수렴청정을 하면서 많은 인재를 등용하여 원우(元祐)의 성세(盛世)를 이룩하여 여중요순으로 일컬어졌다. 《宋史 英宗宣仁聖烈高皇后》 이후로 걸출한 왕후를 표현하는 말로 쓰였는데, 여기서는 숙종의 계비(繼妃)인 인원왕후 김씨를 가리킨다.

141 태양을……했네 : 영조를 왕위에 오르도록 보살폈다는 뜻이다. 인원왕후는 영조가 왕세제로 책봉되도록 지원하였고, 영조가 세제 시절 역모에 연루되었을 때도 적극적으로 옹호하여 화를 면하게 하는 등, 임금으로 등극하는 과정에서 결정적인 역할을 하였다. 부상(扶桑)은 동해(東海)에 있다고 하는 전설 속의 신목(神木)으로, 여기에서 해가 뜬다고 한다.

142 중화(重華)의 사모함 : 중화는 순(舜) 임금을 달리 일컫는 말이다. 영조의 효성을 순 임금의 지극한 효성에 빗댄 표현이다.

육상궁에 안개 자욱해 희미한 때에도　　毓祥煙靄蒼茫色
북원에는 아침마다 행차를 준비하라 명하였네　　北苑朝朝命小輿

세 번째 其三

마음은 조심하여 얼음, 못처럼 두려워하니[143]　　宸心翼翼凜氷淵
성스러운 업적은 찬란하게 서책에 담겼네　　聖績煌煌照簡編
소신이 늘 곁에서 모셨던 터라　　爲是小臣恒在側
검소한 덕이 역대에서 가장 훌륭함을 잘 아네　　偏知儉德最光前
소박한 옷 세 번 빨 뿐만이 아니었으니[144]　　菲衣不啻經三澣
대궐에서는 언제고 서까래 하나 갈았던고　　紫闕何曾改一椽
듣기로, 오랑캐 상인이 오히려 탄식하니　　聞說賈胡猶歎息
십 년을 헛되이 고운 비단을 짰다네　　十年虛織錦紋姸

네 번째 其四

즐거운 마음으로 우물 파고 밭을 가니[145]　　熙熙鑿井與耕田

143 얼음, 못처럼 두려워하니 : 늘 위험에 빠질까 전전긍긍하며 조심한다는 의미이다. 《시경》 〈소아(小雅) 소민(小旻)〉의 "전전긍긍하여 깊은 연못에 다다른 듯, 얇은 얼음을 밟듯 하라.〔戰戰兢兢, 如臨深淵, 如履薄氷.〕"라는 말에서 나왔다.

144 옷……아니었으니 : 태학사(太學士)들과 담소하면서 한(漢)나라 문제(文帝)의 검소함을 칭송하던 당(唐)나라 문종(文宗)이 자신의 소매를 들어 올려 보이며 "나도 이 옷을 세 번 빨아 입었다."라고 하자, 학사들이 모두 치하했던 고사가 있다. 《新唐書 柳公權列傳》

공수한 채 구실[146]에서 봄볕을 쬐셨네	衢室春光拱手前
어진 마음 깊어 개미집도 피해서 디디고[147]	蟻垤仁深行避地
용루[148]에 경계 깊어 누워서도 하늘을 살폈네	龍樓戒切臥看天
한 차례의 풍우에도 오히려 마음을 쏟았고	一番風雨猶關念
오기[149]의 윤음은 모두 선조를 추모하는 내용이었네	五紀絲綸摠慕先
온갖 교화의 원천은 어디에 있었던가	萬化源頭何處在
증성의 팔조편[150]을 꿰뚫은 데 있었다네	貫穿曾聖八條篇

145 우물……가니 : 태평 시대에 한 백성이 땅을 치며 부르던 노래, 즉 〈격양가(擊壤歌)〉이다. 요(堯) 임금이 천하를 다스린 지 50년 만에 민정을 살펴보려고 미복(微服)으로 큰 거리에 나가 보았더니 한 노인이 배불리 먹고 흙덩이를 치며 노래하기를 "해가 뜨면 일하고 해가 지면 쉬며, 우물 파서 물 마시고 농사지어 밥 먹으니, 임금의 덕이 나와 무슨 상관이더냐.〔日出而作, 日入而息. 鑿井而飮, 耕田而食, 帝力於我何有哉?〕" 라고 한 것에서 나왔다.

146 구실(衢室) : 요 임금이 백성들의 의견을 물은 궁실의 이름으로, 후대에는 임금이 청정(聽政)하는 장소를 뜻한다. 《관자(管子)》 〈환공문(桓公問)〉에 "요 임금이 구실에서 물은 것은 아래로 사람들의 의견을 들은 것이다." 하였다.

147 개미집도 피해서 디디고 : 어질어서 인정이 많음을 가리킨다. 송(宋)나라 철종(哲宗)이 세수할 때도 개미를 죽이지 않기 위해 늘 조심하였는데, 정이(程頤)가 숭정전설서(崇政殿說書)로 있을 때 강독을 마치고 난 뒤, "그런 마음을 미루어서 사해(四海)의 백성들에게 베푸는 것이 제왕이 할 도리입니다."라고 한 고사를 가리킨다. 《宋史 道學列傳1 程頤》

148 용루(龍樓) : 왕세자의 거처 및 왕세자를 가리키는 말이다. 《한서(漢書)》 〈성제기(成帝紀)〉에, 성제가 태자로 있을 때 계궁(桂宮)에 거처하였는데 임금이 태자를 불러 용루문(龍樓門)으로 나오게 한 고사가 있다. 여기서는 사도세자(思悼世子)를 가리키는 듯하나, 미상이다.

149 오기(五紀) : 1기가 12년이므로, 60년이다. 영조의 치세 기간을 대략적으로 말한 것이다.

다섯 번째 其五

백성들 근심을 일일이 용안에 올리시니　民憂一一上龍顔
수척해진 순 임금과 검게 탄 요 임금[151]이 그러했으리　舜瘠堯黧若是班
삼경 후에도 빈번하게 신하를 불러서 의논하셨고　引接頻繁三鼓後
팔도의 모든 일에 신경을 쏟으셨네　精神灌注八方間
장정은 부역을 감하여 편히 봄 농사를 짓게 하고　丁男減役春耕穩
가난한 여인네는 공물을 감해 줘 밤늦도록 길쌈하지 않게 했네　寒女蠲供夜織閑
큰 복이 이어짐은 응당 이 때문일 것이니　景籙靈長應在此
만년토록 이 나라는 형세가 산과 같으리　萬年宗國勢如山

여섯 번째 其六

자나 깨나 온통 기주[152]에 생각을 두셨으니　寤寐箕疇念始終

150 증성(曾聖)의 팔조편(八條篇) : 증성은 공자(孔子)의 제자인 증자(曾子)를 가리키며, 팔조편은 격물(格物), 치지(致知), 성의(誠意), 정심(正心), 수신(修身), 제가(齊家), 치국(治國), 평천하(平天下)의 8조목으로 이루어진 《대학》을 가리킨다.

151 수척해진……임금 : 《회남자(淮南子)》〈수무훈(脩務訓)〉에 "신농씨(神農氏)는 초췌하시고, 요 임금은 수척하셨으며, 순 임금은 검게 그을리시고, 우 임금은 굳은살이 박이셨으니, 이로써 본다면 성인께서 백성을 위해 근심하고 수고하시는 것이 또한 대단한 것이다."라고 하였다.

152 기주(箕疇) : 《서경》의 홍범구주(洪範九疇)를 가리키는데, 기자(箕子)가 전술(傳述)한 것이라 하여 붙여진 이름이다. 처음에 우왕(禹王)이 홍수를 다스릴 적에 1~9개의 점이 등에 그려져 있는 거북이를 발견하고 이것을 바탕으로 낙서(洛書)를

아아, 오십이 년 세월 동안이셨네 猗歟五十二年中
은혜와 위엄은 하늘의 뜻을 따랐고 恩威竝識皇天意
붕당을 탕평함은 천지와 같은 공이었네 保合渾歸大造功
그늘진 벼랑에 밝은 해를 내거니 着處陰崖懸白日
몇 집의 교목에 봄바람이 감돌았나 幾家喬木囿春風
문손[153]이 찬란한 사업을 잘 계승하니 文孫善繼煌煌業
만세토록 남긴 유훈 사라지지 않으리라 萬世貽謨定不窮

일곱 번째 其七

천년의 대운이 동방에서 시작되니 千年熙運始東方
여든세 해 동안 옥체가 강녕하셨네 滿八增三玉體康
침소에서는 붉고 윤기 나는 얼굴빛이 빛났고 臥內渥丹容色煥
강독할 때는 금석 같은 외우는 소리가 유장했네 講時金石誦聲長
월대의 향축[154]은 게을리할 때가 없었고 月臺香祝無時倦

그렸는데, 그것의 이치를 연역하여 만든 것이 바로 홍범구주이다. 훗날 주(周)나라 무왕(武王)이 은(殷)나라를 멸망시키고 은나라의 현인(賢人)인 기자에게 천하를 다스리는 대법(大法)을 묻자, 기자가 이것을 알려 주었다고 한다.

153 문손(文孫) : 《서경》 〈입정(立政)〉의 '문자문손(文子文孫)'에서 온 말로, 본래는 주(周)나라 문왕(文王)의 자손이라는 뜻인데 여기서는 왕세손, 즉 당시 세손이던 정조(正祖)를 가리킨다.

154 월대(月臺)의 향축(香祝) : 월대는 궁전 앞에 있는 섬돌을 가리키고, 향축은 각종 제향에 쓸 향과 축문을 말한다. 종묘에 세사하거나 기우제 등을 지낼 때 왕이 친히 월대에 나아가 유사(有司)에게 향축을 전해 주었다.

운한의 편장[155]은 밤마다 빛이 났네 雲漢篇章每夜光
신손[156]에게 전하여 서무에 참여하게 하고 傳與神孫參庶務
아울러 요순의 심법[157]을 배우게 하였네 竝將心法學虞唐

여덟 번째 其八

임금께서는 여사인 문장도 뛰어나셨으니 聖人餘事富文章
편서(編書)에 이름을 올린 지[158] 이십 년이 더 되었네 編次榮名廿載强
덥든 춥든 밤이든 낮이든 아랑곳하지 않고 不問暑寒兼夜晝
매번 허둥지둥 옷을 챙겨 입었네[159] 每回顚倒着衣裳

155 운한(雲漢)의 편장(篇章) : 운한은 은하수로, 임금의 문장, 필묵(筆墨)을 가리키는 말로 쓰였다.

156 신손(神孫) : 왕위를 계승할 후손을 말하는 것으로, 여기서는 정조를 가리킨다.

157 요순(堯舜)의 심법(心法) : 요(堯) 임금, 순(舜) 임금, 우(禹) 임금이 천자의 자리를 선양(禪讓)할 때 전수한 심법을 말한다. 즉, 요 임금이 순에게 천자의 자리를 선양하며 "진실로 그 중도를 잡으라.〔允執厥中〕"라고 하였고, 순 임금은 다시 우에게 "인심은 위태롭고 도심은 은미하니, 오직 정밀하고 전일하여야 진실로 그 중도를 잡으리라.〔人心惟危, 道心惟微, 惟精惟一, 允執厥中.〕"라고 한 내용을 가리킨다. 그 후 은(殷)의 탕왕(湯王), 주(周)의 문왕(文王), 무왕(武王), 주공(周公) 또한 이 심법으로 천하를 다스렸다. 《論語 堯曰》《書經 大禹謨》

158 편서(編書)에……지 : 번암이 영조가 편집한 책들의 교정 등에 참여하여 영광스럽게도 자신의 이름이 실리게 되었다는 의미이다. 실제로 1769년 명나라의 칙서를 따로 모아 영조가 직접 《추감황은편(追感皇恩編)》을 엮을 때 번암이 교정에 참여하였고, 영조의 사후에는 대행대왕어제(大行大王御製)를 교정하기도 하였다.

159 허둥지둥……입었네 : 임금이 부르면 언제고 지체 없이 달려갔다는 의미로, 《시경》〈제풍(齊風) 동방미명(東方未明)〉에 "동방이 밝기도 전에 허둥지둥 옷을 입노라.

당시에 어찌 조금이나마 보탬이 되었으랴 當時豈有涓埃效
옛 상자를 다시 보니 눈물이 줄줄 흐르네 舊篋重看涕淚長
효성스러운 우리 임금이 새로 누각을 지으니[160] 誠孝我王新建閣
옥 찌가 꽂힌 귀한 서책이 국과 담장[161]일세 玉籤瑤帙是羹墻

아홉 번째 其九

태고 이래로 임금과 신하 관계가 많았지만 鴻荒以後有君臣
이 몸처럼 성군을 잘 만난 경우는 없었네 未有遭逢似此身
한림에서 국사[162]가 된 것에서 시작하여 始自翰林叨國士
몇 번이나 제수하는 글이 대궐에서 내렸네 幾回除墨降中宸
귀한 탕약을 강권해도 도리어 노여워 않으셨고 珍湯强勸威還霽
나무꾼의 말[163]을 때로 아뢰면 문득 웃으셨네 蕘語時陳笑輒新

허둥지둥 옷을 입거늘, 임금님 처소에서 부르시도다.〔東方未明, 顚倒衣裳. 顚之倒之, 自公召之.〕"라고 한 데서 나왔다.

160 우리……지으니 : 정조가 역대 국왕의 시문, 친필, 서화, 유교(遺敎) 등을 관리, 보관하기 위해 규장각(奎章閣)을 세운 것을 가리킨다.

161 국과 담장 : 현인이나 조상을 그 사후에도 늘 떠올리게 만드는 유물이나 유적을 말한다. 《후한서(後漢書)》 〈이고열전(李固列傳)〉에 "순 임금이 돌아가신 요 임금을 사모하여, 앉아 있을 적에는 담장에서 뵙는 듯하고, 밥 먹을 적에는 국에서 뵙는 듯했다."라고 하였다.

162 국사(國士) : 학식이 나라 안에서 손꼽힐 정도로 뛰어난 사람을 가리키는데, 여기서는 한림(翰林) 벼슬을 가리킨다. 태평천국(太平天國) 때 한림을 '국사'로 바꾼 것에서 유래하였다. 빈임은 1748년 11월 특명으로 한림 소시(翰林召試)에 나아가 수석을 차지하였다.

끝이로다, 이번 생에는 보답할 길 없으니 已矣今生無報答
충애로 내생의 인연을 맺길 원하네 願將忠愛結來因

열 번째 其十

미천한 신하가 죽지 않고 아직까지 살았으니 微臣不死到如今
잎을 울리는 슬픈 매미 소리 상림에서 그쳤네 鳴葉哀蟬已上林
우보[164]는 청묘[165]의 앞길을 더디게 가고 羽葆依遲淸廟路
옥의[166]는 의릉의 봉우리를 돌아보네[167] 玉衣回戀懿陵岑
만백성 들판의 곡소리 하늘을 찌르는데 千家野哭干霄直
칠월에 구름 모양이 성곽 그늘을 둘렀네 七月雲容繞郭陰
임금께 보답하여 선제의 은혜를 추억하려 한다는 報主欲追先帝遇

163 나무꾼의 말 : 보잘것없이 들리는 나무꾼의 말이라는 뜻으로, 자신의 발언에 대한 겸사이다. 《시경》 〈대아(大雅) 판(板)〉의 "옛날 선현 말씀에 나무꾼의 말이라도 들어보라 하셨다네.〔先民有言, 詢于芻蕘.〕"라는 말에서 나온 것이다.

164 우보(羽葆) : 임금의 장례 때에 쓰는 의장(儀仗)의 일종으로, 새털을 깃대 머리에 꽂아 일산처럼 만든다. 상여가 나갈 때 장인(匠人)이 그것을 들고 길을 인도한다. 《禮記 雜記下》 여기서는 영조의 상여 행렬을 가리킨다.

165 청묘(淸廟) : 원래 주(周)나라 문왕(文王)을 제사 지내던 곳인데, 후에는 종묘(宗廟)를 가리키는 말로 쓰였다. 《詩經 周頌 淸廟》

166 옥의(玉衣) : 제왕이나 후비(后妃)를 장사 지낼 때 입히는 옥으로 된 옷이나 능침에 보관하고 있는 옷을 말한다. 여기서는 영조의 시신을 가리킨다.

167 의릉(懿陵)의 봉우리를 돌아보네 : 의릉은 경종(景宗)과 계비 선의왕후(宣懿王后) 어씨(魚氏)의 능으로, 이 구절은 경종 독살설 등 등극 과정에서의 각종 의혹에 시달린 영조가 형인 경종과의 우애가 진심이었음을 간접적으로 표현한 것이다.

고인의 말[168]이 후인의 마음을 사로잡네 古人言獲後人心

상께서 그것을 열람하고, 즉시 엄려(嚴廬)[169]에 입시하라고 명하여 누차 칭찬을 하시면서 "선대왕의 50년 덕업을 곡진하게 묘사하여 유감이 없게 하였다."라고 하고, 이어서 표피(豹皮)를 하사하셨다.

168 고인의 말 : 촉한(蜀漢)의 제갈량(諸葛亮)이 정벌하는 군대를 출정하면서 황제인 유선(劉禪)에게 올린 〈출사표(出師表)〉에서 "선제(先帝)의 남다른 대우를 추억하여 폐하께 보답하려는 것입니다."라고 한 것을 가리킨다. 선제는 유비(劉備)를 말한다. 《三國志 蜀書 諸葛亮傳》

169 엄려(嚴廬) : 임금이 상을 당했을 때 거상(居喪)하는 여막(廬幕)을 가리킨다.

명을 받들어 빈[170]으로서 청나라 칙사를 영접하였다. 9월 4일에 어전에서 하직하고, 중양에 〈황주감회〉 시에 차운하고, 노두의 〈구일〉 시의 여섯 운자에 차운하다

奉命儐接清勅九月四日陛辭重陽次黃州感懷次老杜九日六韻

이날은 선비(先妣)의 생신이다.

너른 들판은 끝이 없는 듯하고	野闊疑無際
긴 강은 원류를 찾지 못하겠네	江長不辨源
거마와 시종은 언제나 쉴 수 있을까	車徒何日靜
지금은 모골만 앙상하게 남아 있네	形殼至今存
서리 이슬 맞으며 선침[171]을 떠나	霜露違仙寢
풍진 속에 변방의 문으로 들어가네	風埃入塞門
군친의 은혜는 모두 끝나 버렸으니	君親萬事已
평생토록 눈물이 마르지 않으리라	涕淚百年痕
색동옷 상자는 퇴락해 가고[172]	零落斑衣篋

170 빈(儐) : 손님을 영접하는 일을 담당하는 사람을 지칭하는 것으로, 번암이 영조 승하 후 청나라에서 나오는 사신을 맞이하는 원접사(遠接使)가 되었던 것을 가리킨다.

171 선침(仙寢) : 보통 왕이나 왕비의 능을 말하는데, 여기에서는 영조의 관이 안치되어 있는 대궐을 말한다.

172 색동옷……가고 : 부모를 모시고 즐겁게 시봉하지 못하는 것을 말한다. 초(楚)나라의 효자인 노래자(老萊子)가 70세가 되어서 어버이를 즐겁게 해 드리기 위하여 어린애처럼 색동옷을 입고서 새 새끼를 가지고 장난을 하며 놀았던 데서 온 말이다. 《小學 稽古》

축수하는 술동이는 쓸쓸도 하네	荒涼壽酒樽
국화야, 너는 말이 없으니	黃花爾不語
회포를 누구에게 토로할까	懷抱向誰論

용만으로 가는 도중에

龍灣道中

황룡부에서 통음(痛飮)하지도 못했는데[173]	未飮黃龍府
거듭 백마산성을 지나가네	重過白馬城
노년에 나그네 된 것 부끄러우니	衰年恥爲客
태평 세상에 감히 군대를 논하랴	平世敢論兵
골수[174]는 멀리 공중에서 검게 보이고	鶻岫遙空黑
낭하[175]는 저녁 기운이 밝네	狼河夕氣明
나를 따르는 긴 칼 한 자루가	隨身一長劍
한가롭게 칼집 속에서 울고 있네	閑在匣中鳴

173 황룡부(黃龍府)에서 통음(痛飮)하지도 못했는데 : 적을 소탕하지 못한 것을 말한다. 291쪽 주37 참조.

174 골수(鶻岫) : 의주에 있는 송골산(松鶻山)을 가리킨다.

175 낭하(狼河) : 백랑하(白狼河) 또는 대릉하(大凌河)라고 하며, 만주(滿洲) 요령성(遼寧省)에 있는 강이다.

통군정

統軍亭

의주에 가을 깊어 남은 단풍이 떨어지는데	灣城秋老落殘楓
어슴푸레한 안개구름이 송골산을 감쌌네	松鶻煙雲黯淡中
먼 변방에 거듭 오니 백발이 되려는데	窮塞重臨頭欲雪
빈 누대 한번 오르자 검에서 무지개가 생기네	虛樓一上劍成虹
아스라한 사막 밖은 바다 아닌 곳이 없고	蒼茫磧外無非海
공활한 세상에는 모두가 바람일세	空闊人間盡是風
기자를 봉한 곳[176] 강역이 작다고 말하지 말라	莫道箕封疆域小
대장부는 아직도 상봉[177]의 뜻을 버리지 않았으니	丈夫猶不負桑蓬

176 기자(箕子)를 봉한 곳 : 우리나라 또는 평양 지역을 가리킨다. 주(周)나라 무왕(武王)이 은(殷)나라를 멸망시킨 뒤 기자를 조선왕으로 봉했다는 전설이 있다.

177 상봉(桑蓬) : 상호봉시(桑弧蓬矢)의 준말로, 고대에 사내아이가 태어나면 뽕나무 활에 쑥대 화살을 메워서 천지 사방에 쏨으로써 장차 천하에 원대한 일을 할 것을 기대하였던 고사에서 유래하였다. 흔히 천하를 경영하려는 남아의 큰 포부를 뜻하는 말로 쓰인다. 《禮記 內則》

내선각에 비 내리는 밤에 읊어서 안사에게 보이다

來宣閣雨夜吟示按使

의주에 세 번 왔는데 모두 구월이었으니	三到灣州三九秋
3년 동안 모두 9월에 의주에 왔다.	
계료와 연계[178]가 사신을 붙잡네	薊醪燕罽使人留
황제의 조서는 어느 때나 도착할까	詔從皇極何時到
요하에 비 내려 이 밤이 근심스럽네	雨入遼河此夜愁
성가퀴에 서리 찬데 호탁[179]을 엄히 하니	百雉霜寒嚴虎柝
오경의 구름 기운은 용추에 엄숙하네	五更雲氣肅龍湫
아기가 다행히 평봉의 만남[180] 만드니	牙旗幸作萍蓬會
외로운 꿈에서 함께 옥루[181]에 뵈러 가리	孤夢相隨覲玉樓

178 계료(薊醪)와 연계(燕罽) : 계(薊)에서 나는 막걸리와 연(燕)나라 땅에서 나는 담요를 말하는 것으로, 중국 접경 지역의 오랑캐 지역에서 생산되는 물품을 말하는 듯하다. 계는 북경시(北京市)와 하북성(河北省) 동북쪽 지역을 가리킨다. 전국 시대 연나라의 도성이 있던 지역으로, 중국으로 가는 관문 또는 중국의 수도인 북경을 가리키는 말로 흔히 쓰인다.

179 호탁(虎柝) : 군중(軍中)에서 야경을 돌 때 사용하는 딱따기인데 그 모양이 범과 비슷하기 때문에 이렇게 부른 것이다.

180 평봉(萍蓬)의 만남 : 객지에서의 만남을 뜻한다. 평봉은 물 위에 떠 있는 풀〔浮萍〕과 바람에 굴러다니는 쑥〔轉蓬〕이라는 뜻으로, 여기저기 떠돌아다녀 거처가 일정치 않은 신세를 비유하는 말로 쓰인다.

181 옥루(玉樓) : 신선이 산다는 전설상의 누대로, 여기서는 영조가 승하하여 올라가 있는 하늘나라를 말한다.

9월 그믐날 문례관 조이진 상진, 의주 부윤 이양백 의필 과 함께 구룡정에 오르다

九秋晦同問禮官趙爾眞 尙鎭 灣尹李亮伯 義弼 登九龍亭

왕사가 사람을 재촉해 감히 쉬지 못하니	王事催人未敢休
아기가 때맞추어 의주에 머무르네	牙旗相趁滯灣州
평생 흘릴 창오의 눈물[182]을 억지로 거두고	强收終歲蒼梧淚
잠시 명승의 단풍 드는 가을을 감상하네	暫賞名區黃葉秋
용기[183]로 인해 층층절벽은 늘 다채롭고	龍氣尋常層壁幻
골소[184]는 흐릿하게 한 봉우리에 떠 있네	鶻巢依約一峯浮
태평 시대의 군영은 원래 많이 한가로운 법	昇平幕府元多暇
기쁘게 즐길 줄만 알지 근심할 줄 모른다네	但解歡娛不解憂

182 창오(蒼梧)의 눈물 : 임금의 죽음을 슬퍼하며 흘리는 눈물을 뜻한다. 창오는 중국의 지명으로 구의(九疑)라고도 하는데, 순(舜) 임금이 남쪽으로 순행(巡行)하다가 창오산 밑에서 붕어하여 그곳에 장사 지냈다고 한다. 《史記 五帝本紀》

183 용기(龍氣) : 연못에서 피어나는 운무를 가리키는 것으로, 구룡정 아래에 구룡연이 있기 때문에 이렇게 표현한 것이다.

184 골소(鶻巢) : 송골매의 둥지라는 의미인데, 구룡정 근처에서 송골산(松鶻山)이 바라보이므로 중의적으로 표현한 것이다.

청나라 칙사가 연산관에서 비로 지체되고 있다고 하므로, 번민을 없애고자 읊다

聞淸勅阻雨連山關遣悶有吟

강에는 안개 기운이 끼었다 사라졌다 하는데	中江煙氣有無間
전령 갔던 창군이 초저녁에 돌아왔네	傳道槍軍薄暮還
무슨 일로 요동에 가을 물이 불어나	何事遼東秋水漲
부절 지닌 사신이 연산에서 지체하게 하나	行人持節滯連山

1년 정유년(1777) 8월 6일에 상이 경희궁에서 창덕궁으로 도로 옮기셨다. 천신이 당시에 예조 판서였는데, 상께서 효명전에 나아가 선대왕의 우주를 받들어 창경궁의 문정전으로 가도록 명하셨다. 도중에 눈물을 금할 길이 없어 삼가 절구 다섯 수를 지어 대략 궁검의 아픔[185]을 부쳐 본다

元年丁酉八月六日上自慶熙宮還御昌德宮賤臣時爲大宗伯上命詣孝明殿奉先大王虞主陪往昌慶之文政殿路中不勝抆涕謹以五絶略寓弓劍之痛

운향[186]의 소식은 아득도 하니	雲鄕消息一茫茫
인간 세상 어느 곳에서 어상을 받들까	何處人間捧御床
그나마 외로운 신하가 죽지 않아서	猶幸孤臣能不死
다시 선왕을 뵙는 듯 예를 주관하네	周旋如復見先王

185 궁검(弓劍)의 아픔 : 임금을 여읜 슬픔을 말한다. 옛날에 황제(黃帝)가 형산(荊山) 아래서 동정(銅鼎)을 다 주조하고 나서 용을 타고 하늘로 올라갔는데, 황제를 시종하던 여러 신하와 후궁들이 용의 수염을 잡고 늘어지자 용의 수염이 뽑히면서 황제의 활과 칼이 땅으로 떨어졌다. 결국 황제가 하늘로 올라가 버리자 백성들은 그 활과 칼을 안고서 울었다고 한다. 《史記 封禪書》

186 운향(雲鄕) : 신선이 사는 세상을 의미하는 백운향(白雲鄕)으로, 저세상을 가리킨다. 《장자(莊子)》 〈천지(天地)〉에 "저 흰 구름을 타고 제향에 이른다.〔乘彼白雲, 至於帝鄕.〕"라고 하였는데, 송(宋)나라 소식(蘇軾)이 한유(韓愈)를 위해 〈조주한문공묘비(潮州韓文公廟碑)〉를 지으면서 "공은 옛날 백운향에 용을 타고 노닐면서, 손으로 은하수 갈라 하늘 문장 나눠 가졌네.〔公昔騎龍白雲鄕, 手抉雲漢分天章.〕"라고 하였다. 《東坡全集 卷86》

두 번째 其二

빈 전각에 어슴푸레 저녁 어둠이 생겨나니 蒼蒼虛殿晩陰生
분주한 중관의 구레나룻이 밝아 보이네 趨走中官鬢雪明
적막함 속에 먼지만 신탑으로 내려앉으니 寂寂遊塵神榻下
중엄[187] 외판[188]을 누구를 위해 바칠까 中嚴外辦爲誰呈

세 번째 其三

새벽에 연로의 푸른 이끼를 쓰니 輦路平明掃碧苔
우모[189]는 옛날 그대로 두 줄로 펼쳐졌네 羽旄依舊兩行開
남은 백성들 울면서 난여의 길을 바라보며 遺民泣望鑾輿道
혹시 우리 임금님 다시 살아 오실까 하네 倘是吾王更起來

네 번째 其四

종묘 다리 앞 수양버들 늘어지니 宗廟橋前楊柳垂
그 아래로 금여[190]가 짐짓 더디게 지나네 金輿低過故遲遲

187 중엄(中嚴) : 임금의 거둥 때에 경계의 신호로 두 번째 울리는 북소리이다. 이엄(二嚴)이라고도 한다. 첫 번째 울리는 북소리를 초엄(初嚴), 세 번째 울리는 북소리를 삼엄(三嚴)이라 이른다.

188 외판(外辦) : 임금이 거둥하는 의식에서 바깥의 일이 빠짐없이 갖추어졌음을 이르는 말이다. 세자의 경우에는 외판을 외비(外備)라고 불렀다.

189 우모(羽旄) : 임금이 행차할 때 앞뒤에 세우는 깃발이다.

유명 간의 효심은 응당 차이가 없으리니[191] 幽明孝思應無間
아직도 생전에 부복[192]하실 때가 기억나네 尙憶當年俯伏時

다섯 번째 其五

출발할 때 아쉬운 듯 한낮의 해가 더딘데 淸蹕依依午景舒
온 성의 남녀노소가 상여를 부여잡네 滿城髫白擁神輿
하늘에서 보신다면 희비가 교차하시리니 白雲臨睨應悲喜
이들 모두가 생전에 길러 주시던 백성들이네 摠是當時赤子餘

190 금여(金輿) : 임금이 타는 수레로, 여기서는 상여를 가리킨다.

191 유명(幽明)……없으리니 : 영조가 조상을 그리는 마음은 살아서나 죽어서나 차이가 없다는 말이다. 상여가 종묘를 지나기 때문에 이렇게 표현한 것이다.

192 부복(俯伏) : 절할 때 몸을 구부리고 엎드리는 절차로, 영조가 종묘에서 제사를 지내던 모습을 표현한 말이다.

번암집

제13권

詩시

함인록[1] 상 含忍錄上

무술년(1778, 정조2) 3월 2일 아침에 상께서 대신과 승문원의 공사제조(公事提調 부제조)를 입시하라고 명하셨는데, 제조는 곧 천신(賤臣)이다. 동지사(冬至使) 선래(先來)[2]가 바야흐로 들어왔는데, 주문(奏文) 중의 어구가 온당치 못한 것이 있어 청(淸)나라 황제가 질책하는 말[3]이 있었다. 아마도 상께서 필시 어떻게 처리할지에 대해 하문하

1 함인록(含忍錄) : 1778년(정조2) 청(淸)나라 황제가 동지사(冬至使) 주문(奏文)의 구절을 문제 삼자, 번암은 이를 해명하기 위해 사은 겸 진주 정사(謝恩兼陳奏正使)로서 북경에 파견되었다. 3월 17일 출발하여 5월 15일 북경에 당도하였고, 임무를 마치고 6월 16일 귀국길에 올라 7월 2일 복명(復命)하였다. 이때 왕복하는 사이에 지은 시 236수를 날짜별로 묶은 것이 〈함인록〉이다. 상권(上卷)에는 한양을 출발하여 북경에 도착하여 머무는 기간 동안의 작품이, 하권(下卷)에는 북경을 출발하여 조선으로 돌아와 복명하기까지의 작품이 수록되어 있다. '함인(含忍)'이란 송(宋)나라가 금(金)과 굴욕적인 강화 조약을 맺었을 때 주희(朱熹)가 한 말로, "원통함을 머금고 애통함을 누른 채 어쩔 수 없이 때를 기다린다.〔含怨忍痛迫不得已〕"라는 뜻이다.《晦庵集 卷24 與陳侍郎書》

2 선래(先來) : 외국에 갔던 사신(使臣)이 돌아올 때 사행(使行)보다 앞서서 돌아오는 역관(譯官)인 선래통사(先來通事)를 가리킨다.

3 청(淸)나라……말 : 《정조실록》 2년 3월 3일 기사에 실린 예부(禮部)의 회자(回咨)에 "본부(本部)에서 자세히 보건대, 원주(原奏) 내용 중에 '저군(儲君)', '국왕 사위(國王嗣位)' 등의 어구(語句)가 있는데 격식에 맞지 않는 것이다. 대개 이런 어구는 귀국에서 자칭(自稱)할 적에는 상관없는 어구이지만, 위에 고하는 서술에 있어서는 예제(禮

실 것 같아 서둘러 대궐로 들어갔다.

입시했을 때 상께서 이르기를 "내가 새로 즉위하였는데, 저쪽의 일이 이와 같으니 사신을 파견하지 않을 수 없다. 상사(上使)는 적임자를 찾기 어려운데, 누가 적임자인가?" 하니, 대신들이 몇 명을 들어서 대답하였다. 상께서 묵묵히 있다가 천신을 돌아보며 이르기를 "내 생각에는 번거롭지만 경이 한번 가 주었으면 하는데, 어떻소?" 하였다. 신이 일어나 대답하기를 "신은 나라에 한목숨 바치기로 하였습니다. 국가에 일이 있는데 신이 어떻게 가지 않을 수 있겠습니까. 더구나 이 일은 본래 대단한 것이 아니라서, 단지 한번 다녀오는 정도에 불과하니, 어찌 감히 사양하겠습니까." 하였다. 대신들이 모두 말하기를 "중신(重臣)이 가기를 청하니, 국사가 이보다 큰 것이 있다고 하더라도 무슨 근심할 것이 있겠습니까." 하였다. 상이 이르기를 "속히 짐을 꾸리고 지체하지 말라." 하였다. 마침내 17일에 하직 인사를 하였는데, 상께서 인견(引見)하고 매우 정성스럽게 위로하셨다.

인하여 말씀하시기를 "경의 행차가 만약 선조(先朝) 때 있었더라면 선대왕께서 필시 시를 지어 총애하였을 것인데, 나는 양암(諒闇)[4] 중에 있어 시를 지을 수 없기 때문에 그저 이것으로써 전별시를 대신하노라." 하고, 이어서 어서(御書) 한 장을 내려 주셨다. 그 내용에 "규장각제학 채제공에게 주노라. 경은 서둘러 돌아와, 나에게 염려를 끼치지

制)에 어긋나는 것이다."라고 한 것을 가리킨다.

4 양암(諒闇) : 임금이 거상(居喪)할 때의 거처를 말하는데, 보통 제왕이 거상하는 것을 뜻하는 말로 쓰인다. 《예기(禮記)》 〈상복사제(喪服四制)〉에 "은(殷)나라 고종이 양암에서 3년 동안 말하지 않았다.〔高宗諒闇, 三年不言.〕"라는 《서경》의 말이 인용되어 있는데, 《서경》 〈무일(無逸)〉에는 양암(亮陰)으로 되어 있다.

말라.” 하였다. 신은 다 읽고 나서 감격의 눈물을 흘렸다. 이 행차는 왕복하는 데 모두 132일이 걸렸고, 연도에서 지은 것이 모두 236수이다. 〈함인록(含忍錄)〉이라고 명명하였으니, 대개 ‘원통함을 머금고 애통함을 누르며 어쩔 수 없이 때를 기다린다.〔含怨忍痛迫不得已〕’[5]라는 뜻이다. 후에 열람하는 자들은 반드시 여기에서 느낌이 있을 것이다.

5 원통함을……기다린다 : 송(宋)나라 주희(朱熹)의 〈여진시랑서(與陳侍郎書)〉라는 글에 나오는 말이다. 송나라는 휘종(徽宗)과 흠종(欽宗)이 금나라에 포로로 끌려가는 정강(靖康)의 변을 겪고 장강 남쪽으로 쫓겨 내려와 항주에서 겨우 명맥을 유지하고 있었으나 후임 고종(高宗)은 현실적 안일에만 급급하여 장준(張浚)이나 악비(岳飛) 등의 주전파를 내치고 진회(秦檜)의 건의를 받아들여 금나라와 굴욕적인 강화 조약을 맺었다. 이때 주희는 요로의 대신들에게 편지를 보내어 격렬한 논조로 화친의 불가함을 주장하였다. 《晦庵集 卷24》

3월 17일 정축. 맑음. 고양(高陽)에서 묵다

대궐에서 하직하다

辭陛

둥둥 울리는 북소리를 들으며	鼕鼕聽曉鼓
나는 듯이 대궐로 달려가네	蹌蹌赴金闕
군왕께서 인견을 해 주시어	君王賜引見
옥좌에서 붉은 해를 모셨네	黼座依紅日
말씀에는 정이 듬뿍 담겨 있어	天語藹含情
사랑하는 자식과 이별하듯 하네	似與愛子別
수레와 도보로 속히 돌아오라 하시고	車徒期遄返
우로 속에서 병이 나지 말라고 하시네	雨露戒無疾
친히 사언구를 내려 주시니	親授四言句
어필에 광채가 가득 서려 있네	寶墨光蟠鬱
인삼은 손가락보다 굵고	人蔘大於指
면지는 눈처럼 희네	綿紙白如雪
성심에서 우러나는 선물을	貺自聖心來
가지가지 늘어놓으셨네	種種羅以列
감읍하며 대궐 계단 내려오다가	感泣下玉墀
돌아보며 오래도록 나서지 못하네	眷言久未出
신의 몸은 신의 소유가 아니니	臣身臣不有

살든 죽든 한결같기를 맹서하네 生死誓一節
이번 행차는 서두르지 않으리니 此行其虛徐
임금의 일을 어찌 창졸간에 처리하랴 王事何倉卒
도성 대궐이 아련하게 시야에 담기니 城闕曖盈矚
사신의 수레가 이제 출발을 하네 軒蓋從此發
효명전[6]을 돌아보자니 回首孝明殿
분분하게 눈물이 피가 되네 紛紛淚成血

6 효명전(孝明殿) : 영조의 혼전(魂殿)으로, 경희궁(慶熙宮) 안에 있었다. 《增補文獻備考 卷60 禮考 魂殿》

홍제교에서 친우와 작별하다

弘濟橋別親友

장부가 사해에 뜻을 두니[7] 丈夫志四海
요계[8]가 지척에 보이네 遼薊視尺咫
친한 벗이 나를 전송하면서 親朋爲送我
오 리, 또 십 리를 따라오네 五里復十里
나귀도 타고 조랑말도 타면서 或驢或款段
고생 속에 정이 생겨나네 艱辛情在是
박주는 참으로 없는 것보다는 나으니 薄酒良勝無
마주하여 취한 채 일어나지 않네 相視醉不起
높고 높은 곡성의 굽이에는 嵯峨曲城曲
석양이 붉은 빛을 쏘아 대네 西日光射紫
네 마리 말이 자주 돌아보며 울어 대니 四牡屢顧鳴
만 리 길이 이로부터 시작이라네 萬里自玆始
임금께서는 몸조심하라고 말씀하시니 君言勤自護

7 사해(四海)에 뜻을 두니 : 천하를 경략하고자 하는 큰 뜻을 말한다. 옛날에 남아가 태어나면 뽕나무로 활을 만들고 쑥대로 화살을 만들어서 천지 사방에 활을 쏘아, 남아로 태어났으면 응당 사방을 돌아다닐 뜻을 품어야 함을 표상한 것에서 나왔다. 《禮記 內則》 여기서는 중국에 사신으로 가는 것을 가리킨다.

8 요계(遼薊) : 요지(遼地)와 계지(薊地)로, 지금의 요령(遼寧) 지방과 북경시(北京市) 하북성(河北省) 동북 지역을 이른다. 압록강 너머로부터 북경까지를 가리키는 말로 흔히 쓰인다.

충신으로 신명을 감동시켜야 하리	忠信感神明
나도 말하노니, 각각 무탈하여	我言各無恙
돌아올 때 다시 와서 마중해 주게	歸時復來迎

무인(3월 18일). 맑음. 파주(坡州)에서 묵다

파주의 오리동에 있는 외조부 증 판서 이공[9]의 묘소에 성묘하다. 올해는 공께서 세상을 떠나신 지 마침 1주갑이 되는 해라서, 감회가 일어 시를 읊다

澆奠坡州悟理洞外祖考贈判書李公墓今年距公捐館適周一甲感懷賦詩

어머니는 종신토록 효심이 지극하사	吾母終天孝
늘 무술년의 슬픔[10]을 말씀하셨네	恒言戊戌哀
한잔 술을 산소에 바치노니	澆莎一盞酒
금년에 마침 외손이 찾아왔다네	今歲外孫來

9 이공(李公) : 이만성(李萬成, 1661~1718)을 가리킨다. 본관은 연안(延安), 자는 정보(貞甫)이다. 1690년(숙종16) 식년시에 생원으로 합격하고, 병조 정랑, 임실 현감(任實縣監)을 지냈다.

10 무술년의 슬픔 : 아버지를 여읜 슬픔을 가리킨다. 외조부 이만성의 몰년이 무술년(1718, 숙종44)이므로, 이렇게 표현한 것이다.

기묘(3월 19일). 맑음. 송도(松都)에서 묵다

임진나루에서 박제가의 시에 차운하다

臨津渡次朴齊家韻

동풍이 나루터에 이니	東風起渡口
돛대 그림자가 흔들리네	檣影不成齊
따스한 조수는 꽃나무 너머로 통하고	潮暖通花外
외딴 정자는 회나무 서쪽으로 보이네	亭孤出檜西
행장에서 비수를 살펴보고	行裝看匕首
변방으로 말 걸음을 옮기네	邊塞入霜蹄
태평 시대를 즐겨서인가	遊戲昇平事
새로 쌓은 성이 어찌 저리 낮은가	新城何太低

경진(3월 20일). 맑음. 평산(平山)에서 묵다

청석동에서 서장관 심백수 염조 와 '청' 자 운을 뽑다
青石洞與書狀官沈伯修 念祖 得青字

유유하여라, 병정의 한[11]이여	悠悠丙丁恨
청석은 지금까지 푸르네	青石至今青
말로만 금탕[12]이 있다고 할 뿐	但道金湯在
관개[13]가 멈춘 적이 있었던고	何曾冠蓋停
무성한 숲에는 빼어난 빛이 가득하고	穹林多秀色
봄 시내에는 새로운 물소리 가득하네	春澗滿新聽
행인들은 노래하고 웃으며 지나가고	歌笑行人度
마을에는 밤에도 빗장을 걸지 않네	村閭夜不扃

11 병정(丙丁)의 한 : 병자호란과 정묘호란의 한을 가리킨다.

12 금탕(金湯) : 쇠로 만든 성과 펄펄 끓는 물을 부은 해자(垓子)라는 뜻의 금성탕지(金城湯池)의 준말로, 난공불락의 굳건한 요새지를 가리킨다.

13 관개(冠蓋) : 갓과 일산(日傘)을 말한다. 흔히 벼슬한 사람이나 사신을 가리키는 말로 쓰이는데, 여기서는 중국을 오가는 사신을 가리키는 말로 쓰였다.

신사(3월 21일). 맑음. 서흥(瑞興)에서 묵다

총수산

蔥秀

양 길 사이로 우는 냇물 한 굽이가 깊은데　挾道鳴泉一曲深
말 앞의 푸른 숲은 작은 운림일세　馬前蔥蒨小雲林
우스워라, 요새 속 땅을 점유한 덕에　嗤渠占地要津裏
과분하게 좋은 이름 얻어 오늘에 이르렀네　贏得嘉名遂至今

옛날에 중국 사신이 이곳을 지나다가 시내와 산의 모습이 중국의 총수산과 비슷하다고 하여 총수라는 이름을 지어 주었으므로, 언급한 것이다.

임오(3월 22일). 맑음. 황주(黃州)에서 묵다. 계미(3월 23일). 황주에 머물다

동선령
洞仙嶺

길 중간에 자리 잡고 솟았는데 盤結當中路
오르자면 하늘에 오르는 듯하네 躋攀擬上天
깊숙하기는 군사 만 명을 수용할 듯하고 穹深容萬甲
시망[14]은 천년토록 이어졌네 柴望鎭千年
병영의 막사가 소나무 아래에 있고 營幕松楠底
인가의 연기가 성가퀴 앞에 보이네 人煙睥睨前
산산이 도리어 지름길이 되니 蒜山還捷逕
방어는 어디를 우선하려는고 防禦欲何先

14 시망(柴望) : 시(柴)는 섶나무를 태워서 하늘에 제사하는 것이고, 망(望)은 나라 안의 산천에 제사하는 것이다. 여기서는 기우제 등 일반적인 제사를 가리킨다.

갑신(3월 24일). 맑음. 중화(中和)에서 묵다

생양관
生陽館

집 떠나 오백 리 길	離家五百里
봄풀에 말굽이 묻히네	春草馬蹄迷
우연히 떠나가는 기발을 만나	偶逢騎撥去
관서에 도착한 걸 편지로 전했네	書報到關西

을유(3월 25일). 아침에는 맑고 밤에는 비가 옴. 평양(平壤)에서 묵다

평양에 도착하니 온 성의 사녀가 마중을 나왔다

到平壤士女傾城出迎

단사호장이 줄을 이루는 바람에	壺漿簞食列成行
푸른 숲 십 리 동안 말 걸음이 지체되네	按轡青林十里長
우스워라, 아흔세 살 된 노파가	堪笑九十三老媼
수레 앞에서 헌수하며 덩실덩실 춤을 추네	車前獻壽步蹌蹌

구십의 십은 평성(平聲)으로 사용하였다.

병술(3월 26일). 비가 옴. 정해(3월 27일). 맑음. 평양(平壤)에 머물다

안사우
按使雨

관서 지방이 자못 가물었는데, 이날 밤에 마침 비가 오자 백성들이 길에서 환호하기를 "이는 채 안사(蔡按使)의 비이다."라고 하였다. 내가 듣고서 장난삼아 읊었다.

하늘의 비야 자연스레 내리는 것	天雨自然施
어찌 옛 감사[15]와 상관이 있으랴	何與舊監司
옛 감사는 재주 없고 덕마저 없어서	舊使無才又無德
백성들 저버린 것 실로 많아도 백성들이 모르네	負民實多民不知
연광정 위에 그림 같은 기둥에 기대니	練光亭上倚畫柱
새벽녘까지 빗줄기가 끊어지지 않네	淋浪不絕侵曉鼓
공공연히 비를 나의 공으로 돌리니	公然以雨歸之我
노부가 듣고서 식은땀이 비 오듯 하네	老夫聞之汗如雨
한탄하노니, 내 허명이 어찌 이뿐이랴	歎我虛名何止斯
문원과 주사의 벼슬 모두 절취[16]인 것을	文苑籌司皆竊吹

15 옛 감사(監司) : 번암이 1774년(영조50) 4월 평안도 관찰사를 지낸 적이 있으므로 이렇게 표현한 것이다.

16 절취(竊吹) : 실제 능력이 없이 자리를 차지하는 것을 가리키는 말이다. 제(齊)나

무자(3월 28일). 맑음. 순안(順安)에서 묵다

순안관에서 덕천 군수 오경삼[17]과 이별하다

順安館別德川宰吳景參

인간사 분분하여 그칠 날 없으니	人事紛無定
연래에 함께한 일 많지 않았네	年來少合幷
요행히 변방의 일로 인하여	幸因遼塞役
잠시 대동강에서 만날 수 있었지	暫得浿江迎
꽃 지는 물가에서 나란히 말을 탔고	竝馬汀花落
들판 비 자욱할 때 시를 평했네	評詩野雨冥
어찌 견디랴, 순안의 길에서	那堪順安路
석양 속에 또 이별하는 심정을	斜日又離情

라 선왕(宣王)이 피리 연주를 좋아하여 300명에게 함께 피리를 연주하게 하였는데, 남곽(南郭) 선생이라는 자가 실력을 속이고 그 속에 끼어 남들과 함께 녹을 받아먹었다. 그 후 선왕이 죽고 그 아들 민왕(湣王)이 한 사람씩 연주하도록 하자, 남곽 선생은 실력이 탄로 날까 두려워 도망하였다고 한다.《韓非子 內儲說上》

17 오경삼(吳景參) : 오대익(吳大益, 1729~?)으로, 본관은 동복(同福), 자는 경삼, 호는 운암(雲巖)이다. 오필운(吳弼運)의 아들로, 번암의 처남이다. 1753년(영조29) 식년시에서 생원으로 합격하였고, 1774년 증광 문과에, 1776년(정조 즉위년) 중시(重試)에 급제하였다. 덕천 군수, 좌부승지 등을 지냈고, 1776년에는 사은사의 서장관으로 청나라에 다녀왔다.

기축(3월 29일). 맑음. 안주(安州)에서 묵다. 경인(3월 30일). 안주에 머물다

백상루에 올라

登百祥樓

이제 양관의 술[18]에 취하고	且醉陽關酒
애오라지 살수의 배를 찾네	聊尋薩水舟
봄 석 달이 며칠 안 남았는데	三春餘幾日
백발은 다시 높은 누대에 오르네	白首更高樓
낙조에 날아가는 기러기는 지치고	落照征鴻倦
뜬구름에 가는 길이 시름겹네	浮雲去路愁
안위를 칠불에다 의지하였으니[19]	安危仗七佛
다시 신령한 계책을 낼 수 있었으랴	能復刱神謀

18 양관(陽關)의 술 : 친한 벗과 나누는 술을 말한다. 양관은 중국의 서쪽 변방인 돈황(敦煌)으로, 당(唐)나라 시인 왕유(王維)의 〈송원이사안서(送元二使安西)〉라는 시에 "위성의 아침 비가 가벼운 먼지를 씻으니, 객사의 버들은 푸른빛이 새롭구나. 권하노니, 그대여 한 잔 더 비우시게. 서쪽 양관 나선 뒤엔 친구가 없으리니.〔渭城朝雨浥輕塵, 客舍青青柳色新. 勸君更盡一杯酒, 西出陽關無故人.〕"라고 하였다. 《王右丞集箋注 卷14》

19 안위를 칠불(七佛)에다 의지하였으니 : 고려가 국가의 안위를 부처에 의지하였다는 뜻이다. 칠불은 평안남도 안주에 있는 절에 모신 7좌의 부처를 말한다. 전하는 말에 의하면 을지문덕이 수(隋)나라 양제(煬帝)의 대군을 살수에서 격멸할 때, 7명의 중이 옷을 입은 채로 강을 쉽게 건넘으로써 이를 본 수나라의 군사가 마구 뛰어들어 건너다가 모두 빠져 죽게 했기 때문에 절을 세우고 7좌의 부처를 모셨다고 한다.

4월 1일 신묘. 아침에는 맑고 저녁에는 비가 옴. 가산(嘉山)에서 묵다

대정강을 건너다

渡大定江

동풍이 비를 몰아 강가를 지나가니	東風吹雨過江干
삼월에도 어촌에는 물기운이 차네	三月漁村水氣寒
모래톱의 고각 소리 닻 풀기를 재촉하니	沙渚角聲催解纜
노을 속에 어디론가 장안을 바라보네	暮雲何處望長安

임진(4월 2일). 맑음. 정주(定州)에서 묵다

정주로 가는 도중에

定州路中

언덕에 이어진 푸른 송림이 멀리까지 우거지니	連岡松翠迥紛紛
큰 고을 도호부란 걸 겨우 분간할 수 있네	都護雄州稍可分
황폐한 정자엔 아직도 주 태사의 글씨[20]가 전하고	亭廢尙傳朱太史
높은 성은 이 장군이 쌓았다고 하네	城高云自李將軍
구름 끝에는 수려하게 뾰족한 봉우리 솟았고	雲端秀氣尖峯立
마을 속엔 글 읽는 소리가 집집마다 들리네	村裏經聲比屋聞
전에 이곳에서 수령을 지낸 적이 있어	爲是牙旌曾問俗
부질없이 노인들이 무리 지어 에워싸네	枉勞髫白擁成群

20 주 태사(朱太史)의 글씨 : 주 태사는 명(明)나라 사신 주지번(朱之蕃)을 가리킨다. 김창업(金昌業)의 《연행일기》 권1에 "옥류천(玉溜泉)을 구경하였는데, ……그 위에 '청천선탑(聽泉仙榻)'이라는 넉 자가 새겨져 있었고, 그 위에 '옥유영천(玉乳靈泉)'이라는 넉 자가 새겨져 있는데, 모두 그 옆에 주지번이 썼다고 새겨져 있었다."라고 하였다.

계사(4월 3일). 맑음. 선천(宣川)에서 묵다

의검정에서 홍 상서 군평[21]이 연경으로 사신 가며 현판에 건 작품에 느낌이 있어 차운하다

倚劍亭感次洪尙書君平使燕揭板之作

사신의 말굽 아래 꽃이 어지러이 날리는데	四牡蹄翻花亂侵
선주의 수양버들은 이미 녹음이 짙네	宣州楊柳已深深
방춘에 사신이 길을 떠나가는데	方春使者有行色
근래에 서쪽 나라엔 좋은 소식이 없네	近日西隣無好音
변방에서 누대에 오르면 감회에 쉬이 젖는 법	天際登樓元易感
석양에 젓대 소리 듣는 심정이 또 어떠랴	夕陽聞笛又何心
성남에서 그대를 전송하던 게 어제 같은데	城南送子還如昨
인사는 가련하게도 고금이 나뉘었네[22]	人事可憐成古今

21 홍 상서 군평(洪尙書君平) : 홍명한(洪名漢, 1724~1774)으로, 본관은 풍산(豊山), 자는 군평이다. 문음(門蔭)으로 입사(入仕)하여 의금부 도사로 재직 중 1754년(영조30) 증광 문과에 급제하여 부수찬에 특제(特除)되었으며, 경기 관찰사, 대사헌, 도승지 등을 지냈다. 《동국문헌비고》의 간행에 감인 당상(監印堂上)으로 참여하였다.

22 인사는……나뉘었네 : 홍명한이 이미 고인이 되었음을 가리킨다.

갑오(4월 4일). 맑음. 양책(良策)에서 묵다

양책관

良策館

막 핀 꽃이 이미 그 자체로 사랑스러운데 初花已可悅
물에 비친 모습은 더욱 기이하네 映水更添奇
한 기슭에 멀어졌다 가까워졌다 하니 一麓迤還近
세 못은 자태가 각양각색이네 三塘態各持
새는 낯이 익은 듯 나를 엿보고 鳥窺如識面
물고기는 시를 알아듣는 듯 뛰어오르네 魚出解聽詩
돌아가는 날 응당 다시 찾을 텐데도 歸日應相訪
인정은 잠깐의 이별을 애석해하네 人情暫惜離

을미(4월 5일). 맑음. 의주(義州)에서 묵다. 신축(4월 11일)까지 의주에서 머물다

용만에서의 잡영

龍灣雜詠

의주성 날씨는 몹시도 흐릿한데	灣城風日苦陰陰
사월에도 먼지 모래가 먼 봉우리에 가득하네	四月塵沙漲遠岑
늘그막에 또 요동 변방으로 수레를 모니	垂老又脂遼塞牽
근년에 탁지의 금을 완전히 소비했네	比年全瘦度支金
밀수꾼은 화이의 구분을 상관하지 않으니	潛商不管華夷限
어린 기생도 만주어와 한어를 분간할 줄 안다네	小妓能分滿漢音
외로운 나그네는 홀연 시국을 떠올리며	時事忽關孤客念
살구꽃 핀 뜰 가에서 한번 읊조리네	杏花庭畔一沈吟

두 번째 其二

노정은 삼분의 일도 못 마쳤는데	征路三分未一分
사신은 머리에 백설이 분분하네	行人鬢上雪紛紛
때로 핀 꽃이 외로운 웃음을 짓게 하고	有時花發供孤笑
정오인데도 하늘은 초저녁처럼 어둡네	亭午天迷似薄曛
봄 뒤의 사냥몰이 산불이 문으로 보이고	春後獵燒當戶見

보름 전날 순찰하는 소리가 강 너머에서 들리네　望前巡唱隔江聞
이 마음은 나라에 있으니 집안일을 물으랴　此心在國家何問
고향 산천이 저녁 구름에 막혀도 아랑곳 않네　遮莫鄕園礙暮雲

세 번째 其三

먼 변방의 기후가 서울과 다르니　窮邊氣候異京師
무단히 잠깐 사이에 추위와 더위가 바뀌네　寒燠無端造次移
오랑캐 땅이 겨우 강 하나로 나뉘니　胡地纔分江一帶
나그네 시름은 어쩌면 천 줄기 비와 같으리　客愁爭似雨千絲
외로운 성에서 적적하게 현등절을 맞는데　孤城寂寂懸燈節
성문이 닫힐 즈음 희미한 고각 소리 들리네　殘角嗚嗚閉戶時
어찌하면 사행을 잠시라도 지체하지 않아　那得星軺無暫滯
우리 성군께 심려를 끼쳐 드리지 않을 수 있을까　免敎貽我聖君思

박제가의 시에 차운하다

次朴齊家韻

의주성이 북방 들판에 펼쳐지니	灣府城臨朔野開
백두산 천 리를 큰 강이 감도네	白山千里大江廻
대궐에서 평안하단 소식을 전하러	玉樓高處平安報
삼 일 동안 먼지 날리며 파발마가 도착했네	三日紅塵撥騎來

4월 12일 임인. 맑음. 강을 건너 금석산(金石山)에서 묵다

압록강을 건너며. 부윤이 조장[23]을 설치하고, 강가로 전별하러 나왔다. 즉석에서 앞의 시에 차운하여 주다

渡鴨綠江府尹設祖帳出餞江頭卽席次前韻以贈

하늘에 닿을 듯 조장이 성 곁에 펼쳐지니　　連雲祖帳傍城開
사막의 거센 바람이 종일토록 휘감아 도네　　磧外長風盡日廻
신하는 동분서주하여 험지를 가리지 않으니　　臣子東西無險易
강물이 설산에서 오는 것을 웃으며 보네　　笑看江勢雪山來

23 조장(祖帳) : 먼 길 가는 사람을 전별하기 위해 교외의 길가에 설치하는 장막을 가리키는 것으로, 그런 술자리 자체를 가리키기도 한다.

구련성에서 잠시 쉬다가 저녁에 금석산으로 들어가니, 모두 5, 6십 리 길을 다닌 셈이다. 산천과 골짜기가 맑고 그윽한데, 간간이 아름다운 나무와 기이한 화초들로 인해 어느 곳도 초삽[24]의 아취나 무릉[25]의 그윽함이 없는 곳이 없었다. 애석하도다. 양국의 경계에 끼어 있어서 비워 두고 버려둔 것이 거의 몇백 년이 되었는지 모를 지경이다. 흔연히 마음에 들어 시를 지어 기록하다

少憩九連城暮抵金石山行凡五六十里山川洞壑明媚深邃緣以嘉木間之奇花無往非苕霅之趣武陵之幽惜哉其介於兩國之界空曠廢棄殆不知爲幾百年矣欣然愜心詩以記之

국경의 책목은 화친 속에 쇠락하고	封壃柵木老和親
백 리의 한전에는 부질없이 또 봄이 왔네	百里閑田空復春
무수한 숲의 꽃은 누가 주인인고	無數林花誰是主

24 초삽(苕霅) : 중국 절강성(浙江省) 호주시(湖州市) 경내에 있는 초수(苕水)와 삽수(霅水)로, 흔히 은거하는 곳을 가리킨다. 당(唐)나라 때 안진경(顔眞卿)이 호주 자사(湖州刺史)가 되었을 때 은사(隱士)인 장지화(張志和)가 타고 다니는 배가 낡은 것을 보고 새것으로 바꿔 주겠다고 하자, 사양하며 말하기를 "나는 이 배를 물 위에 뜬 집으로 삼아 초수와 삽수 사이를 오가며 지내기를 바랄 뿐입니다."라고 하였다 한다. 《新唐書 隱逸列傳 張志和》

25 무릉(武陵) : 전설상의 낙원인 무릉도원(武陵桃源)을 가리킨다. 동진(東晉) 태원(太元) 연간에 무릉의 한 어부가 복사꽃이 떠내려오는 시내를 따라 거슬러 올라가다가 복사꽃 숲이 찬란한 선경을 만났는데, 그곳에는 진(秦)나라 때 난리를 피해 들어온 사람들이 살고 있었다는 내용이 진(晉)나라의 문인인 도잠(陶潛)의 〈도화원기(桃花源記)〉에 보인다. 《陶淵明集 卷6》

등한한 갈대 억새가 사람보다 기네　　等閑蘆荻長於人
망연히 발해가 개국했다는 소리를 듣고　　茫然渤海聞開國
홀로 선원에서 진나라를 피함[26]이 마땅하리　　可獨仙源合避秦
아름다운 곳에 수레 세우고 한창 즐기자니　　佳處駐車方領要
금석산에 달이 떠오르는지도 알지 못했네　　不知金石月昇輪

26 선원(仙源)에서 진(秦)나라를 피함 : 무릉도원(武陵桃源)의 고사이다. 400쪽 주25 참조.

금석산에서 묵다

宿金石山

평원이 손바닥처럼 고운 봉우리를 안은 곳에　　平郊如掌抱姸岑
해가 지기 전 서둘러 사신의 수레를 세우네　　催卸輶車趁夕陰
숲가에 친 장막에선 꽃이 눈에 들어오고　　帟幕依林花照眼
들을 에워싼 횃불 대열에 호랑이가 놀라네　　火城圍野虎驚心
사월에도 갖옷에는 변방의 서리가 때리고　　貂裘四月邊霜撲
삼경에도 금탁에는 사막 바람이 불어오네　　金柝三更磧氣侵
우리 땅이 우리의 소유가 되지 못하니　　吾土未能爲我有
검룡[27]이 부질없이 칼집 속에서 울고 있네　　匣中虛聽劍龍吟

27 검룡(劍龍) : 진(晉)나라 때의 명검 용천검(龍泉劍)을 말하는데, 여기서는 명검을 가리킨다.

계묘(4월 13일). 맑음. 책문(柵門) 밖에서 묵다

총수산
蔥秀

그윽한 꽃 가는 풀 유난히도 생기가 도는데	幽花細草別生顔
한나절 동안 낚시하며 푸른 물굽이를 내려다보네	半日垂綸俯碧灣
이곳의 산천, 너희를 유독 사랑해서가 아니라	不是山川偏愛爾
네 이름에서 고국의 산천을 보는 듯해서라네[28]	爾名如見故鄉山

28 네……듯해서라네 : 평안도의 총수산과 이름이 같기 때문에 이렇게 표현한 것이다.

책문에 이르니, 오랑캐가 장악할 생각으로 문을 매우 굳게 닫고 있었다. 역관을 보내어 타이르니, 날이 밝으면 열겠다고 핑계를 대었다. 부득이 책문 밖에서 노숙하였다
抵柵黠虜爲操縱計門閉甚牢遣譯舌曉之托以遲明當開不得已露宿柵外

오랑캐가 닫아건 책문은 높기도 하여 天驕扃柵鬱穹崇
중국 가는 일반 사행도 통과시키지 않네 不許尋常漢節通
우리가 번포의 버들 울[29]조차 타넘기를 부끄러워해서이지 吾俗恥踰樊圃柳
저희들 문이 무슨 복파의 구리 기둥[30]이나 되는 줄 아는가 爾門那比伏波銅
하늘 저 멀리 깃들러 가는 새를 전송하고 歸禽獨送靑冥外
개탄하는 중에 박주의 취기가 살짝 오르네 薄酒微醺感慨中
묻노라, 양웅의 천고의 사업[31]이 試問揚雄千古業

29 번포(樊圃)의 버들 울 : 《시경》 〈제풍(齊風) 동방미명(東方未明)〉에 "버들가지로 채소밭 울타리를 만들어 놓으면 미친 사람조차도 보고 놀란다.〔折柳樊圃, 狂夫瞿瞿.〕"라고 한 데서 온 말이다. 멀리 있어서 위급할 때 직접적으로 도움이 되지 않는 것보다는 부족하나마 가까이 있는 것이 더 믿을 만하다는 뜻으로 주로 쓰이는데, 여기서는 허술한 울타리를 의미한다.

30 복파(伏波)의 구리 기둥 : 적병을 몰아내고 국경을 표시하기 위해 세운 구리 기둥이다. 복파는 한(漢)나라의 명장인 마원(馬援)을 지칭하는 말로, 《후한서(後漢書)》 〈마원열전(馬援列傳)〉에 "마원이 교남(嶠南)을 모두 평정하고 교지(交阯)에 도착하여 구리 기둥을 세워 놓았는데, 한나라 맨 끝의 경계였다."라고 하였다.

31 양웅(揚雄)의 천고의 사업 : 훌륭한 저술을 남기는 것을 말한다. 한나라 때의 유학

어찌 일시적인 부개의 공[32]과 같겠느냐　　　爭如傅介片時功

자인 양웅이《태현경(太玄經)》을 지었을 때 사람들이 모두 그것을 비웃자, 양웅이 이르기를 "세상이 나를 믿어 주지 않아도 상관없다. 후세에 다시 양자운(揚子雲)이 있다면 반드시 이 책을 좋아할 것이다."라고 하였다고 한다.《五百家注昌黎文集 卷17 與馮宿論文書》

32 부개(傅介)의 공 : 한나라 소제(昭帝) 때 서역에 있는 누란(樓蘭)의 왕이 한나라에 복종하지 않고 대완국(大宛國)으로 가는 한나라의 사신을 자주 죽였는데, 부개자(傅介子)가 사신으로 가서 누란의 왕을 죽여 기공(奇功)을 세웠다.《漢書 傅介子傳》

갑진(4월 14일). 맑음. 봉황성(鳳凰城)에서 묵다

안시성

安市城

삼면에 위태로운 봉우리 창칼처럼 높고	三面危峯劍矟高
한 곳 언덕만 겨우 남쪽 언덕을 향해 트였네	一堆纔缺向南皐
관방의 지세는 원래 기이하고 웅장하니	關防地利元奇壯
신무한 천간조차 피해서 도망쳤지[33]	神武天汗尙遁逃
당시의 위명이 해내를 놀라게 하였는데	當日威聲驚海內
지금의 행색은 우리들을 부끄럽게 하네	秖今行色愧吾曹
강화도나 남한산성이 끝내 무슨 도움이 되랴	沁都南漢終何賴
공연히 이 백성들 성 쌓는 고생만 시켰다네	空費斯民杵築勞

33 신무(神武)한……도망쳤지 : 천간(天汗)은 중국의 황제를 가리키는 말로, 당(唐)나라 태종(太宗)이 고구려를 정벌하러 출전하였다가 안시성에서 뜻을 이루지 못하고 돌아간 것을 가리킨다.

봉황성

鳳凰城

하늘과 같은 사마의 길이요	如天駟馬路
땅에서 솟은 봉황의 뫼로다	拔地鳳凰巒
변방의 군진인데도 오히려 번화하고	塞鎭猶繁麗
상인의 누대 또한 넓기도 하네	商樓亦敞寬
기이한 향기는 벽돌을 에워싼 꽃 때문이요	異香花擁甓
방향[34]은 달이 난간에 비치어서네	方響月臨欄
박씨 아들의 글씨는 묘하기도 하니	朴子書能妙
벽 위에 남겨 두어 구경하게 해야 하리	留應壁上觀

오랑캐 상인이 박생(朴生)의 글씨를 청하였으므로 이렇게 말한 것이다.

34 방향(方響) : 타악기의 일종이다. 금속 악기로 철향(鐵響)이라고도 하며, 중국 양(梁)나라 때 만들어졌고 우리나라에서는 고려 문종 때부터 연주되었다.

술집

酒家

호리병에서 찬란하게 빛이 나니	葫蘆甁子爛生華
은니를 입혔어도 사치스럽게 보이지 않네	塗用銀泥不厭奢
처마 끝에 매달아 멀리서 보면 그림과 같아	懸着簷端遙似畫
사람들에게 이곳이 술 파는 집임을 알게 하네	教人知是賣醪家

을사(4월 15일). 맑음. 송참(松站)에서 묵다

송참
松站

가느다란 마고령 길 구불구불 나 있어서	麻姑嶺路細逶迤
수레가 한나절이나 걸려 협곡을 내려갔네	半日征車下峽遲
멀리 눈처럼 흰 객점 모습이 기쁘니	遙喜店容明似雪
배꽃이 온 마을을 기이하게도 꾸몄네	梨花粧點一村奇

병오(4월 16일). 맑음. 통원보(通遠堡)에서 묵다

송참을 출발하여 정오에 팔도하에서 말을 먹이니, 마을 사람들이 모여서 구경하였다. 그중에 한 아이가 있는데, 눈썹과 눈동자가 자못 맑았다. 앞으로 나오게 하여 글을 읽을 줄 아느냐고 물었더니, 막 《시경》을 읽고 있다고 대답하였다. 책을 가지고 오게 해서 읽어 보라고 명하였더니, 아이가 책을 펼쳐 〈간혜〉 장을 읽었다. 마침내 감회가 있어서 쓰다. 아이의 성은 증이고, 열네 살이라고 하였다

發松站午秣八渡河里人聚觀中有一兒眉眸頗清瑩使之前問能解讀書否對以方讀詩經使持冊來命讀之兒展卷讀簡兮章遂感以書之兒姓曾年十四云

사랑스러워라, 변방의 열네 살 아이여	愛爾邊荒十四兒
경전을 가지고 읽을 줄 아는구나	能於經卷事唔咿
사신은 무단히 한 줌 눈물을	無端一掬行人淚
진령 피미 시[35]에서 다 쏟았네	洒盡榛苓彼美詩

35 진령 피미(榛苓彼美) 시 : '진령'은 개암나무와 감초이고 '피미'는 서주(西周)의 훌륭한 왕을 지칭하는 것으로, 임금을 그리워하는 내용의 시이다. 《詩經集傳 邶風 簡兮》

도중에
路中

석양 아래서 천천히 유거[36]를 굴리며	輶車徐輾帶斜陽
오래도록 사월의 평원을 바라보네	四月平蕪送目長
압록강 서쪽으로 삼백 리를 가는 동안	鴨水向西三百里
배꽃이 길을 덮고 버들까지 늘어졌네	梨花擁路又垂楊

36 유거(輶車) : 사신이 타고 다니는 수레이다.

밤비 내리는 통원보에서

通遠堡夜雨

발을 내린 문에는 촛불 그림자 깊은데	簾子垂門燭影深
그림병풍 둘러치고 편안한 이불을 펴 놓았네	畫屛迴處穩鋪衾
사신이 선뜻 빌려 밤새도록 자면서	行人好借終宵寐
뜰 앞 온 숲의 세찬 비는 아랑곳하지 않네	不管庭前雨滿林

정미(4월 17일). 맑음. 연산관(連山關)에서 묵다

소문을 기록하다
記聞

산더미 같던 보화는 푸른 바다가 고갈되듯	丘山貨寶竭滄瀛
관가로 들어가 군대 양성에 다 쓰였네	輸入官家盡養兵
천하 사람들 득남 말고 달리 바라는 것 없으니	天下生男無別願
저 갑군에 이름이 소속되길 바라네	願他身隷甲軍名

두 번째 其二

산하를 통일한 지 이미 백 년이 지났으니	一統山河已百年
한인은 괴로워하고 만주인은 편하게 여기네	漢人爲苦滿人便
어떻게 오대 만에 황제를 칭하는가	如何五世稱皇帝
운세의 성쇠가 이리도 편중되는구나	進退榮枯有是偏

연산관에서 묵다

宿連山關

연산관 속의 나그네는	連山關裏客
분수령 앞의 마을에 있네	分水嶺前村
화각 소리가 관묘[37]에서 들려오는데	畫角依關廟
강한 바람이 계문[38]으로 들어오네	長風引薊門
먼지 모래가 음식 먹는 걸 방해하는데	塵沙妨飮食
맞이하고 전송하는 깃발이 교체하네	迎送遞旗旛
우스워라, 백발이 성성한 주제에	自笑星星鬢
사람을 만날 때면 말을 배워 보려 하네	逢人擬學言

봉황성(鳳凰城)의 장수가 호송하여 분수령까지 왔다가 돌아갔다. 분수령 아래에서부터는 요동위(遼東衛)에서 갑군(甲軍)을 파견하여 호송하였다. 그래서 편 안에서 언급하였다.

37 관묘(關廟) : 관우를 모시는 사당이다.

38 계문(薊門) : 연경(燕京)의 덕승문(德勝門) 서북쪽에 있는데 이곳 숲의 경치가 뛰어나 이른바 계문연수(薊門煙樹)를 연경팔경(燕京八景)의 하나로 꼽는다.

무신(4월 18일). 맑음. 낭자산(狼子山)에서 묵다

회령령에서 수레를 버리고 말을 탔다

會寧嶺捨軒而馬

한바탕 웃고는 말 등에 덮개를 덮고서	一笑襜帷屛
날아올라 곧 안장에 걸터앉았네	飛騰卽據鞍
중한 관문이 지척처럼 가까운데	重關如咫尺
머나먼 길에서 어려움에 빠졌네	長路失艱難
산꼭대기 바위에는 빙설이 장한데	氷雪他山壯
하계에는 안개 속 꽃이 만발하네	煙花下界闌
숲의 새는 빙빙 날 뿐 내려앉지 않으니	林禽翔不集
한나라의 의관이 생소해서이리라	生眼漢衣冠

관묘행

關廟行

회령의 숲에 산의 해가 비치는데	會寧林木山日照
사월 십팔일에 관묘를 열었네	四月十八開關廟
관제가 이날 세상으로 내려온다고 하여	關帝云以是日降
이웃 마을에서는 기도하며 관제를 불러 대네	隣里祈禱相呼召
가벼운 유벽거[39]가 어린 풀을 짓이기는데	油壁輕車碾細草
젊은 아낙들은 저마다 요란하게 치장했네	少婦箇箇明粧耀
머리를 말아 올려 다리처럼 상투를 틀고	斂上雲髮髻成梁
머리 묶은 검은 비단을 묘하게도 꼬았네	烏緞束首縈廻妙
줄마다 오색의 구슬이 연결되어 달려 있고	行行點綴五色珠
머리에 꽂은 정교한 장식은 진짜 꽃과 닮았네	巧挿鬟花花相肖
붉은 연지 흰 분 발라 교태를 뽐내는데	臙紅粉白嬌相矜
담배 연기를 한 모금씩 빠는 건 노소가 따로 없네	細吸煙茶無老少
기자 나라 사신 행차에 놀라서	驚見箕邦使車至
좌우에서 둘러싸고 다투어 살펴보네	環擁左右競瞻眺
저 소녀는 응당 미혼인 걸 알겠거니	少女應知未嫁人
웃지 않고 말없이 머리 숙여 훔쳐볼 뿐이네	低頭偸視不言笑
고운 걸음 사뿐사뿐 사당 문으로 들어가	蓮步盈盈入廟門

39 유벽거(油壁車) : 옛날에 부녀자들이 타던 유벽향거(油壁香車)의 약칭인데, 수레의 휘장에 기름을 칠해서 꾸몄기 때문에 이렇게 일컬었다고 한다.

관제 앞에 네 번 절하고 좋은 향을 태우네　帝前四拜名香燒
중얼중얼 말 많아도 알아듣진 못하지만　喃喃語多聞不知
분명히 액을 막고 복을 기원하는 것이리라　的是災禳仍福要
오랑캐 풍속은 본래 예법이 없었는데　胡俗本自無禮防
더구나 이 땅은 변방임에랴　況乃此地是邊徼
수레 속에서 느긋하게 계명장[40]을 외우자니　車中緩誦鷄鳴章
어디선가 봄 못의 오리, 기러기가 울어 대네　何處春塘鳧雁叫

40 계명장(鷄鳴章) : 《시경》 〈제풍(齊風)〉의 편명으로, 왕비가 임금이 정사에 부지런하도록 내조하는 것을 말한다. 《모시(毛詩)》에서는 제(齊)나라 애공(哀公)이 황음(荒淫)하자 현비(賢妃)가 새벽에 닭이 울고 동녘이 밝았으니 정청(政廳)에 나아가라고 권고하는 내용이라고 하였다. 여기서는 젊은 여인들이 부덕을 갖추었다고 보아 이 시를 읊은 것이다.

청석령

青石嶺

삼한의 사신이 그리 많이 지나갔건만	三韓使轍幾經過
높고 높은 청석은 아직도 닳지 않았네	青石嵯峨尙不磨
장맛비와 찬 바람은 언제나 다할런고	陰雨寒風何日盡
백 년토록 처량하게 효종의 노래[41]를 부르네	百年凄咽孝宗歌

41 효종(孝宗)의 노래 : 효종이 봉림대군(鳳林大君) 시절이던 정축년(1637, 인조15) 2월 청(淸)나라 심양(瀋陽)에 볼모로 잡혀갈 때 청석령을 지나면서 지은 시조를 가리킨다. 가사는 "청석령 지나왔나 초하구 어드메오. 호풍은 차갑고 차가운데 궂은비는 무슨 일인가. 누가 내 행색 그려 내어 금전에 계신 임금님께 올릴까.〔青石嶺已過兮, 草河溝何處兮? 胡風凄復冷兮, 陰雨亦何事? 誰盡其形象, 獻之金殿裏?〕"이다.

낭자산
狼子山

낭하는 밤낮으로 흘러가니 狼河流日夕
아득한 나그넷길 언제나 끝이 날까 客路渺何窮
들판 모양이 저처럼 둥근데 野勢圓如許
인가의 연기가 이곳에서 성하네 人煙盛此中
깊은 쟁기질은 지세 때문에 힘들어 轍深妨地脈
작은 나귀로 농사꾼을 대신하네 驢小替農工
관제는 참으로 사나이라서 關帝誠男子
마을마다 똑같이 제사를 모시네 村村祭祀同

기유(4월 19일). 맑음. 신요동(新遼東)에서 묵다

냉정에서 본 것을 기록하다
冷井記見

닭둥우리 모양을 허공에 걸고	鷄窠樣子掛空虛
새 병아리 담아 빠르고 느리게 보내네	盛得新雛送疾徐
묘법이 어찌 곡을 그치게 하기만 하랴	妙法豈徒能止哭
날랜 것은 오로지 어릴 적 가르침에 달렸네	驍騰專是敎兒初

구요동의 백탑에서

舊遼東白塔

탑의 형세는 어디에서 솟은 것인가	塔勢從何湧
십 리 밖에서도 우뚝하게 보이네	十里見突兀
지축이 참으로 힘이 있어	地軸儘有力
이 탑을 싣고도 세월을 견뎠네	載此安歲月
아스라한 저 하늘 속으로	茫然一氣外
조금의 굴곡 없이 곧게 솟았네	直起無暫屈
층마다 각각 처마를 둘렀고	層層各回簷
풍경이 빽빽하게 마주하였네	金鐸森相向
팔면에 정교하게 그림을 새겼으니	八面巧刻畫
천억이나 되는 여래상이라네	千億如來像
성난 독수리가 날아올라 보지만	怒鵰翻身起
반쯤 가서도 여전히 다 못 올랐네	及半還仰望
울지[42]가 이곳을 처음 만들어	尉遲能肇此
웅장하게 넓은 요동 벌판을 누르고 섰네	雄鎭遼野曠
명나라 말기에 해체하여 중수를 하니	明季解重修

42 울지(尉遲) : 처음 백탑을 건축했다고 전해지는 울지공(尉遲恭)을 가리킨다. 당(唐)나라 선양(善陽) 사람으로, 자는 경덕(敬德)이다. 수(隋)나라 말에 당나라에 귀화하였고, 진왕(秦王) 때 등용되어 우부참군(右府參軍)으로 큰 공을 세웠으며, 고구려를 침략한 적이 있다. 시호는 충무(忠武)이다.

원수[43]가 자못 힘을 쏟았다네　袁帥頗力量
물건이 오래되면 반드시 신령함이 있으니　物久必有神
마음이 슬퍼지지 않을 수 있으랴　能不意悽愴
주나라의 아홉 개 솥처럼　不及周九鼎
날아가 사수에 장사 지낼 일은 없으리[44]　飛向泗水葬

43 원수(袁帥) : 명나라 말기의 장수인 원숭환(袁崇煥)을 가리키는 듯하다.

44 주(周)나라의……없으리 : 진(秦)나라 소양왕(昭襄王) 52년에 서주(西周)를 공격하여 보물인 아홉 개의 솥을 탈취하였는데, 하나는 도중에 사수(泗水)에 빠져 버렸다고 한다. 그 뒤에 진 시황(秦始皇)이 사수의 주정(周鼎)을 꺼내려고 1000인을 동원해서 물속을 샅샅이 뒤졌으나 끝내 찾지 못하였다고 한다. 《史記 秦始皇本紀, 封禪書》

태자하
太子河

어느 나라인들 망하지 않을 수 있으며	何國能不亡
누구인들 죽지 않을 수 있으랴	何人能不死
한번 망하는 건 본래 한스럽지 않지만	一亡固非恨
한번 죽는 것도 수치는 아니라네	一死亦非恥
사람들은 연단(燕丹)[45]이 화를 재촉했다지만	人言丹促禍
나는 연단의 쾌거라고 말하네	我道丹快事
금호[46]가 천하에 포효하니	金虎哮九州
아방궁을 감히 노려볼 수 있으랴	阿房敢仰視
그런데 태자가 용기 있게 결단하여	太子儘勇決
형경[47]의 비수를 꾸려서 보냈네	裝送荊卿匕
함양이 한바탕 크게 소란해지니	咸陽一大鬧

45 연단(燕丹) : 전국 시대 연(燕)나라의 태자인 단(丹)을 가리킨다. 단은 진(秦)나라에 볼모로 잡혀가 예우를 받지 못하고 고초를 겪다가 간신히 연나라로 돌아왔는데, 복수를 하기 위해 몰래 자객 형가(荊軻)를 보내서 진나라 시황(始皇)을 척살(刺殺)하려다가 실패하였다. 《史記 燕召公世家》

46 금호(金虎) : 진(秦)나라를 가리키는 말이다. 장형(張衡)의 〈동경부(東京賦)〉에 "궁린에서 시작하여 금호에서 끝났다.〔始於宮隣, 卒於金虎.〕"라고 하였는데, 오신(五臣)의 주에 "금호는 진나라를 비유한 것이다."라고 하였다.

47 형경(荊卿) : 전국 시대 위(衛)나라의 자객 형가를 가리킨다. 위나라에서는 경경(慶卿), 연나라에서는 형경(荊卿)이라 불렀다. 《史記 刺客列傳 荊軻》

이 일이 그런대로 마음을 달래 주었네 此事差强意
호미 자루와 창 자루[48]가 鋤耰與棘矜
모두 이 사건을 본받은 것이네 祖述皆在此
한나라 황제가 대대적으로 공로를 포상할 때 漢帝大封功
태자에게는 휼전이 누락되었네 恤典漏太子
긴 강이 지금까지 흐르니 長河至今流
슬픈 바람이 끊임없이 불어오네 悲風來不已
캐고 캐서 제수(祭需)로 바치고자 하나 采采欲有薦
이 뜻을 다시 누가 헤아려 줄까 此意更誰揣

48 호미……자루 : 진나라 시황이 천하를 통일한 뒤에 반란을 없애기 위해 천하의 무기를 녹여서 종을 매다는 틀을 만들기까지 하였지만, 이세 황제(二世皇帝) 초기에 진승(陳勝), 오광(吳廣)이 수자리 살러 가던 평민들을 수합하여 진나라에 항거하여 군대를 일으켰는데, 그를 두고 한(漢)나라의 문장가 가의(賈誼)가 〈과진론(過秦論)〉에서 "진승의 호미 자루, 창 자루가 산동 구국(山東九國)의 갈고리 창과 긴 창보다 예리한 것은 아니었다."라고 하였다. 이후로 정규 군대가 아니라 제대로 된 무기가 없는 평민들로 구성된 군대를 상징하는 말로 쓰였다.

신요동에서 묵다. 밤에 앉아 감회를 읊으면서 태자 단을 위로하다

宿新遼東夜坐感吟慰太子丹

연단의 천고의 슬픔을 말하지 말라	莫道燕丹千古悲
아버지가 자식을 죽이게 하니 한한들 무엇 하랴[49]	父教兒殺恨何爲
함양에도 영가의 자식이 있었으니	咸陽也有嬴家子
창졸간에 이궁[50]에서 누구 탓에 죽었던가	倉卒夷宮死爲誰

49 아버지가……하랴 : 연나라 태자 단이 시황을 살해하려던 모의가 실패하였다. 노한 시황이 연나라를 멸망시키기 위해 군대를 파견하자, 연나라 임금 희(喜)가 화를 피하려고 태자를 죽여 그 머리를 시황에게 바쳤던 일을 가리킨다.

50 이궁(夷宮) : 중국 섬서성(陝西省) 경양현(涇陽縣)에 있는 망이궁(望夷宮)을 가리킨다. 진(秦)나라 이세 황제(二世皇帝)인 호해(胡亥)가 거처하던 궁궐인데, 당시 실권자인 조고(趙高)가 사위 염락(閻樂)을 시켜 황제를 핍박하여 자살하게 만들었다. 《史記 秦始皇本紀》

경술(4월 20일). 맑음. 십리보(十里堡)에서 묵다

요동 들판의 안개 속 나무

遼野煙樹

요동 들판의 안개는 많이도 황홀하니	遼煙多怳惚
계문 때문에 그런 것만은 아니라네	非獨薊門然
녹은 수은이 멀리 바다를 이루고[51]	鎔汞遙成海
둥근 주발이 위로 하늘을 덮었네	團盂上覆天
미약한 이 몸은 어디에 매려는가	身微欲何繫
작은 수레가 참으로 가련하네	軒小絶堪憐
눈으로 본 일들 형언하기 어려우니	目擊言難狀
돌아가 박물편에 더해야겠네	歸增博物編

51 녹은……이루고 : 수은을 녹인 듯이 은빛이 가득한 것을 가리킨다.

회포를 쓰다

書懷

백발이 되도록 기자의 나라 안에서만 살다가	箕邦生長鬢成斑
한번 사신 길 올라 비로소 얼굴을 환히 펴네	一上星軺始展顏
몸은 서남노소의 국면[52]을 벗어났고	身脫西南老少局
명칭은 이예호병[53]의 반열을 초월했네	名超吏禮戶兵班
변방 길이 사람을 늙게 만든다 말하지 말라	莫言關路令人老
이제야 내 삶이 바야흐로 한가로운 걸	方是吾生到此閑
다만 임금을 그리는 충심 때문에	惟有戀君方寸赤
협양문[54] 안으로 돌아가는 꿈이 잦네	協陽門內夢頻還

52 서남노소(西南老少)의 국면 : 조선 후기 고질적인 당파의 대치 국면을 말한다. 서남노소는 각각 서인, 남인, 노론, 소론을 가리킨다.

53 이예호병(吏禮戶兵) : 이조, 예조, 호조, 병조를 말한다.

54 협양문(協陽門) : 창덕궁 희정당(熙政堂) 앞의 문으로, 여기서는 임금이 있는 대궐을 가리킨다.

십리보에서 밤에 앉아

十里堡夜坐

요동 들판이 사물 중에 가장 크니	遼野物最大
하늘 밖으로 더 이상 산이 없네	天外更無山
자그마한 이 십리보가	藐玆十里堡
검은 점처럼 그 속에 들어 있네	黑子居其間
내 신세는 더욱 우스우니	吾身又堪笑
시골 구들장이나 지지고 있네	寄在村炕中
어떠한가, 푸른 바다 가운데에	何如滄海腹
깃든 한 외딴 배에 비해서	棲息一孤篷
묵묵히 앉아 사방을 보니	默坐看四大
흔들흔들 의지할 데가 없네	搖搖靡所依
믿는 거라곤 사나이의 흉금이니	所賴丈夫胸
그 크기는 잴 수가 없다네	其大不可圍

신해(4월 21일). 맑음. 심양(瀋陽)에서 묵다

성경행
盛京行

그대는 보지 못하였는가, 요동의 큰 들판이 천 리나 공활한 걸 君不見遼東大野千里空
봉천부가 그 사이에 자리하고 있다네 奉天之府據其中
여진은 뜻을 이뤄 천하의 으뜸이 되니 女眞得志雄天下
교묘한 토끼의 세 굴은 서로 통하네 狡冤三窟交相通
성곽의 둘레는 혼하가 둘렀는데 城郭周遭控混河
은산의 철벽은 어찌 그리 우뚝한가 銀山鐵壁何穹窿
비늘같이 얹힌 누런 기와 사이로 푸른 기와가 보이는데 黃瓦鱗鱗間碧瓦
중천의 붉은 해는 행궁을 비추네 中天赫日照行宮
홀로 선 패루의 네거리에는 別起牌樓十字街
가게들이 동서로 나뉘어 늘어서 있네 列肆濟濟分西東
금칠한 상호 현판이 높이 걸렸고 高揭標號金作榜
비단과 주옥이 영롱하게 쌓였네 錦繡珠玉堆玲瓏
천지의 덕분으로 온갖 재화가 생산되니 天覆地載生萬貨
황홀하게 밤낮으로 무지개가 가득하네 光怪晝夜霏彩虹
오부의 아문도 그에 못지않으니 五部衙門鬱相當

심양의 장군 관부가 가장 웅장하네　瀋陽將軍官最雄
한 길로 동쪽 영탑과 접하니　一路東走接靈塔
수레로 나른 백금이 화숭[55]과 나란하네　車輪白金齊華嵩
때로 황제가 능에 배알하러 오는데　有時皇帝謁陵至
날랜 기병들이 호랑이나 곰처럼 용맹하네　飛騰萬騎爭虎熊
만국의 사신이 문안하러 올 때　萬國使者問安來
옥을 잡고 똑같이 절도 있게 걸어가네　蹌蹌執玉趨走同
부성의 북쪽 한 줌 흙[56]이 있으니　府城之北一抔土
칸추의 지력이 여기에서 다했네　汗酋智力於斯窮
네 죄가 얼마인지 물을 수 없으니　爾罪幾何問不得
슬픈 노래 부르며 해 지는 하늘을 바라보네　悲歌落日望蒼穹

55 화숭(華嵩) : 중국의 화산(華山)과 숭산(嵩山)을 가리키는 것으로, 웅대한 것을 비유하는 말로 쓰였다.

56 한 줌 흙 : 능묘(陵墓)를 가리키는 말이다. 한(漢)나라 문제(文帝)가 고조(高祖)의 묘(廟)에서 옥환(玉環)을 도둑질한 자를 멸족(滅族)하는 중형에 처하려고 하자, 정위(廷尉) 장석지(張釋之)가 그보다 가벼운 기시(棄市)로 판결하면서 말하기를 "만약 어리석은 백성이 고조의 능인 장릉(長陵)의 흙 한 줌을 가져간다면 폐하께서는 무엇으로 그 죄를 더하겠습니까."라고 한 데서 나왔다.《史記 張釋之列傳》여기서는 청나라 태조 누르하치의 능인 복릉(福陵)을 가리킨다.

심양에서의 감회

潘陽感懷

후대에 유신의 가사[57]와 같은 심정이니	異代同心庾信詞
세상에서 초수의 슬픔[58]이 한량이 있으랴	人間何限楚囚悲
심양성 안의 마음 아프게 하는 달빛은	瀋陽城裏傷神月
호옹[59]이 통곡할 때도 비추어 주었으리	曾照湖翁痛哭時

57 유신(庾信)의 가사 : 북주(北周)의 문인 유신이 지은 〈애강남부(哀江南賦)〉를 가리킨다. 남조(南朝) 양(梁)나라에서 벼슬하던 유신은 서위(西魏)에 사신으로 갔다가 억류되었고, 훗날 북주가 서위를 대체해 개국하자 그대로 눌러 있으면서 높은 벼슬에 올랐다. 그러나 마음속으로는 항상 자신의 고향이 있는 강남을 그리워하였으므로, 이 부(賦)를 지어 마음을 달랬다.《周書 庾信列傳》 훗날 고향을 그리는 시를 일컫는 말로 많이 인용되었다.

58 초수(楚囚)의 슬픔 : 나라를 잃고 다른 나라에 포로로 잡혀 있는 사람의 슬픔을 가리킨다. 초수는 진(晉)나라에 포로로 잡혀가서 초나라의 관(冠)을 고집하고 초나라 음악을 연주하며 고향을 그리워했던 악관(樂官) 종의(鍾儀)의 고사에서 유래하였다.《春秋左氏傳 成公9年》 그 후 진(晉)나라가 강동(江東) 한구석으로 쫓겨났을 당시, 여러 명사(名士)가 휴일이면 이곳에 모여 술을 마셨는데, 하루는 주의(周顗)가 탄식하기를 "풍경은 다르지 않은데 눈을 들어 바라보니 산하(山河)가 다르다." 하니 모두가 눈물을 흘렸지만, 유독 왕도(王導)는 얼굴빛을 바꾸며, "함께 나랏일에 힘을 바쳐 신주(神州)를 회복해야 하는데, 어찌하여 초수처럼 울기만 하는가."라고 한 고사가 있다.《晉書 王導列傳》

59 호옹(湖翁) : 채유후(蔡裕後, 1599~1660)를 가리킨다. 본관은 평강(平康), 자는 백창(伯昌), 호는 호주(湖洲)이다. 17세에 생원이 되고, 1623년(인조1) 개시 문과(改試文科)에 장원 급제하였으며, 사가독서(賜暇讀書)를 하였다. 1636년 병자호란 때 집의(執義)로서 왕을 호종하면서 주화론(主和論)의 입장을 취하였다. 효종이 즉위한 뒤

백고조(伯高祖)인 호주 선생이 궁관(宮官)으로서 심양의 질관(質館)[60]에 배종하였는데, 일찍이 달밤에 취하여 〈애강남(哀江南)〉을 읊고, 이어서 방성통곡을 하였다. 오랑캐가 듣고서 크게 노하여 마침내 유배를 당하기에 이르렀다.

대제학으로서 《인조실록》, 《선조개수실록(宣祖改修實錄)》 편찬에 참여하였으며, 좌부빈객(左副賓客)을 거쳐 1660년(현종1) 이조 판서를 지냈다. 시호는 문혜(文惠)이다. 저서로 《호주집》이 전한다.

60 질관(質館) : 인질이 거처하는 관사라는 뜻으로, 병자호란 후 인질로 간 소현세자(昭顯世子), 봉림대군(鳳林大君) 등이 거처하던 심양관(瀋陽館)을 가리킨다.

임자(4월 22일). 맑음. 심양(瀋陽)에 머물다

조선관

朝鮮館

조선관에서 상심하노니　　傷心朝鮮館
덩굴풀이 무성하게 자라 있네　　蔓草生離離
말에서 내려 한 차례 배회하고　　下馬一徘徊
슬프게 노래하며 옛날을 추억하네　　悲歌憶往時

돌아가길 생각하는 공자[61]의 한을 말하지 말라　　莫道思歸公子恨
아름다운 기운이 은연중에 따를 줄 어찌 알았으랴[62]　　那知佳氣暗相隨
신룡은 날개가 있어 동쪽으로 날아가고　　神龍有翼東飛去
오직 상서로운 구름이 천고토록 드리우네　　惟有祥雲千古垂

효묘(孝廟)께서 대군(大君)으로서 일찍이 질관(質館)에 머물렀으므로, 편 안에서 이렇게 말한 것이다.

61 공자(公子) : 제후의 자제들을 칭하는 말인데, 여기서는 봉림대군을 가리킨다.

62 아름다운……알았으랴 : 훗날 왕이 될 줄을 몰랐다는 의미이다.

계축(4월 23일). 맑음. 심양(瀋陽)을 출발하여 변성(邊城)에서 묵다

실승사

實勝寺

사월의 정향나무 꽃이 가지에 만발한데　　四月丁香花滿枝
객이 와서 말없이 풍비[63]를 살펴보네　　客來無語看豐碑
알아야 하리, 바다 위에 가득한 달도　　須知海上盈盈月
차오르고 나면 곧 이지러지리라는 걸　　纔到圓時便已虧

절은 청나라 칸의 원당(願堂)이니, 칸은 지금의 건륭황제(乾隆皇帝)이다. '해월상휘(海月常輝)' 넉 자를 직접 써서 전각의 문미에 편액으로 걸었으므로, 편 안에서 이렇게 말한 것이다.

63 풍비(豐碑) : 공덕을 기리는 내용을 담은 큰 비석이다.

변성에서 풍속을 기록하다

邊城記俗

고조된 피리 소리 이웃에 울리는데	笙簫激越動比隣
비단 휘장 드리우고 잡희를 펼치네	錦帳垂垂雜戲陳
듣기로 동쪽 집 사람이 장사를 치른다는데	聞說東家人送葬
밤 되어 음악으로 신을 즐겁게 하는 건가	夜來張樂用娛神

갑인(4월 24일). 아침에 맑고 저물녘에 큰 바람이 붊. 주류하보(周流河堡)에서 묵다

아침에 변성을 출발하여 도중에 본 것을 기록하다
朝發邊城路中記所見

차가운 구름과 해가 서로 엉키어	滄滄雲日遞相銜
비가 아닌 구름 기운이 떠다니네	遊氣搖搖不是雺
멀리 바라보니 완전히 하늘이 길에 붙어 있고	遠望公然天貼路
어느 쪽에서는 홀연 나무가 돛처럼 보이네	何邊忽爾樹如帆
휴식하러 자리 까니 그늘이 버들에서 생기고	休身蘊藉陰生柳
수레를 타면 늘 먼지가 소매에 끼이네	走轂尋常塵涴衫
칸추가 참으로 대담함을 믿겠거니	方信汗酋眞大膽
도리어 평지에서 효함[64]에 대적했네	却將平地當殽函

64 효함(殽函) : 효산(殽山)과 함곡관(函谷關)의 병칭으로, 모두 옛날 진(秦)나라의 요해처로 유명한 곳이다.

주류하보에서 대풍을 만나다

周流河堡遇大風

천지에 전혀 막힌 것이 없으니	天地全無障
바람이 제멋대로 길게 불어오네	風頭恣意長
공중이 온통 모래로 가득하니	空中沙盡漲
그 위의 해가 희미해지네	其上日微黃
촌락은 꿈속에서처럼 캄캄하고	村落黯如夢
산천은 흐릿하여 방향을 모르겠네	山川迷失方
그러나 사신 일행은 임금의 일이 있으니	征車有王事
갈림길에서 감히 방황할 수 있으랴	岐路敢彷徨

을묘(4월 25일). 종일 큰 바람이 불어 30리를 가기가 어려웠다. 대황기보(大黃旗堡)에서 묵다

큰 바람이 어제에 비해 더욱 사나워 거마가 앞으로 나갈 수가 없었다. 잠시 신민둔[65]의 약방에서 쉬는데, 주인이 전지를 바치면서 매우 간절하게 시를 청하므로, 웃으며 써 주다

大風較昨益厲車馬不能前少憩新民屯藥肆主人奉進箋紙乞詩甚懇笑而書之

우연히 약방 곁에 수레를 멈추고	偶爾停車傍藥爐
의연히 여남의 호리병[66]으로 들어갔네	依然身入汝南壺
평생토록 병 많던 장도의 나그네는	百年多病長途客
가을바람이 불기도 전에 나을 듯하네	不待秋風已欲蘇

65 신민둔(新民屯) : 중국 요령성(遼寧省) 심양에 있는 신민둔진(新民屯鎭)을 가리킨다.

66 여남(汝南)의 호리병 : 후한(後漢) 때의 선인(仙人)인 호옹(壺翁)이 여남의 시장에서 약을 팔다가 장이 파하면 문득 사람들 모르게 병 속으로 들어가곤 했는데, 우연히 다락 위에서 보게 된 비장방(費長房)이 그를 따라 병 속으로 들어가 보니, 그 속에 별천지(別天地)가 펼쳐져 있었다는 고사가 있다.《後漢書 方術列傳 費長房》 여기서는 약방을 빗대 표현한 것이다.

큰 바람에 대황기보로 들어가 부사, 서장관과 더불어 길가의 불감[67]에서 기숙하였다. 밤에 긴 노래를 지어서 번민을 풀다

大風投大黃旗堡與副使書狀寄宿路傍佛龕夜草長歌遣悶

삼일 아침 동안 요동의 들판을 보고	三朝見遼野
삼일 저녁 동안 요동의 들판을 보네	三暮見遼野
요동 들판은 언제나 끝날 것인가	遼野何時盡
힘들도다, 삼한의 늙은 사신은	艱哉三韓老使者
천지의 구멍[68]이 이곳에서 크니	天地之竅此爲大
풍백이 노하는 권병을 잡았네	風伯吼怒權柄把
형세는 마치 거록 아래의 강한 초나라[69]가	勢如强楚鉅鹿下

67 불감(佛龕) : 부처를 모신 작은 암자를 가리킨다.

68 천지의 구멍 : 바람의 근원을 말한다. 《장자(莊子)》〈제물론(齊物論)〉에 남곽자기(南郭子綦)가 안성자유(顔成子游)에게 묻기를 "자네는 인뢰(人籟)는 들었더라도 지뢰는 못 들었을 것이요, 지뢰(地籟)는 들었더라도 천뢰(天籟)는 아직 못 들었을 것이다.……대저 대지가 기운을 불어내는 것을 바람이라 하는데, 이것이 일지 않으면 그만이지만 일었다 하면 오만 구멍이 성난 듯이 부르짖는데, 그대는 유독 그 윙윙대는 소리를 듣지 못하였는가?"라고 하였다. 인뢰는 사람이 울리는 소리로 악기의 소리이고, 지뢰는 대지가 일으키는 소리로 바람 소리이고, 천뢰는 인뢰와 지뢰의 근본이 되는 대자연의 소리이다.

69 거록(鉅鹿)……초(楚)나라 : 거록은 초나라 항우(項羽)가 진(秦)나라 군대를 대파한 곳으로, 지금의 하북성(河北省) 평향현(平鄉縣)에 있다. 《사기(史記)》〈항우본기(項羽本紀)〉에 "제후가 군대를 이끌고 거록을 구하기 위해 내려온 자들이 10여 보루

함성을 한번 지르자 만마가 내달리는 것과 같네	呼聲一振騰萬馬
천지가 캄캄하여 열렸다 닫혔다 하니	乾坤黯淡開復合
해가 움직여 햇무리가 살짝 붉어지네	日車轉動暈微赭
다만 염려스러운 것은 발해의 파도를 솟구치게 하여	直恐簸捲渤海濤
동으로 서로 중국을 공격하는 것이네	無東無西蹙中夏
천 길 먼지 일어 파편이 날리는 듯하고	千尋塵起學屑颺
만곡의 어두운 모래바람은 비가 오는 듯하네	萬斛沙冥如雨灑
사신 수레 문을 닫지만 어찌 버티랴	輶軒閉戶那得拒
틈마다 날아들어 분분하게 쏟아 대네	隙隙飛入紛相瀉
옷 위에 한 자나 쌓인 건 둘째치고	衣上無論厚一尺
두발을 끈적이게 하고 발이 잠기게 하네	或黏頭髮或屯髁
길가의 수양버들 천만 그루는	夾路楊柳千萬株
가지끼리 어지러이 마구 때려 대네	枝枝歷亂不勝打
행인들 가까이 모여 서로의 몸을 막아 주고	行旅隔手還遁形
새와 짐승 들은 숨죽인 채 모두 벙어리가 되었네	鳥獸屛息皆成啞
노부가 안 다녀 본 곳 없는데	老夫非無四方役
이런 바람은 본 적이 드물다네	風頭如此見曾寡
마부가 고삐 잡고 세 번 탄식을 하니	僕夫攬轡三歎息
산천이 흐릿하여 상하를 구분하기 어렵네	川原澒洞迷上下
구르고 넘어지며 눈을 더욱 뜰 수가 없으니	十顚九仆眼益眯

(堡壘)나 있었지만 감히 군대를 풀어 출전하지 못하다가, 급기야 초나라 군대가 진나라를 공격하자 제장이 모두 성벽 위에서 구경하였다.〔諸侯軍救鉅鹿下者, 十餘壁, 莫敢縱兵, 及楚擊秦, 諸將皆從壁上觀.〕"라는 말이 나온다.

초저녁에 소경처럼 촌사를 찾아가네 薄暮盲進尋村舍

촌사는 퇴락하여 머무를 수 없는데 村舍離披不可住

곁에 기와를 인 작은 불감이 있네 傍有小龕覆以瓦

이불 안고 일단 금선에서 묵는데 携衾且就金仙宿

붓을 잡고 나직이 읊자니 외로운 촛불이 다 닳아 가네 把筆微吟孤燭灺

병진(4월 26일). 맑음. 일판문(一板門)에서 묵다

바람이 비로소 그치니, 도중의 경치가 매우 아름다웠다
風始止路中景氣甚佳

풍백이 어젯밤의 소리를 완전히 거두니	風伯全收昨夜聲
먼지 모래가 일지 않고 햇빛이 생겨나네	塵沙不動日華生
끝없는 계문(薊門) 나무의 영롱한 자태는	無邊薊樹玲瓏態
아침 되자 전처럼 본모습을 드러내네	依舊朝來本體呈

일판문에서 묵다. 이날 탐라에서 표류하였다가 연경에서 돌아오는 사람을 만나 집에 보내는 편지를 부치다

宿一板門是日遇耽羅漂海人歸自燕京寄內書

서둘러 쓴 편지에 무슨 말을 담았나	草草書緘何所語
옛 유주에 편안히 도착했다는 말이네	平安來到古幽州
집안사람은 필시 사행을 걱정 않으리니	家人定不愁行李
사나이가 먼 유람을 좋아함을 잘 알기에	慣識男兒喜遠遊

정사(4월 27일). 맑음. 소흑산(小黑山)에서 묵다

도중에

路中

도랑물이 흘러들어 풀이 참으로 살졌는데	溝水流離草正肥
마을마다 말 먹이러 일찍 대문을 여네	村村牧馬早開扉
멀리 펼쳐진 평원은 가도 가도 끝이 없고	平蕪在望行難盡
맞이하는 듯한 유기는 가까이 가 보면 아니네	遊氣如迎近卽非
나를 따르는 철새 기러기는 어디에서 묵을까	旅雁隨人欲何宿
흰 편지는 나보다 앞서 동쪽으로 돌아가네	素書先我向東歸
처음으로 규장각으로 돌아가는 꿈을 꾸니	奎章閣上初回夢
만권의 운향[70]이 옷에 스며드는 듯하네	萬卷芸香訝染衣

70 운향(芸香) : 향초로, 벌레를 쫓을 수 있어서 서책을 보관하는 곳에 필수적으로 비치하였다. 후에 장서를 가리키는 말로도 쓰였다.

신점 서쪽 작은 언덕에 오르다

登新店西小峴

수레 몰아 신점에 도착하니	驅車到新店
작은 언덕이 큰길 중간에 있네	小岸當中逵
요동 들판을 칠팔일 오는 동안	遼野七八日
언덕이라곤 처음 보는 것이네	培塿始見之
내 말을 달리지 못하게 하고	我馬俾勿驅
제법 한참 동안 우두커니 섰네	延佇頗移時
거쳐 온 길을 돌아보자니	回眺所來徑
천 리 길이 그저 흐릿하네	千里但濛濛
긴 하늘이 사방 모퉁이로 늘어져 있으니	長天垂四隅
뜬구름은 어디로 가서 다하는가	浮雲去何窮
올 때 압록강을 건너면서	來時渡鴨水
웃음을 머금고 주저하지 않았는데	含笑不躕躇
아스라이 고국을 그리워하는 마음이	茫然家國戀
지금 이곳에 이르러 어떠한가	到此欲何如

소흑산

小黑山

연화가 이어져 새원[71]에 접했는데	煙火連綿接塞垣
외로운 뗏목은 혼하의 근원을 나는 듯이 건너네	孤槎飛度混河源
상인의 수레 소리가 밤새도록 시끄러우니	商車隱隱終宵響
소흑산 앞에는 문을 닫지 않아서라네	小黑山前不閉門

71 새원(塞垣) : 변방의 담장이라는 뜻으로, 만리장성을 가리키는 말이다.

무오(4월 28일). 맑음. 신광녕(新廣寧)에서 묵다

구광녕행

舊廣寧行

요동 벌판 공활하여 끝이 없는데	遼野空闊無涯畔
소흑산 이북부터 비로소 방범을 하네	黑山以北始防捍
벽돌로 쌓은 연대[72]가 여기부터 시작되니	甎築煙臺起自此
한나라의 웅대한 계략이 감탄하게 만드네	漢家雄略令人歎
광녕의 지세는 가장 요해처이니	廣寧地勢最要害
의려를 등에 지고 북으로 한해에 접했네	背負醫閭北接瀚
이후의 방어는 누가 가장 대단했나	後來防禦誰最雄
웅공 정필[73]이 용감하고 사나웠지	熊公廷弼勇且悍
오 리의 성곽이 끝내 무슨 보탬이 되리	五里之郭終何補
교당[74]이 결탁하여 내란을 이루었네	狡璫淫朋成內難

72 연대(煙臺) : 명(明)나라 장수 원숭환(袁崇煥)이 몽고족과 여진족의 침입을 막기 위해 쌓은 것으로, 높이는 5~6길쯤 되고 벽돌로 둥글게 쌓아 올렸다. 꼭대기에 여장(女墻)을 만들었는데 이런 연대가 별처럼 산해관(山海關)까지 늘어서 있다.

73 웅공 정필(熊公廷弼) : 웅정필이다. 명나라 말엽의 무장으로, 자는 비백(飛白), 호는 지강(芝剛)이다. 요동 경략사(遼東經略使)가 되어 후금(後金)과의 전쟁에서 많은 공을 세웠다. 뒤에 왕화정(王化貞)의 패전과 관련하여 사형을 당하였다. 《明史 熊廷弼列傳》

성이 폐해진 지 어언 백여 년이 되니　　祇今城廢百餘年
높디높던 성곽이 거의 반이 무너졌네　　峨峨獸角摧强半
기자의 소상은 아직도 맥수의 한[75]을 머금었는데　　箕塑猶含麥穗恨
이루[76]에서 그저 상전벽해의 변화를 볼 뿐이네　　李樓謾閱滄桑換
야들야들한 나물과 꽃이 땅에 가득 펼쳐지니　　娟娟菜花開滿地
오랑캐 여인이 버들 늘어진 언덕에서 술을 파네　　胡姬賣酒垂楊岸
천하의 흥망이야 본래 일상적인 일이거늘　　天下興亡本常事
나 홀로 무엇 때문에 두 손을 불끈 쥐나　　我獨何爲扼雙腕
차라리 천종의 술을 사서 취하도록 마시고　　不如買醉千鍾醁
얼큰한 채 웃으며 의려산을 마주하는 게 나으리　　微醺笑對醫閭面

74 교당(狡璫) : 교활한 환관이라는 의미이다. '당(璫)'은 구슬인데, 중국 내시(內侍)의 관(冠)에는 추미(貂尾)를 꽂고 구슬을 달았으므로 환관을 의미한다.

75 맥수(麥穗)의 한 : 나라를 잃은 한을 말하는 것으로, 맥수는 보리 이삭이다. 기자(箕子)가 은(殷)나라의 옛 도읍이 폐허가 되고 그곳에 보리 이삭만 무성한 것을 보고 망국의 슬픈 심정을 읊은 〈맥수시(麥秀詩)〉에서 나왔다. 《史記 宋微子世家》

76 이루(李樓) : 이성량(李成梁)의 공을 기리는 패루(牌樓)를 가리킨다. 이성량은 자가 여계(汝契)이고 호는 인성(引城)으로, 일찍이 명나라로 건너간 조선인 이영(李英)의 자손이며, 임진왜란 때 명나라의 원군을 이끌고 온 제독(提督) 이여송(李如松)의 부친이다. 요동 철령위(遼東鐵嶺衛)의 지휘첨사(指揮僉事)를 세습하다가 융경(隆慶) 4년(1570)에 도독첨사대리로 요동 총병(遼東摠兵)이 된 후 10여 차례의 전쟁을 승리로 이끄는 등 많은 전공을 세웠다. 명나라 신종(神宗) 만력(萬曆) 19년(1591)에 군비 유용 등의 이유로 탄핵을 받고 실직되었다. 《明史 李成梁列傳》

북진묘가
北鎭廟歌

젊었을 때 《주례(周禮)》[77]를 읽고	少時讀周禮
의무려가 있음을 알았다네	知有醫巫閭
쉰아홉 해 만에 비로소 보게 되니	五十九年始見面
용이 날고 봉황이 춤추며 나의 수레를 맞이하네	龍飛鳳舞迎我車
순 임금이 높이고 요 임금이 봉하니[78]	虞舜尊之唐帝封
신령이 드높아 신령스러운 기운이 따르네	靈祇嶪峨靈氛從
광녕의 북쪽은 길지라고 하는데	廣寧之北地云吉
기이한 기운 가득하여 솔이 구불구불하네	異氣鬱蔥虯化松
올라 보니 큰 들판이 손바닥처럼 평평하고	登臨大野平如掌
인가 연기 바다 안개가 서로 어우러지네	人煙海氛相摩盪
영락이 사당을 세운 건[79] 사해가 알거니와	永樂建廟四海聞
중수한 자는 누구인가, 강희라고 하네	重修者誰康熙云
화려한 기둥 회랑이 어지러이 오가고	繡棟畫廊迷往復
정전의 푸른 기와는 찬란하게 구름 속으로 솟았네	正殿碧瓦爛入雲

77 주례(周禮) : 의무려산에 대한 기록이 《주례》 〈하관사마(夏官司馬) 직방씨(職方氏)〉에 보인다.

78 순(舜)……봉하니 : 순 임금이 기주(冀州)의 동북쪽을 갈라서 유주(幽州)로 만들었는데, 열두 산을 봉할 때 의무려산을 유주의 진산으로 삼았다고 한다. 요 임금이 봉한 것은 미상이다.

79 영락(永樂)이……건 : 영력은 명(明)나라 성조(成祖)의 연호로, 1421년(영락19)에 북진묘를 창건하였다고 한다.

신령스러운 소상이 엄숙하게 의자 위에 앉아 있고 靈塑嚴嚴榻上坐
면류관, 용포에는 하늘의 향기가 배어 있네 冕旒龍衮天香薰
뜰 앞에는 풍비가 무수하게 서 있으니 庭前豐碑立無數
조칙과 제문을 새긴 것이네 刻以詔勑與祭文
큰 복을 기원하며 신에게 아첨하지만 祈祥邀嘏媚于神
신은 본래 정직하니 어찌 기뻐하랴 神本正直寧爲忻
전하는 말로 이번 가을에 천자가 이르기에 傳道新秋萬乘至
심양의 공부에서 미리 수리를 하였다네 瀋陽工部豫修理
북쪽 벼랑을 깎아서 작은 정자를 만드니 斲得北巖營小亭
인부들이 모두 황상의 뜻이라고 말하네 役夫皆言有皇旨
아아, 의무려산이여 嗚呼醫巫閭
내 한마디 하려니, 신은 들어 보라 我有一言神其聽
하늘이 이 험지를 만든 본뜻은 天公本意設此險
오랑캐를 막고자 빗장을 엄하게 한 것이네 欲防胡虜嚴鐍扃
어떻게 산 앞의 길을 활짝 열어서 如何放開山前路
앉아서 몽고와 여진이 풍우처럼 길이 내달리게 만들었던가
坐使蒙古女眞長驅若風雨
이 일은 실로 참덕[80]이 될 듯하니 此事實恐爲慙德
청나라 황제가 바친 술을 신은 도로 토하시길 淸帝酹神神須吐

80 참덕(慙德) : 부끄러워하는 마음을 뜻하는 것으로, 조선 세조(世祖)의 왕위 찬탈처럼 임금의 숨겨야 할 사안을 완곡하게 표현할 때 흔히 사용하는 말이다. 《서경》〈중훼지고(仲虺之誥)〉에 "성탕(成湯)이 걸(桀)을 남소(南巢)에 유폐하고는 마음속으로 부끄럽게 느끼면서 말하기를 '나는 후세에 나를 구실로 삼아서 신하가 제멋대로 임금을 정벌할까 두렵다.' 하였다."라고 한 것에서 나왔다.

신광녕에서 밤에 앉아

新廣寧夜坐

적현과 청구[81]가 한길로 통하니	赤縣青丘一路通
가는 말은 춤을 추듯 요동을 건너가네	征驂如舞度遼東
천금인들 외로운 등불 밝힌 밤의 값어치가 되랴	千金豈直孤燈夜
무려산 산색 속에서 앉았다 누웠다 하네	坐臥巫閭山色中

81 적현(赤縣)과 청구(青丘) : 적현은 적현신주(赤縣神州)의 준말로, 중국을 가리킨다. 청구는 우리나라를 가리킨다.

기미(4월 29일). 맑음. 십삼산(十三山)에서 묵다

십삼산에서 묵다. 이날 밤은 곧 선대왕의 담사일(禫祀日)이다. 부사 정여성 일상, 서장관 심백수와 더불어 망곡례를 행하고, 눈물을 훔치며 적다

宿十三山是夜卽先大王禫事與副使鄭汝成 一祥 書狀沈伯修行望哭禮抆淚以書

십 년 동안 온갖 약을 드실 동안	十載偏嘗藥
어찌 좌우에서 떠난 적이 있으랴	何曾左右離
도로에서 늘 눈물에 젖었으니	道途恒涕淚
옛날에 내려 주신 천지 같은 은혜 때문일세	天地舊恩私
변방 요새에는 구름이 끝이 없는데	雁塞雲無極
어느새 닭이 우니 밤이 더디지 않네	鷄聲夜不遲
망망 천지 속 사경에 곡하는 심정은	茫茫四吏哭
오로지 십삼산만이 알아주리라	惟有十山知

두 번째 其二

내 자신을 스스로 축하하노니	吾身吾自賀
태어나서 요순의 신하가 되었다네	生作舜堯臣
이제 만사가 끝나는 날을 만나	萬事逢今日

길이 호곡하며 대궐 쪽을 바라보네	長號望北辰
우뚝한 능에는 헛되이 달이 비치고	喬陵虛照月
효전[82]은 텅 비어 먼지가 내려앉았네	孝殿廓棲塵
부묘하는 날에 모든 관원이 따를 텐데	躋祔千官從
나 한 사람 빠진 것을 누가 가련해하리	誰憐少一人

82 효전(孝殿) : 영조의 혼전(魂殿)인 효명전(孝明殿)으로, 경희궁(慶熙宮) 안에 있었다. 《增補文獻備考 卷60 禮考 魂殿》

5월 1일 경신. 맑음. 생양점(生陽店)에서 묵다

생양점에서 묵다. 내일 선대왕을 태묘에 반부(班祔)하는지라 멀리서 고국을 바라보자니 슬픈 심정을 금할 길이 없었다. 시를 읊어 부사, 서장관에게 보이다

宿生陽店明日先大王祔太廟遙望故國不勝愴懷吟示副使書狀

지극하신 성인의 효성으로 볼 때	烝哉聖人孝
영왕[83]을 모시는 걸 기뻐하시겠지만	應喜侍寧王
어쩌랴, 종묘가 닫혀 버려	爭奈閟宮閉
온 나라의 상심은 도리어 더한 것을	翻添率土傷
신은 의지할 곳이 없어지니	憑依無處所
쓸쓸히 의상을 걷게 되리라[84]	寂寞卷衣裳
조정에 돌아가는 날 어이 차마 견디랴	那忍歸朝日
옛날 전당만 부질없이 바라보리라	空瞻舊殿堂

83 영왕(寧王) : 영고(寧考)라고도 한다. 원래 《서경》 〈대고(大誥)〉에서 주(周)나라 성왕(成王)이 부왕인 무왕(武王)을 가리키던 말로, 무왕이 은(殷)나라를 이기고 천하를 편안히 하였다 하여 지칭한 것인데, 후세에는 선대의 왕을 높이는 칭호로 사용하였다. 여기서는 영조의 부왕인 숙종(肅宗)을 가리킨다.

84 신은……되리라 : 빈소를 철거하게 되어 더 이상 옛날 착용하던 의복을 빈소에 모시지 못하고 걷게 된다는 의미이다.

신유(5월 2일). 큰 바람이 붊. 고교보(高橋堡)에서 묵다

도중에 홍라산을 바라보다

路中望紅螺山

육라로 도망쳐 관하를 나서니[85]	六騾逃遁出關河
옥궤금상[86]을 타인에게 양보했네	玉几金床讓與他
천제가 취하고 깸은 아침저녁이 다르니	天帝醉醒殊早晩
세상에 술이 어찌 한량이 있으랴	人間何限有紅螺

85 육라(六騾)로……나서니 : 한 무제(漢武帝) 원수(元狩) 4년(기원전 119)에 대장군 위청(衛青)이 무강거(武剛車)라는 전차를 이용하여 진영을 만들고 흉노(匈奴)를 포위하였는데, 흉노의 선우(單于)가 여섯 마리의 노새가 끄는 육라를 타고서 포위망을 뚫고 겨우 달아났다. 《史記 衛將軍驃騎列傳》

86 옥궤금상(玉几金床) : 옥궤는 왕이나 왕후가 기대는 안석을 말하고, 금상은 왕이나 귀인이 앉는 걸상을 말한다. 여기서는 왕위(王位)를 가리킨다.

송산과 행산의 사이에 경관[87]이 즐비하니, 바로 홍승주[88]가 패하여 항복한 곳이다. 도독 유정[89]이 부차의 전투[90]에서 패망한 것을 추억하자니 '장성이 한번 무너지자 오랑캐 말이 강에서 목을 축인다.'라는 탄식을 금할 길이 없어 개연히 시를 짓다

松山杏山之間京觀纍纍卽洪承疇敗降處追憶劉都督綎富車戰亡不禁長城一壞胡馬飮江之歎慨然有作

내게 삼척의 부용검[91]이 있고　　我有三尺芙蓉劍

87 경관(京觀) : 무공(武功)을 과시하기 위해 적의 시체를 쌓아서 거대한 무덤을 만든 것으로, 경구(京丘)라고도 한다.

88 홍승주(洪承疇) : 명(明)나라 말엽의 장수로 여러 차례 이자성(李自成), 고영상(高迎祥) 등을 격파하며 많은 전공을 세웠으나 숭정(崇禎) 14년(1641) 행산, 송산 등지에서 청군(淸軍)과 싸우다가 크게 패하고 영원성(寧遠城)에 6개월간 포위되어 있던 끝에 결국 성이 함락되자 청나라에 항복하였다. 그는 청나라를 위해서도 많은 전공을 세워 뒤에 태보(太保), 병부 상서(兵部尙書) 등을 역임하였다.

89 유정(劉綎) : 1558~1619. 명나라 신종(神宗) 때의 무장으로, 임진왜란이 일어나자 부총병으로 조선에 와서 일본군을 방어하고 돌아갔다가, 1597년(선조30) 정유재란이 일어나자 다시 와서 전세를 확인한 뒤 이듬해 대군을 끌고 와서 도와주었다. 예교(曳橋)에서 왜군에게 패전하였으며, 왜군이 철병한 뒤 귀국했다. 1619년(광해군11) 조선과 명나라 연합군이 후금(後金)과 싸우던 부차(富車) 전투에서 전사했다.

90 부차(富車)의 전투 : 부차는 중국의 사막인 심하(深河)의 지명이다. 1618년 후금의 누르하치가 명나라의 무순(撫順), 청하(淸河) 등의 보(堡)를 침입하자 명나라의 요청으로 강홍립(姜弘立)을 오도 도원수(五道都元帥)로 하는 군사 2만 명을 파견하여 명나라 제독 유정의 군대와 합세하여 공격을 했으나, 심하의 부차에서 대패하였다. 《燃藜室記述 卷21 廢主光海君故事本末》

내게 많은 포도주가 있다면　　我有百斛葡萄酒
칼집에서 검을 빼어 대지를 두드리며　　劍以出匣擊大荒
수레를 멈추고 술을 우거진 풀에 뿌리리　　酒以停車灑叢莽
유공의 웅장한 계책은 동국을 안정시켰으니　　劉公壯略安東土
개를 잡듯 왜구를 어지러이 죽였네　　亂殺倭寇如殺狗
하늘 높이 기린각[92]이 공을 위해 솟으니　　天半麒麟爲公起
몸에는 도독의 금인수를 지녔네　　肘後都督金印綬
건추[93]가 날래 봤자 하나의 오랑캐일 뿐　　建酋雖驍一胡雛
태산으로 계란을 누르듯 어려울 게 무엇이랴만　　泰山壓卵何有乎
하늘이 명나라를 돕지 않아 공이 전사하니　　天不祚明公戰死
관군의 피가 흘러 변방 풀을 적셨네　　官軍血流邊草塗
공은 이곳에서 귀웅[94]이 되어　　公在兩間爲鬼雄
우레와 바람 몰면서 오랑캐들을 떨게 했네　　鞭霆駕風慴群胡

91 부용검(芙蓉劍) : 춘추 시대 월왕(越王) 구천(句踐)이 가졌던 보검인데 검을 잘 감정하는 설촉(薛燭)이 이 검을 손가락으로 퉁겨 보고 "부용이 막 호수에서 피어나는 것 같다."라고 한 데서 붙여진 이름이다. 이 검은 물속에서는 교룡을 베고 육지에서는 물소와 코뿔소를 벨 수 있을 만큼 칼날이 예리하다고 한다.

92 기린각(麒麟閣) : 한(漢)나라 무제(武帝)가 건립한 건물로, 선제(宣帝) 때에 이르러 곽광(霍光), 소무(蘇武) 등 공신(功臣) 11인의 초상화를 그려 이 누각 위에 걸어 놓고 기렸다고 한다. 후대에는 공신에 책봉되었다는 뜻으로 쓰인다. 《漢書 李廣蘇建傳》

93 건추(建酋) : 건주위(建州衛)의 추장으로, 청나라의 태조(太祖)인 누르하치를 일컫는 말이다.

94 귀웅(鬼雄) : 귀신 중에서도 힘이 있는 우두머리 귀신이라는 뜻으로, 《초사(楚辭)》 〈구가(九歌) 국상(國殤)〉에 "몸은 이미 죽었으나 정신은 신령하니, 혼백이 굳세어 귀웅이 되리로다.〔身旣死兮神以靈, 魂魄毅兮爲鬼雄.〕"라고 하였다.

듣기로 오랑캐 황제가 유공(劉公)의 위령을 두려워하여 매우 정성스럽게 섬겼다고 한다.

지금까지 경관이 높게 마주하니	秖今京觀屹相望
원기가 하늘을 찔러 하늘이 수척하네	冤氣矗天天爲癯
어찌 알랴, 동쪽으로 원정 갔던 군사가	安知不有東征士
이곳에 같이 묻혀 슬피 울지 않을 줄을	同葬此中啾啾呼
지금 그대 위해 슬퍼할 겨를이 없어	如今未暇爲爾悲
망망한 푸른 바다에서 황도[95]를 슬퍼하네	茫茫桑海悲黃圖
칼 짚고 술 올리며 한번 슬프게 노래하자니	倚劍酹酒一悲歌
회오리바람 먼지로 평원이 어둑하네	廻風吹塵暗平蕪

95 황도(黃圖) : 중국을 가리키는 말로 쓰인다.

이날 큰 바람이 불어 고교보에서 묵다

是日遇大風宿高橋堡

어려워라, 이번 사행이여	艱難此行李
들판에서 또 바람 소리 들리네	中野又風聲
주류하의 바람보다는 못하더라도	縱比周流殺
똑같이 발해에서 생겨난 것이라네	同爲渤海生
쌓인 구름은 전장에 자욱한데	屯雲霾戰地
팔매질하던 돌은 행정으로 바뀌었네[96]	飛礫變行旌
유두[97]는 지금 어디로 갔는가	劉杜今何去
충사[98]는 여전히 불평스러우리	蟲沙尙不平

지난번에 주류하(周流河)에서 바람에 막혀 전진하지 못하였으므로, 제3구에서 언급한 것이다.

96 팔매질하던……바뀌었네 : 치열하게 전투하던 곳이 사신이 오가는 곳으로 바뀌었다는 의미이다.

97 유두(劉杜) : 명나라 말기의 장수인 유정(劉綎)과 두송(杜松)을 아울러 일컫는 말이다. 두송은 담력과 지혜가 뛰어나 주요 군직(軍職)을 역임하면서 많은 전공을 세웠으나, 1619년 양호(楊鎬)가 후금(後金)을 공격할 때 그의 주력(主力)이 되어 함께 출전하였다가, 자신의 용맹을 믿고 경솔하게 진격하는 바람에 후금의 군대에 크게 패하여 전사하였다. 유정에 대해서는 456쪽 주89 참조.

98 충사(蟲沙) : 전쟁에서 죽은 병사들을 말하는 것으로, 《고금사문유취(古今事文類聚)》 후집(後集) 권37 〈군자위원(君子爲猿)〉에 "주나라 목왕이 남쪽으로 정벌할 때 일군이 모두 죽으니, 군자는 원숭이나 학이 되고, 소인은 벌레나 모래가 되었다.〔周穆王南征, 一軍盡化, 君子爲猿爲鶴, 小人爲蟲爲沙.〕"라고 하였다.

임술(5월 3일). 맑음. 영원위(寧遠衛)에서 묵다

구혈대

嘔血臺

옛날에 원숭환(袁崇煥)[99]이 영원위를 진무(鎭撫)할 때 건추(建酋)가 침범하였는데, 원숭환이 성 밖에 지뢰포를 잠복해 두고 오랑캐 기마 수만 명을 유인해 들여 남김없이 태워 죽였다. 오랑캐 두목이 홀로 몸을 빼내었는데, 피를 몇 말이나 토하였다. 지금까지 그곳의 이름을 구혈대라고 한다.

뇌포 한번 울리자 수만 병사 재가 되니	一震雷機萬甲灰
늙은 건추는 이 높은 대에서 가슴이 찢어졌네	老酋心折此高臺
명나라에서 원숭환을 죽이지 않았더라면	明朝不殺袁崇煥
곧바로 큰 고래[100] 죽여 피를 마시며 돌아왔으리	直斬長鯨飮血廻

99 원숭환(袁崇煥) : 1584~1630. 명나라 말기의 명장으로, 자는 원소(元素), 호는 자여(自如)이다. 1619년(만력47) 진사가 되었고, 이후 요동 지역 방위를 위해 지원하였다. 요동 원수가 되어 산해관을 지키며 산해관의 외곽으로 영원성(寧遠城)을 축성하였다. 뛰어난 전략으로 영원성과 금주성에서 누르하치와 홍타이지의 후금군을 격퇴하였다. 홍타이지의 이간계로 인해 역모 혐의를 받아 죽었다.

100 큰 고래 : 감당하기 어려운 큰 적(賊)을 뜻하는 말이다. 《史通 敍事》

조대수[101]의 패루

祖大壽牌樓

우뚝하게 높이 솟은 패루가	牌樓高兀兀
거리의 동서쪽에 마주하고 섰네	對立街西東
조각이 입신의 경지처럼 세밀하니	雕鏤細入神
만금을 이곳에 쏟아부었다네	萬金銷此中
사대의 공훈을 칭송하는 글의	鋪張四世勳
큰 글자는 어찌 그리 으리으리한가	大字何崇崇
조씨네 집안 형과 아우는	祖家兄及弟
과장하는 것이 어찌 그리 닮았던고	浮夸一何似
비석에 옥음을 새겼건만[102]	有石玉音鐫
궁려[103]에 무릎을 꿇었네	有膝穹廬跪
죽어서 우리 신황[104]을 뵐 적에	歸拜我神皇

101 조대수(祖大壽) : 명나라 말기, 청나라 초기 사람이다. 명대에 전봉총병(前鋒總兵)으로 대릉하(大淩河)에 성을 쌓고 지키다가 태종(太宗)에게 포위되어 항복하였다. 뒤에 다시 배반하여 금주(錦州)에 들어가 지키다가 힘이 다하여 또 항복하여 한군 정황기(漢軍正黃旗)의 총병이 되었다. 《清史稿 卷240》

102 비석에 옥음(玉音)을 새겼건만 : 영원성 안에 조대수, 조대락(祖大樂) 형제의 공훈을 기리는 석비가 서 있다.

103 궁려(穹廬) : 북방의 유목민들이 거주하는 위가 둥근 이동식 천막을 가리키는데, 여기서는 여진족의 청나라를 비유하는 말로 쓰였다.

104 신황(神皇) : 명나라 말기의 신종황제(神宗皇帝)를 가리킨다.

네 이마에 식은땀이 흐르지 않더냐	爾顙不其泚
발해의 물결을 가지고도	難將渤海波
이 농서의 수치[105]를 씻기 어려우리	洗此隴西恥

머리 쪽에 옥음(玉音) 두 글자가 새겨져 있으므로, 편내에서 언급하였다.

105 농서(隴西)의 수치 : 한(漢)나라 무제(武帝) 때 이릉(李陵)의 고사이다. 명장 이광(李廣)의 손자인 이릉은 천한(天漢) 2년(기원전 99) 보병 5000명을 거느리고 선우(單于)의 기병 3만 명과 접전 끝에 패하여 쫓기다가 깃발과 기물 들을 땅에 묻고 항복하였다. 조정에서는 그의 가족을 몰살하였고, 이씨 집안의 문객으로 있던 농서의 사대부들은 모두 이 일을 수치로 여겼다고 한다. 《史記 李將軍列傳》

영원위에서 묵다
宿寧遠衛

영원 고을 동쪽에 숲이 우거져	寧遠州東萬木森
명나라 관문이 온통 침침하네	大明關阨鬱沈沈
같은 시대 오랑캐 임금 웅략이 많아	同時虜主多雄略
전쟁에 능한 원공[106]도 고심했으리	善戰袁公亦苦心
천하가 바뀐 뒤로 하늘이 저물려 하는데	桑海移來天欲老
성지는 폐해진 뒤 초목만 부질없이 우거졌네	城池廢後草空深
술잔 놓고 한번 적막한 하늘을 바라보니	停杯一望寥空外
날아가는 새와 구름 찾을 수가 없네	度鳥飛雲不可尋

106 원공(袁公) : 원숭환(袁崇煥)을 가리킨다. 460쪽 주99 참조.

계해(5월 4일). 큰 바람이 붊. 동관역(東關驛)에서 묵다

도중에 또 큰 바람을 만나다

路中又遇大風

어제의 바람도 심히 지루하더니	昨日之風太支離
오늘의 바람은 또 어째서인가	今日之風又何爲
압록강 건너온 뒤 스무 날 동안	鴨水以北二十日
날마다 괴로이 바람에게 희롱당했네	日日苦爲風所欺
발해가 십 리도 안 되는 앞에 있으니	渤海在前無十里
어찌 바람이 이렇지 않을 수 있으랴	安得風來不如此
천천히 가려 하면 내 눈을 뜰 수 없고	欲徐我眼眯
빨리 가려 하면 내 말이 넘어지네	欲疾我馬顚
사방 모래바람에 말은 어둠 속을 걷는 셈이라	我馬冥行沙四起
채찍질해도 나아가지 않으니 또한 가련하네	鞭之不前亦可憐
어찌하면 저 하늘의 고니가 되어	那由化爲冥冥鵠
몸에 날개 달고 푸른 하늘을 날아 볼까	身揷羽翼橫青天

풍속
風俗

부끄러워라, 나는 태사[107]만 한 재주 못 되어서	慙愧儂非太史才
이방의 풍속을 참으로 알기 어렵네	異邦風俗苦難該
지붕 위에 재를 깔고 들보가 없이 건축하고	灰平屋上無樑建
수레에다 집을 만들어 대자리로 덮었네	窠結車中覆簟來
술 때문에 늙은 얼굴은 때로 윤택해지는데	酒爲衰顔時借潤
역관을 통해 회포를 어찌 통했다 하리	懷憑譯舌詎云開
사신에겐 회오리바람이 제일 신경 쓰이니	回飆最係行人念
넓은 들판에 먼지가 열 길이나 솟구치네	廣陌掀挑十丈埃

107 태사(太史) : 고대 중국에서 역사를 기록하고, 국가의 전적, 천문 역법(天文曆法)을 관장하던 벼슬인데, 전한(前漢)의 역사가인 사마천(司馬遷)이 《사기(史記)》에서 자신의 평을 밝힐 때는 반드시 '태사씨왈(太史氏曰)'이라고 표현하였으므로, 사마천을 가리키는 말로 쓰이게 되었다.

갑자(5월 5일). 맑음. 양수하점(兩水河店)에서 묵다

사하점 앞에 버들 그늘이 제법 짙었다. 가마에서 내려 한참 동안 앉았다가 전진하였다. 이날은 단오로, 구름 낀 하늘을 돌아보매 떠나온 고국이 그리워 시름겨웠다

沙河店前柳陰頗濃下轎坐良久乃前是日端午回望雲天悄然有去國之戀

수양버들 백여 그루가	楊柳百餘樹
마을 앞 백사장에 많기도 하네	村前多白沙
기쁘게도 녹음이 차일과 같아	綠陰忻似蓋
붉은 해를 피하여 수레를 멈추네	赤日避停車
나그네는 어깨로 이불을 져 나르고	行旅肩輸襆
유희는 귀밑머리에 꽃을 꽂았네	遊姬鬢貼花
좋은 계절에 홀연히 즐겁지 않으니	佳辰忽不樂
이미 집안일 잊었다고 말할 수 있으랴	可道已忘家

청나라 풍속에 행인은 등에 지는 것이 없이 반드시 어깨에 짊어지게 하였는데, 이불을 지니지 않은 자는 점사에서 머물도록 허락하지 않았다. 그래서 제5구에서 언급한 것이다.

양수하점

兩水河店

남산 아래 집 멀어 꿈에도 돌아가기 어려운데	終南家遠夢難回
매일 뜰 앞에선 화각이 길을 재촉하네	每被庭前畫角催
단오의 성대한 볼거리는 새로운 희극이요	端午盛觀新戲子
대명의 유물은 폐해진 봉수대일세	大明遺物廢煙臺
천 개 마을 푸른 나무에는 그네가 끊어졌고	千村樹綠鞦韆斷
만 리의 푸른 하늘에는 군국이 펼쳐졌네	萬里天青郡國開
쓸데없이 진부한 선비가 옛일을 찾으니	多事腐儒尋古事
시황 성[108] 가까이에서 마음이 유유하네	始皇城近意悠哉

108 시황(始皇) 성 : 진 시황이 쌓은 만리장성을 가리킨다.

을축(5월 6일). 맑음. 홍화점(紅花店)에서 묵다

강녀의 사당

姜女廟

여인의 성은 허씨(許氏)이고, 이름은 맹강(孟姜)이다. 진 시황(秦始皇) 때의 사람이다. 장성을 축조하는 역사에 남편이 징발되어 만리 길을 가게 되자, 여인은 죽고 싶을 만큼 그리운 마음에 발이 부르트도록 가서 남편을 찾았는데, 남편은 이미 죽은 뒤였다. 해골을 지고 돌아와 고향 산에 장사 지낸 뒤, 요해(遼海)에 빠져서 죽었다. 그 뒤로 지금까지 바다 가운데에 사람의 형상을 닮은 바위가 있다고 한다. 사람들이 그 절의를 높이 사서 사당을 세우고 제사를 지냈는데, 사당 뒤의 바위를 가리켜 망부석이라고 하였다.

범랑[109]은 죽었어도 슬퍼할 것 없네	范郎雖死不須唏
아내가 유골 지고 만 리를 돌아왔네	妻負遺骸萬里歸
장성의 성 아래 무수한 뼈들 중에	無數長城城下骨
그대처럼 거두어 장사 지낸 건 참으로 드물다네	定知收葬似君稀

109 범랑(范郎) : 맹강의 남편인 범희량(范喜良)을 가리킨다.

선우대 노래

單于臺歌

산해관(山海關) 밖에 있다. 청나라 칸이 이곳에 올라 관문 안을 엿본 적이 있다고 한다.

청나라 칸의 뜻이 더없이 커서	淸汗有志大無外
영탑, 흥경이 좁다고 여겼네	靈塔興京容膝隘
산해관을 한번 부수기를 간절히 원하지만	至願一碎山海關
철성이 가로질러 있으니 그를 어찌할거나	鐵城橫截渠將奈
성문이 침침하게 낮에도 닫혔으니	城門沈沈晝亦閉
동정과 허실을 파악할 길이 없네	動靜虛實所茫昧
성 밖 높은 대는 구릉을 내려다보는데	城外高臺壓陵丘
그 위에 올라 붉은 투구를 젖혀 썼네	登臨其上岸紅兜
의무려산은 날아 춤추고 발해는 넘실대는데	巫閭飛舞渤海蕩
늙은 추장은 황금 일산 아래 미소 짓네	老酋微笑黃繖浮
산해관 속에 있는 천만 호를	山海關中千萬戶
집집마다 기와지붕을 일일이 세어 보려는 듯하네	家家瓦壟如欲數
작은 관문 따위로 헛되이 장벽을 삼아	小關妄欲爲我障
만마의 폭풍우를 막아 보려 했네	萬馬不得驅風雨
속으로 묘한 계책 찾으며 몰래 군침을 삼키니	默鋪神籌暗朶頤
한번 산해관을 넘으면 중원이라네	一踰山海是九土
사해로 둘러싸서 중원을 치면	環以四瀛排赤縣
구름 속에 앉아서 천하의 주인이 되리	雲端裏坐天下主

눈앞의 산해관은 참으로 자잘하니	眼前山海眞瑣瑣
내심 따로 차지할 만하다 여겼으리	心中別有彼可取
그래, 오냐, 어린아이 오삼계[110]야	唉哉小兒吳三桂
표주박 기울여 어찌 바닷속을 알랴[111]	傾蠡豈測如海肚
대명의 궁전에는 태평 시대가 열려	大明宮殿太平開
이곳에는 한 번도 생각이 미치지 않았네	一念不曾到此臺
삼안[112]이 분분하여 운명이 결정 나니	三案紛紛性命決

110 오삼계(吳三桂) : 요동(遼東) 사람으로, 명나라 말기 총병관(總兵官)이 되어 산해관을 지켰다. 이자성(李自成)이 반란을 일으켜 북경을 함락하고 그의 애첩인 진원원(陳圓圓)을 빼앗아 가자, 마침내 청나라 군대를 거느리고 북경으로 들어와 청나라가 중국을 차지하는 길을 열어 놓았다. 청나라가 제국을 세운 뒤에 평서왕(平西王)에 봉해지고 운남(雲南)에 진주하여, 평남왕(平南王) 상가희(尙可喜), 정남왕(定南王) 공유덕(孔有德), 정남왕(靖南王) 경중명(耿仲明)과 함께 청나라 초기 사번(四藩)으로 일컬어졌다. 뒤에 청나라가 번진(藩鎭)을 철폐하려 하자, 반란을 일으켜 남부 지방을 모두 점령하였으나 곧 병사(病死)하였고 손자인 오세번(吳世璠) 대에 이르러서 청나라에 멸망당하였다.《淸史 吳三桂列傳》

111 표주박……알랴 : 소인의 얕은 소견으로는 내인의 깊은 속을 알기 어렵다는 말로, 반고(班固)가 지은 〈유통부(幽通賦)〉에 "표주박으로 바닷물을 헤아리고, 대롱으로 하늘을 본다.〔旣傾蠡而酌海, 遂測管而窺天.〕"라고 하였다.

112 삼안(三案) : 명나라 말기의 3대 의안(疑案)을 가리키는 말로, 정격안(梃擊案), 홍환안(紅丸案), 이궁안(移宮案)의 총칭이다. 사안 자체는 경미하지만 명나라가 망하는 계기가 된다. 정격안은 신종(神宗) 만력 43년에 황태자를 죽이려고 장차(張差)라는 자가 몽둥이를 들고 태자궁에 난입한 사건을 가리키고, 홍환안은 신종의 황태자인 광종(光宗)이 즉위 후 29일 만에 도사 이가작(李可灼)이 바친 붉은 환약을 먹고 급사한 사건을 가리키며, 이궁안은 광종이 급사한 뒤 아들 희종(熹宗)이 즉위하자 그 모후가 수렴첨정을 위해 다른 궁으로 가지 않고 건청궁(乾淸宮)에 그대로 머무르겠다고 버티는 과정에서 발생한 사건이다.

풍우를 일체 무너진 울타리에 내맡겼네　風雨一任藩籬頹
보지 못하였는가, 맹호가 호시탐탐 문밖에서 엿보는데
君不見猛虎眈眈戶外窺
주인은 깊이 잠들었으니, 아아 애석하도다　主人睡熟吁可哀

산해관 노래

山海關歌

그대는 보지 못하였는가, 의무려산이 사천 리에 걸쳐 있어 君不見醫閭盤根四千里

겹겹이 솟은 형세가 그치지 않음을 飛騰合沓勢不止

또 보지 못하였는가, 깊고 넓은 발해가 천지를 싸서 又不見渤海汪濊天地包

바람 우레 밤낮으로 그침이 없음을 風霆晝夜無終始

무려와 발해가 서로 만나는 곳에 巫閭渤海相逢處

산맥이 낮게 깔려 조금 구불구불하네 山脈低伏少迤邐

진 시황이 성을 쌓아 문득 합봉을 하고 秦皇築城便合縫

서달[113]이 중수하니 형세가 비길 데 없네 徐達重修勢無比

그 밖은 거친 오랑캐의 유허요 其外荒荒戎狄墟

그 안은 바로 적현신주[114]일세 其內赤縣神州是

영락[115] 천자가 연경에 도읍하자 永樂天子宅燕京

113 서달(徐達) : 명나라 태조 때의 장수로 많은 전공을 세워 명나라 제일의 개국 공신이 되고 위국공(魏國公)의 봉호를 받았는데, 산해관을 처음 세웠다고 전해진다.

114 적현신주(赤縣神州) : 전국 시대 추연(鄒衍)이 대구주(大九州)의 학설을 창립하여 화하(華夏)의 땅을 일컫는 말로 사용하였는데, 후에 중원이나 중국의 이칭으로 사용되었다. 《史記 孟子荀卿列傳》

115 영락(永樂) : 명나라의 3대 황제인 성조(成祖)로 영락은 그의 연호이다. 태조(太祖) 주원장(朱元璋)의 손자이며 이름은 체(棣)이다. 일찍이 연왕(燕王)에 봉해졌는데,

나라에서 오직 이곳을 중시했네　國之倚重惟在此
천하의 제일가는 관문이라고 편액을 걸고　扁揭天下第一關
네 겹으로 성을 둘러 여덟 문을 만들었네　四重城回八門起
배와 수레가 밤낮으로 구주[116]와 통하니　舟車日夜通九州
구주의 재화가 구름처럼 쌓였네　九州貨寶如雲委
선우가 바라보고 기가 죽었으니　單于望之氣不驕
날개가 없는 이상 어떻게 넘을 수 있으리　身非羽翼那能超
아아, 사람의 계책이 선하지 못하면 하늘인들 어찌하랴　嗚呼人謀不臧天亦何
문을 열고 오랑캐가 거센 바람처럼 밀려왔네　開門虜入如風飆
도적들이야 유린하는 게 통쾌하겠지만　躪殺盜賊雖快意
손 놓고 천자 자리를 바치는 걸 어쩌랴　其奈拱手獻天位
마침내 천하에 단발령(斷髮令)을 내리니　遂令天下髮盡薙
유사 이래로 이런 일은 없었다네　載籍以來無此事
어찌 삼계[117]에게만 죄를 물으랴　三桂之罪何獨誅

1402년 무력으로 조카인 건문제(建文帝)를 몰아내고 황제에 올랐으며, 수도를 금릉(金陵)에서 연경(燕京)으로 옮겼다.

116 구주(九州) : 중국과 그 주변의 나라를 모두 합하여 지칭하는 말로, 여기서는 천하를 이른다. 옛날 중국 전역을 아홉 지역으로 나누어 명명하였는데, 《서경》 〈우공(禹貢)〉에서는 기주(冀州)・연주(兗州)・청주(青州)・서주(徐州)・양주(揚州)・형주(荊州)・예주(豫州)・양주(梁州)・옹주(雍州)라고 하였고, 《주례(周禮)》 〈하관사마(夏官司馬) 직방씨(職方氏)〉에서는 서주・양주(梁州)를 빼고 유주(幽州)・병주(并州)를 더하였다.

117 삼계(三桂) : 오삼계(吳三桂)를 가리킨다. 요동(遼東) 사람으로, 명나라 말기 총병관(總兵官)이 되어 산해관을 지켰다. 470쪽 주110 참조.

아아, 숲으로 참새를 몬[118] 건 명나라 말기의 상황인 걸

爲叢驅雀嗟明季

118 숲으로 참새를 몬 : 엉뚱한 쪽에서 이득을 보게 하는 원인을 제공했다는 의미이다. 《맹자》 〈이루 상(離婁上)〉의 "못을 위하여 물고기를 몰아 주는 것은 수달이요, 나무숲을 위하여 참새를 몰아 주는 것은 새매요, 탕무를 위하여 백성을 몰아 준 자는 걸주이다.〔爲淵驅魚者獺也, 爲叢驅爵者鸇也, 爲湯武驅民者桀與紂也.〕"라는 말에서 나왔다.

밤에 홍화점에서 심백수를 초대하여 대화하다

紅花店夜邀沈伯修話

장성으로 오랑캐 침입 근절하려 하였으니	長城擬絶虜氛侵
어리석은 진 시황도 나름 고심을 한 거라네	秦帝雖愚亦費心
망루는 닫지 않아도 천겁으로 변화하고	樓櫓不關千刼幻
귀신도 모를 정도로 네 겹으로 깊었네	鬼神難測四重深
옛날부터 이하[119]의 구분이 이처럼 엄격했는데	古來夷夏嚴如此
누가 울타리를 허물어 지금에 이르게 하였는가	誰遣藩籬毁至今
슬픈 노래 끝나자 도로 한바탕 웃나니	唱罷悲歌還一笑
벗이 달빛과 함께 이르렀네	故人携得月光臨

장성의 무너진 곳을 청나라 황제가 일부러 수리하지 않았으므로, 경련(頸聯)에서 언급한 것이다.

119 이하(夷夏) : 이적(夷狄)과 화하(華夏), 즉 중국인과 이민족을 가리킨다.

본 것을 기록하다

記見

쪽빛 나무 벽돌문은 그림과 같은데	藍樹甎門似畫圖
우릴 엿보는 아녀들이 담장 모퉁이에 보이네	窺人兒女映墻隅
콧마루에는 바람을 막는 구멍을 내고	鼻根穿得防風竅
채색 실로 구슬을 꿰어 두 줄로 늘어뜨렸네	彩線雙懸瑟瑟珠

병인(5월 7일). 맑음. 유관(楡關)에서 묵다

유관에서 관산의 달을 읊어 서장관 학사에게 주다

楡關賦關山月呈書狀學士

관산의 달이	關山月
배회하며 구름 사이에서 나오네	徘徊雲間出
달빛은 천하를 똑같이 비추련만	月色照臨天下同
특히 관산의 달에 마음 아프네	傷心獨有關山月
더구나 유관은 옛 전장이라서	況是楡關古戰場
오랑캐 피리 소리 밤에도 쓸쓸하네	胡笳羌笛夜蕭瑟
장사는 시름겹게 큰 칼 머리를 살펴보고	壯士愁看大刀頭
장군은 금빛 비늘 갑옷을 벗지 못하네	將軍未脫金鱗甲
이즈음 밝은 달이 관산을 넘으니	此時明月度關山
모래밭 많은 막사엔 금물결이 젖어 드네	平沙萬幕金波濕
목마[120]는 소리 없고 조두[121]도 그쳤으니	牧馬無聲刁斗歇

120 목마(牧馬) : 군중에서 기르는 말을 말하는데, 여기서는 유목민의 말을 가리킨다. 정약용(丁若鏞)의 〈송외구홍공강계도호지행(送外舅洪公江界都護之行)〉이라는 시에 "오랑캐 말 오지 않아 야경 소리 조용한데〔牧馬不來刁斗靜〕"라는 구절이 보인다. 《茶山詩文集 卷1》

121 소두(刁斗) : 옛날 군중에서 야경(夜警)을 돌 때 쓰던 바라로, 낮에는 이로써 밥을 짓고 밤에는 야경의 딱따기로 사용하였다. 여기서는 변방의 경보(警報)를 뜻한다.

달을 보며 누군들 눈물 훔치지 않으랴	望月何人淚不拭
출정한 사람의 고향 그리는 곳을 비추고	偏傍征夫望鄕臺
응당 그 아내의 다듬잇돌도 비추리라	應照佳人搗練石
밝은 달은 길이 한해[122]에서 새로 뜨건만	明月長從瀚海新
전골은 부질없이 한당의 먼지로 사라지네	戰骨空消漢唐塵
한당은 꿈과 같고 여진은 치성하니	漢唐如夢女眞熾
팔기의 위령은 귀신을 놀라게 하네	八旗威靈動鬼神
삼한이 이곳에서 삼천 리 거리인데	三韓此去三千里
관산의 달이 또 사신의 수레를 따라왔네	關月又隨使車至
이제 변방의 성엔 전투가 없으니	卽今邊城無戰鬪
유관에는 밝은 달빛 아래서 노래를 하네	楡關歌吹月明裏
술 마시며 관산의 달구경이 즐거운데	銜杯喜看關山月
게다가 심 학사를 초대하였음에랴	況復招邀沈學士

122 한해(瀚海) : 몽고의 고원(高原) 동북쪽에 있는 북해(北海)를 뜻하기도 하고 사막의 별칭이기도 하다. 여기에서는 변방 지방의 사막을 가리킨다.

정묘(5월 8일). 맑음. 영평부(永平府)에서 묵다

무령으로 가는 도중에 창려현을 바라보다

撫寧道中望昌黎縣

어려서 고문을 좋아하여	少小好古文
백가를 제법 파고들었지만	百家頗搜剔
오직 이부[123]의 문장만을	惟有吏部文
좋아하여 고질이 되었지	嗜之成苦癖
이래로 삼십여 년 동안	邇來三十載
수중에서 감히 놓지 않았네	手中不敢釋
그런 경지에 오르지는 못했지만	雖不升其堂
늙어 갈수록 맛은 점점 각별해지네	老覺味愈別
공명이 지독히도 사람을 희롱하니	功名苦欺人
한스럽게도 독서를 열심히 하지 못하였네	恨不韋編絶
궁벽한 나라에서 늦게 태어나	偏邦我生晩
백발이 된 것을 탄식하네	歎息成白髮
어찌 알았으랴, 창려현이	那知昌黎縣
아스라이 내 시야에 들어오게 될 줄을	藹藹延我矚

123 이부(吏部) : 이부 시랑(吏部侍郞)을 지낸 당나라의 문장가 창려(昌黎) 한유(韓愈)를 가리킨다.

갠 하늘에 솟아 있는 만 봉우리에는　　晴空揷萬峯
필봉이 빽빽하게 우거졌네　　筆鋒森簇簇
그 아래에 맑은 기운은　　其下氣淸淑
만고토록 향기가 가득하네　　萬古繽馥郁
공이 계시지 않다고 말하지 말라　　勿謂公不在
북두의 빛이 달빛과 같으니　　北斗光如月
한 단지 초장[124]을 올리매　　一瓻椒漿水
공의 영령이 살아오시는 듯하네　　公靈來髣髴

124 초장(椒漿) : 산초(山椒)를 넣은 술을 가리키는 것으로, 보통 미주(美酒)를 의미하는데, 여기서는 제주(祭酒)의 뜻으로 쓰였다.

서 진사 집을 방문하다

訪徐進士家

중당의 손님맞이 요란하지 않으니	中堂迎客靜無譁
영주의 제일가는 집임을 쉽게 알겠네	易識寧州第一家
의자를 동서로 놓고 인사를 마치자마자	椅子東西纔設禮
어린아이가 우전차를 공손히 내오네	小童擎進雨前茶

두 번째 其二

정오의 합문으로 백화[125]와 같은 향기가 풍겨 오니	午閤香來百和如
황매가 열매 맺고 해당화가 피네	黃梅結子海棠舒
해가 문미 머리 황금 글자를 비추니	楣頭日照黃金字
반은 친왕께서 손수 쓰신 것이라네	半是親王手自書

세 번째 其三

별원의 맑고 그윽함은 그려 내기 어려우니	別院淸幽畫不摸
조각 상, 무늬 벽돌에 한 점 티끌도 없네	彫床紋甓點塵無
창 깁은 한 면에 엷은 안개가 낀 듯한데	窓紗一面如煙薄
누워서 꽃 옮겨 심고 약초 심는 종을 부릴 수 있네	臥領移花種藥奴

125 백화(百和) : 각종 향료를 섞어서 제조한 백화향(百和香)을 말한다.

네 번째 其四

물고기 색은 온통 붉고 새 부리는 노란데	魚體全紅鳥嘴黃
작은 새장은 촘촘하고 작은 못은 네모나네	小籠纖密小池方
뜰 앞의 온갖 종류 모두 관리하려면	庭前百種皆經濟
말은 한가롭다 해도 절로 바쁘리라	也道優閑亦自忙

다섯 번째 其五

옛날부터 집안에 백가의 책이 전하니	傳家舊有百家書
달을 꿰는 무지갯빛[126] 밤에도 마을을 밝혔지	貫月虹光夜照閭
옥 같은 계방[127]은 지금 보이지 않으니	如玉季方今不見
지난번에 이미 도성으로 가는 나귀를 탔다네[128]	向來京國已騎驢

126 달을 꿰는 무지갯빛 : 좋은 서화를 많이 수집하여 보관해 둔 곳에서 나는 광채를 가리키는 말로, 송(宋)나라 미원장(米元章)이 이름난 서화(書畫)를 많이 모았는데, 그것을 배에다 싣고 강으로 갈 때 밤에 광채가 뻗치는 것을 보고, 사람들이 미가홍월선(米家虹月船)이라 불렀다는 고사가 있다.

127 계방(季方) : 남의 훌륭한 아우를 뜻하는 말이다. 후한(後漢) 때 진기(陳紀)는 자가 원방(元方)이고, 그 아우인 진심(陳諶)의 자는 계방인데, 두 사람 모두 우열을 가릴 수 없을 정도로 총명하고 효성스럽기로 유명하였으므로 이후로 남의 아우를 가리키는 말로 쓰였다. 《後漢書 陳寔列傳》

128 도성으로……탔다네 : 과거를 보기 위해 도성으로 간 것을 말한다.

영평부

永平府

옛날 우북평(右北平)이다.

전운이 싹 사라져 들판 색이 창연한데　兵氣全消野色蒼
북평의 연화가 석양에 가득하네　北平煙火滿斜陽
집집마다 댓잎으로 새로 술을 빚고　千家竹葉新開釀
오월의 포도는 향기가 변하지 않았네　五月葡萄不改香
바위 호랑이는 짙은 봄 숲에서 늙어 가고　石虎老依春藪黑
변방의 독수리는 기쁘게 긴 저녁 하늘을 나네　塞鵰飛喜暮天長
행인은 홀연 많은 생각이 들어　行人忽作繁華想
달을 기다리자니 젓대 소리가 근처에서 울어 대네　待月笙簫咽近坊

술 이름을 문득 죽엽(竹葉)이라고 칭하고, 포도는 새로 딴 것 같았으므로, 3구와 4구에서 언급하였다.

무진(5월 9일). 맑음. 사하역(沙河驛)에서 묵다

사호석을 방문하다

訪射虎石

불평스러운 듯 입과 눈은 사납게 흘리고	口眼雄獰帶不平
자연히 만들어진 듯 푸른 벼랑에 걸터앉았네	蒼崖蹲踞類天成
장군의 화살[129]을 맞지 않았더라면	非緣飮得將軍鏃
어찌 천년토록 널리 불후의 이름을 남겼으랴	爭博千年不朽名

129 장군의 화살 : 장군은 한(漢)나라의 명장 이광(李廣)을 가리킨다. 무제(武帝) 때 우북평 태수(右北平太守)가 되었는데 흉노(匈奴)가 '한나라의 비장군(飛將軍)'이라고 무서워하며 감히 소란스럽게 하지 못할 정도로 용력(勇力)이 매우 뛰어났다. 특히 활을 잘 쏘아 호랑이를 많이 잡았는데, 어느 날 풀 속의 바위를 호랑이로 착각하고 쏘았더니 화살이 바위에 꽂혔다는 일화가 있다. 《史記 李將軍列傳》

이제묘
夷齊廟

단봉은 깨끗하고 패강은 푸른데　　丹峯乾淨浿江青
기성의 사당 앞에 제수(祭需)가 향기롭네　　箕聖祠前俎豆馨
어찌 함께 인리를 택하지 않고　　何不同携仁里擇
평생토록 늘 더러운 게 묻을 듯이 하였던고[130]　　百年常若浼羶腥

130 어찌……하였던고 : 주(周)나라 무왕(武王)이 은(殷)나라를 망하게 하자, 백이(伯夷)와 숙제(叔齊)가 주나라에서 나는 곡식을 먹지 않겠다고 하면서 수양산에 들어가 고사리를 캐 먹다가 죽었던 고사를 가리킨다. '더러운 게 묻을 듯이 한 것'은 맹자(孟子)가 백이를 평하면서 "악을 미워하는 마음을 미루어서, 무례한 고을 사람과 함께 서 있을 때에 고을 사람의 관이 반듯하지 못하면 마치 그가 자기까지 더럽힐 것처럼 여겨 뒤도 안 돌아보고 가 버렸다."라고 한 데서 온 말이다. 《孟子 公孫丑上》

사하역

沙河驛

유주가 궁벽해도 중원이라 칭해지니 幽州雖僻號中原
백발에 그대로 만 리 길 수레를 타네 白首仍乘萬里轅
기역에는 아직도 은대의 제도가 전하니 箕域尙傳殷代制
한인들 많이 만주인과 혼인을 맺었네 漢人多結滿州婚
꽃이 핀 무너진 성가퀴에는 까마귀가 잠들고 花生廢堞烏鴉宿
풀 돋은 긴 둑에는 말 가축이 시끄럽네 草動長堤馬畜喧
멀리서 온 나그네는 여정이 얼마나 걸릴지 모르니 遠客不知長短堠
술집 다방 있는 이곳은 어느 마을이뇨 酒帘茶榜是何村

기사(5월 10일). 맑음. 풍윤(豐潤)에서 묵다

문창루에 오르다

登文昌樓

여섯 면을 돌고 돌아 마치 깎아 세운 듯한데	六面回回類削成
먼 허공으로 몸을 내니 겁날 정도로 아스라하네	遙空身出莽堪驚
평원은 멀리서 뜬구름과 합쳐지고	平蕪去與浮雲合
푸른 바다는 쌓인 기운을 불어 대네	滄海吹成積氣橫
하늘 저 멀리 부상[131]에는 고국이 아득한데	天外扶桑迷舊國
안개 속 방초는 여정을 물어보네	煙中芳草問行程
어떻게 말도 병사도 강한 세상에	如何馬壯兵强世
문창[132]이 이곳에 정기를 내렸다고 부질없이 말하는가	浪道文昌此降精

131 부상(扶桑) : 동해(東海)에 있다고 하는 전설 속의 신목(神木)으로, 여기에서 해가 뜬다고 한다. 주로 우리나라와 일본을 가리키는 말로 쓰인다.

132 문창(文昌) : 문재(文才)를 주관하는 별인 문창성(文昌星), 문곡성(文曲星)을 가리키는 것으로, 당시 현지에서 문창제군(文昌帝君)을 모시고 있었다.

고려보

高麗堡

마을 모습이 분명하게 조선과 같으니	村容的的是朝鮮
울타리 밖에는 푸른 모를 논에다 심었네	籬外青秧挿水田
근본을 잊은 우민(愚民)들을 탓할 것이 있으랴	忘本蚩氓何足較
수레를 멈추고 절로 생각에 잠기게 되네	停車吾自一依然

고려보의 사람들이 우리나라 사신을 만날 때면 술과 음식을 차려서 수행하는 사람들을 대접했다. 근래에 수행하는 무리들이 모욕을 주고 토색질을 하는 것을 괴롭게 여겨 모두 자신들은 고려족이 아니라고 칭하였다. 불러서 물어보니 과연 그러하였으므로, 한 차례 쓴웃음을 지었다.

경오(5월 11일). 맑음. 옥전(玉田)에서 묵다

옥전에서 달을 보며 회포를 적다

玉田對月書懷

다정도 해라, 말 위에 뜬 달이여	多情馬上月
찼다가 지는 것을 세 번째 보네	圓缺見三回
넓은 관산에 그림자가 움직이니	影動關山闊
흰 귀밑머리에는 광채가 더하네	光添鬢髮皚
외로운 침상의 베개를 엿보는 듯하니	似窺孤枕臥
능히 고향 산천을 비추고 왔겠지	能照故山來
거기다 변경의 닭 일찍 울어 대니	更此邊鷄早
수레 모는 인부들이 새벽을 재촉하네	車徒拂曙催

당나라 사람의 변방 시에 차운하다

次唐人塞外

누런 구름은 바라보아도 끝이 없고　黃雲望不極
푸른 풀 덮인 길은 또 어찌 그리 먼가　青草路何賒
늙은 몸은 명약이 필요하고　身老須名藥
외로운 잠은 저녁 피리를 꺼리네　眠孤忌暮笳
하늘 모양은 일산처럼 둥글고　天形團似蓋
흩어지는 들판 기운은 노을이 아니네　野氣散非霞
추한 풍속은 이를 잡아 삼키고　醜俗能呑虱
뾰족한 무덤은 모두 모래로 쌓았네　尖墳盡聚沙
가렸다 보였다 하는 것은 먼 객점의 버들이요　蔽虧遙店柳
피었다가 지는 것은 고산의 꽃이로다　開落故山花
표요장[133]을 아직도 기억하노니　尙憶嫖姚將
기이한 공훈은 한나라를 빛내었네　奇勳照漢家

133 표요장(嫖姚將) : 한(漢)나라 무제(武帝) 때의 표기장군(驃騎將軍) 곽거병(霍去病)을 가리킨다. 그는 표요교위(嫖姚校尉)로 있으면서 기련산(祁連山) 주위에 있는 흉노족을 정벌하기 위하여 여섯 차례나 출정하여 큰 공을 세워 표기장군이 되고 관군후(冠軍侯)에 봉해졌다. 《漢書 霍去病傳》

두 번째 其二

사행 중에 봄 석 달이 저물어 가니　　仗節三春盡
평평한 큰 사막에서 수레를 모네　　驅車大漠平
요동 변방 마을에는 누런 구름이 끼었고　　黃雲遼塞郡
한나라의 군영 자리에는 백골이 보이네　　白骨漢家營
중화의 여인은 신을 좁게 만들고　　華女裁鞋窄
변방의 아이는 쉽게 말을 제어하네　　邊兒制馬輕
기둥은 황폐하여 새는 돌아오지 않고[134]　　柱荒禽不返
바위는 늙어 호랑이라는 이름을 얻었네　　石老虎爲名
한해는 늘 음산하여　　瀚海尋常曀
폭풍 소리가 밤낮으로 이어지네　　風飆晝夜聲
선우도 깊이 고려를 하여　　單于亦遠慮
산해관 밖에는 성을 수축하지 않았네　　關外不修城

세 번째 其三

절역에 모래 먼지 자욱한데　　絶域沙塵盛
수레 탄 사신의 구레나룻이 차갑네　　輶車鬢髮寒

134 기둥은……않고 : 한나라 때 요동 사람 정영위(丁令威)가 영허산(靈虛山)에서 도를 닦아 신선이 되었는데, 천년 뒤에 학으로 변하여 다시 고향으로 날아와 화표주(華表柱)에 앉았더니, 마을의 소년들이 보고 활을 쏘아 잡으려고 하므로, 훌쩍 날아 공중에서 배회하다가 하늘을 찌를 듯이 높이 날아올라 갔다는 고사가 있다. 《搜神後記 卷1》

가련타, 약한 나라에서 태어나서	可憐生弱國
누란[135]을 벨 수도 없으니	未得斬樓蘭
관문 길은 곧바로 하늘에 닿을 듯하고	關路連天直
마을 연기는 둥글게 나무를 감쌌네	村煙倚樹團
장군은 막부에서 웅거하고	將軍雄幕府
총독은 깃발을 잡고 있네	摠督擁旗竿
말을 기르는 변방의 소리 괴롭고	牧馬邊聲苦
거친 닭 울음에 나그네 꿈이 깨네	荒鷄旅夢殘
남아는 뜻이 다하지 않아[136]	男兒意未已
밤이 되면 태백[137]을 살펴보네	太白夜來看

135 누란(樓蘭) : 서역(西域)의 나라 이름이다. 한나라 무제가 대완국(大宛國)과 통하려고 할 때, 누란이 가로막고 방해를 하였으며, 심지어 한나라 사절(使節)을 공격하기도 하였다. 이에 소제(昭帝) 때에 부개자(傅介子)를 보내어 누란을 정벌하고 국왕 안귀(安歸)를 죽인 뒤 울도기(尉屠耆)를 왕으로 세우고 나라 이름을 선선(鄯善)이라 고쳤다. 《漢書 傅介子傳》 여기서는 일반적인 오랑캐를 가리킨다.

136 남아는……않아 : 천하를 경략하고자 하는 큰 뜻이 있음을 말한다. 옛날에 남아가 태어나면 뽕나무로 활을 만들고 쑥대로 화살을 만들어서 천지 사방에 활을 쏘아, 남아로 태어났으면 응당 사방을 돌아다닐 뜻을 품어야 함을 표상한 것에서 나왔다. 《禮記 內則》

137 태백(太白) : 태백성(太白星)을 가리킨다. 저녁에 서쪽에 뜨는 금성(金星)으로 장경성(長庚星)이라고도 하며, 새벽에는 동쪽에서 나온다고 하여 계명성(啓明星)이라고도 한다. 옛날에는 이 별이 살벌(殺伐)을 주관한다고 하여 낮에 보이면 군대나 전쟁의 전조라고 판단하였다. 《한서(漢書)》 〈천문지(天文志)〉에 "태백성이 낮에 하늘을 지나가면 천하에 혁명이 일어나서 백성이 왕을 바꾼다. 이에 강기(綱紀)가 어지러워지고 백성들이 흩어져 유랑한다."라는 내용이 보인다.

신미(5월 12일). 맑음. 계주(薊州)에서 묵다

계주행

薊州行

계주성을 보지 못하고서야　　不覩薊州城
어떻게 산천이 큰 것을 알 수 있으랴　　安知大山川
뒤로는 몇 겹의 금빛 연꽃을 지고 있고　　背負幾疊金芙蓉
앞에는 광야가 어찌 그리 넓은가　　前開曠野何茫然
긴 시내는 곧바로 어양의 다리를 지나가고　　長川直貫漁陽橋
다리 가 안개 속 나무는 끝없이 우거졌네　　橋上煙樹莽連連
독락사 누대는 천하의 장관이니　　獨樂寺樓天下壯
가운데에 장륙의 금부처가 있네　　中有丈六之金仙
붉은 사다리를 잡고 오르면서 자주 숨을 헐떡이다　　仰攀丹梯累脅息
다 오른 뒤에야 매달린 붉은 난간을 신기해하네　　梯窮始訝朱欄懸
내 몸이 홀연 하늘 위에 선 듯한데　　吾身忽若天上立
상투까지 세워도 부처의 어깨에 못 미치네　　髻尖猶未齊佛肩
사방 성지를 돌아보니 체세가 장엄한데　　四顧城池壯體勢
북으로 몽고를 제압하고 서로 연나라를 섬기는 형국일세
　　北制蒙古西拱燕
고을 속 높은 기둥이 넓은 길을 비추고　　邑中高棟照通衢
녹음이 반쯤 천가의 연기에 가렸네　　綠陰半罨千家煙

누군가 한바탕 장난을 좋아하여	何人喜事成一劇
별전에 누운 석가모니에게 이불을 덮었네	別殿被覆牟尼眠
때로 호황의 우렵이 와서	有時胡皇羽獵來
행궁의 금벽은 삼천에 이어지고	行宮金碧連三天
녹산[138]의 지난 일이 청사를 더럽히니	祿山事往靑史穢
헌원대는 폐해지고 푸른 이끼가 덮었네	軒轅臺廢蒼苔塡
헌원이 용을 타고 가 돌아오지 않으니[139]	軒轅乘龍不復返
공동산[140]은 만년토록 푸르네	崆峒山碧一萬年
광성자의 소식은 흰 구름처럼 아득하니	廣成消息白雲遙
타고 다니던 난새와 학은 어디에 있는가	驂鸞駕鶴阿那邊
고인과 후인을 보지 못한다는 말은	不見古人與來者
바람 앞에 눈물 뿌린 자앙[141]의 시구라네	臨風淚洒子昂篇

138 녹산(祿山) : 중국 당(唐)나라 때의 무장 안녹산(安祿山)이다. 현종(玄宗)의 신임을 얻어 당의 국경 방비군 전체의 약 절반에 가까운 병력을 장악했다. 황태자와 양국충(楊國忠)이 안녹산과 현종 사이를 이간질하려고 하자 양국충을 제거한다는 명목으로 현종 천보(天寶) 14년(755)에 어양(漁陽)에서 20만 대군을 이끌고 반란을 일으켜 12월에 수도를 함락하고 이듬해 1월에 웅무황제(雄武皇帝)라고 칭하면서 국호를 연(燕)으로 고쳤는데, 결국 아들 안경서(安慶緖)에게 죽음을 당하였다.

139 헌원(軒轅)이……않으니 : 헌원은 중국 고대의 전설 속에 보이는 황제(黃帝)를 가리킨다. 그가 형산(荊山) 아래에서 솥〔鼎〕을 주조하여 완성했을 때에 용이 수염을 드리우고 내려와서 황제를 맞이하였다. 황제가 올라타고 군신(群臣)과 후궁 70여 명이 따라 오르자 용이 곧 하늘로 올라갔다는 전설이 있다. 《史記 封禪書》

140 공동산(崆峒山) : 중국 감숙성(甘肅省)에 있는 산이다. 《장자》〈재유(在宥)〉에 "황제가 천자의 자리에 오른 지 19년 만에 천하가 잘 다스려져 명령이 천하에 행해졌는데, 도인인 광성자가 공동산 위에 있다는 말을 듣고는 가서 그를 만나 보았다.〔黃帝立爲天子十九年, 令行天下, 聞廣成子在於崆峒之上, 故往見之.〕"라는 내용이 있다.

진자앙이 〈계주성루부〉에서 "이전의 고인을 보지 못하고, 이후의 후인을 보지 못한다고. 천지의 망망함을 생각하니, 홀로 슬퍼져서 눈물이 흘러내리네.〔前不見古人 後不見來者 念天地之茫茫 獨愴然而涙下〕"라고 하였다.

141 자앙(子昂) : 초당(初唐)의 시인인 진자앙(陳子昂)이다. 자는 백옥(伯玉)이다. 형식에 치우친 기존의 시풍(詩風)을 일소하고 고대의 고아(高雅)한 시풍으로 복고할 것을 주창, 성당(盛唐) 시인의 선구가 되었다. 저서에 《진습유집(陳拾遺集)》이 있다.

임신(5월 13일). 맑음. 삼하현(三河縣)에서 묵다

백간점
白澗店

맑디맑은 향암[142]이 상계와 통하니	淸切香菴上界通
비구가 상서로운 구름 속에서 맞이하며 절하네	比丘迎拜靄雲中
소나무 양옆 섬돌은 층층이 희고	松分兩砌鱗鱗白
꽃을 꽂은 한 쌍의 병엔 붉은 기가 가득하네	花揷雙甁藹藹紅
황금 편액에는 황제의 어필이 남아 있고	金榜護留皇帝筆
보등은 태화궁[143]에서 나오네	寶燈領出太和宮
독경 소리가 가늘게 맑은 경쇠 소리와 어울리니	經聲細和泠泠磬
속세의 근심과 나그네 시름이 한꺼번에 사라지네	塵慮羈愁一倂空

142 향암(香菴) : 사찰인 향화암(香花菴)을 가리킨다.

143 태화궁(太和宮) : 당(唐)나라 고조(高祖)가 종남산(終南山)에 지었던 궁전으로, 일반적으로 산중에 있는 궁전을 뜻한다.

호타하

滹沱河

호타는 내리비치는 햇살에 흰 비단 같은데	滹沱日射如練白
마름에 바람 언뜻 일자 무더위가 사라지네	蘋風乍起炎塵伏
영웅[144]이 한번 가니 부질없이 자취만 남았는데	英雄一去空留跡
강 속의 물은 쉬지 않고 흘러가네	河中之水去不息
은근히 하신에게 넌지시 묻노니	殷勤細向河神問
어느 해에나 다시 유문숙[145]을 보호하리	何年再護劉文叔

144 영웅 : 후한의 광무제(光武帝) 유수(劉秀)를 가리킨다. 그가 대사마(大司馬)가 되어 계주(薊州)를 방문하였을 때 마침 반란이 일어나 고을에 들어가지 못하고 왕랑(王郎)의 군대에 쫓겨 위태롭게 되었는데, 마침 호타하에 얼음이 얼어 무사히 건널 수 있었다고 한다. 《後漢書 王霸列傳》

145 유문숙(劉文叔) : 문숙은 광무제의 자이다.

삼하현에서 밤에 앉아

三河縣夜坐

인적 없는 정원에 시름겹게 앉았노라니	庭院無人坐悄然
석류의 향기가 진동하고 달빛이 아름답네	石榴香動月娟娟
우리 집의 네다섯 화분에 심은 나무도	儂家四五盆中樹
능히 다시 작년처럼 꽃을 피웠으려나	能復開花似去年

두 번째 其二

종일토록 더운 열기가 멀리 하늘까지 가득하더니	盡日炎埃迴接天
푸른 홰나무에 미풍 불어 비로소 선선해지네	綠槐微籟始泠然
주인은 고려의 시문을 감상할 줄 알아서	主人解賞高麗字
만나자마자 작은 촛불 앞에서 글을 청하네	便面要書小燭前

계유(5월 14일). 맑음. 통주(通州)에서 묵다

통주곡
通州曲

번화하고 장려한 곳이 통주이니　　繁華壯麗是通州
명하를 끌어들여 어구에 연결했네　　句引明河接御溝
버들 늘어진 긴 강기슭의 일만 가호가　　垂柳長干一萬戶
영롱하게 모두 그림 속에 떠 있는 듯하네　　瓏瓏都在畫中浮

두 번째 其二

산동의 조운선이 만 척이나 펼쳐 있고　　山東漕稅萬帆開
푸르디푸른 갈석산이 오른쪽에서 끼고 오네　　碣石蒼蒼右夾來
청작과 황룡[146]이 시야에 어지러운데　　青雀黃龍迷一望
푸른 버들 선 둑 가에는 거울 빛[147]이 감도네　　綠楊堤畔鏡光廻

146 청작(青雀)과 황룡(黃龍) : 바람에 잘 견뎌 수환(水患)을 예방하는 의미에서 뱃머리에 그린 푸른 참새, 누런 용의 문양을 가리키는 것으로, 흔히 화려한 배를 가리킨다. 왕발(王勃)의 〈등왕각서(滕王閣序)〉에 "큰 배들이 댈 곳을 찾아 서성거리는데, 청작, 황룡을 그린 배들이로다.〔舸艦迷津, 青雀黃龍之舳.〕"라는 구절이 있다. 《古文眞寶 後集 卷2》

147 거울 빛 : 호수의 물빛을 가리키는 말이다. 거울같이 맑고 잔잔한 호수를 경호(鏡

세 번째 其三

첫 번째 배가 석양 속을 가로지르니	第一船橫夕照間
포씨 집 재주 있는 자제가 활짝 웃네	鮑家才子笑開顔
서호 굽이에 익숙히 살았기 때문인지	秖緣慣住西湖曲
도리어 서호가 평범한 듯 말하네	還說西湖似等閑

영조관(領漕官)의 배가 모래언덕에 정박했다. 조각한 창, 푸른 발이 바라보면 그림처럼 보이는데 세 사신이 배에서 내려 걸어서 그 속으로 들어갔다. 영조관이 나와서 기쁘게 영접하였는데, 그 사위인 소년 포자경(鮑紫卿)은 더욱 정성이 넘쳤다. 파하고 돌아오는 길에 통주의 점사를 방문하여 한참 동안 필담을 하다가, 어두워지고서야 작별을 하였다. 포는 서호(西湖) 사람으로, 서호의 절경에 대해 물으니, 이곳에서 생장하였기 때문에 별달리 기이한 것이 있는 줄은 모르겠다고 대답하였다.

湖) 또는 감호(鑑湖)라고 표현하는데, 당(唐)나라 하지장(賀知章)이 병들어 귀향하겠다고 청하자, 현종(玄宗)이 절강성(浙江省) 소흥(紹興)에 있는 경호의 한 구역을 하사하였던 고사가 있다. 《新唐書 隱逸列傳 賀知章》

5월 15일 갑술. 맑음. 황성(皇城)에 들어가다. 6월 15일까지 사관(使館)에 머물다

황성에 들어가다

入皇城

동악묘를 실컷 구경하고	縱觀東岳廟
관대가 비로소 도성에 들어가네	冠帶始入城
성에 들어가니 문에서 바로 보이는 건	入城門直視
우뚝한 만세산이라네	萬歲山崢嶸
누각은 산꼭대기를 덮었고	樓閣被山巓
깃발에는 광채가 흐르네	旖旎流光晶
아아, 숭정황제[148]가	嗚呼崇禎帝
이곳에서 순국하였네	殉社於此中
초목이 멀리서 흔들리니	草木迥動搖
흡사 슬픈 바람이 이는 듯하네	恍疑生悲風
그 아래 황극[149]이 있으니	其下有皇極

148 숭정황제(崇禎皇帝) : 명(明)나라의 마지막 황제인 의종(毅宗)이다. 갑신년(1644) 3월 유적(流賊) 이자성(李自成)이 북경을 함락하자, 나라가 망하면 임금이 사직(社稷)에서 죽는 도리를 지켜 자결하였다. 숭정은 그 연호로, 1628년부터 1644년까지 17년간 사용되었다.

149 황극(皇極) : 명나라 황제가 조회를 보던 황극전으로, 자금성(紫禁城) 안에 있

만국이 회동하던 곳이네	萬方所會同
중국의 주인이 번갈아 바뀌니	黃圖遞傳舍
해와 달이 어두워진 때가 많았네	日月多晦蒙
붉은 투구 오랑캐가 기세가 등등하여	紅兜氣揚揚
큰 저택에서 왕공이라 칭하네	甲第稱王公
쓸쓸해라, 삼한의 사신은	蕭條三韓使
말 몰면서 눈물이 눈에 가득하네	驅馬淚盈瞳
오모와 서대는	烏帽與犀帶
도리어 저자 아이들의 놀림감이 되네[150]	還爲市童譏
오직 옥하의 물만이	惟有玉河水
석양 속에서 슬프게 울어 대네	悲鳴帶夕暉

다. 원래는 봉천전(奉天殿)이라고 했으며, 청대에 태화전(太和殿)이라 개명했다.

150 오모(烏帽)와……되네 : 오모는 검은색 모자이고, 서대는 무소뿔로 만든 허리띠이다. 모두 중국 고대의 전통적인 예복 차림인데, 당시 중국은 이민족인 청(淸)나라가 지배하면서 이런 복장이 사라졌으므로 아이들조차 신기해하며 놀린다는 의미이다.

연관에서의 즉흥시

燕館卽事

포도랑 사과랑 자금리를	葡萄蘋果紫金梨
광록시(光祿寺)에서 아침마다 제때에 대접하네	光祿朝供不失時
병 많은 상여가 자주 해갈을 하니[151]	多病相如頻解渴
이 행차 참으로 채미시[152]에 부끄러워라	此行眞愧採薇詩

151 병……하니 : 한(漢)나라의 문장가 사마상여(司馬相如)가 평소에 소갈증(消渴症)을 앓고 있었는데, 병이 심해지자 벼슬을 그만두고 섬서성(陝西省) 무릉(茂陵)으로 돌아가 은거하였던 고사가 있다. 《史記 司馬相如列傳》

152 채미시(採薇詩) : 무왕(武王)이 은(殷)나라를 정벌하자, 의롭지 않게 여긴 백이(伯夷)와 숙제(叔齊)가 수양산(首陽山)에 숨어 고사리를 캐 먹으면서 불렀다는 노래이다. 《史記 伯夷列傳》

태학에 배알하다

謁太學

반수의 물소리가 잣나무 옆에서 깊은데	泮水濺濺側柏深
문 앞에서 손을 씻고 옷깃을 여미네	門前盥濯整吾襟
중원은 긴 밤이 되었다고 할 수 있는데	神州可說成長夜
그래도 궁궐[153] 담장에 해와 달이 비치네	也有宮墻日月臨

153 궁궐 : 당나라 현종(玄宗) 때에 공자(孔子)를 추숭하고 올린 공자의 시호가 문선왕(文宣王)이기 때문에, 공자의 사당인 문선왕묘(文宣王廟)를 궁궐로 표현한 것이다. 문선왕은 송나라 진종(眞宗) 때에는 '현성문선왕(玄聖文宣王)'과 '지성문선왕(至聖文宣王)'으로 바뀌었고, 원나라 무종(武宗) 때에는 '대성지성문선왕(大成至聖文宣王)'으로 되었으며, 명나라 세종(世宗) 때 다시 '지성선사(至聖先師)'로 바뀌었다.

석고[154]

石鼓

주왕의 석고 열 개가 부질없이 전해지지만 周王十鼓浪流傳
선니의 붓 아래 권위[155]에 비길 수 있으랴 爭及宣尼筆下權
《시경》 삼백 편을 사람들은 모두 외우지만 葩經三百人皆誦
석각에 새긴 글이 있는지는 알지 못하니 未有知他石刻篇

154 석고(石鼓) : 주(周)나라 선왕(宣王)의 업적을 칭송하는 글을 10개의 돌에 새긴 것으로, 돌의 모양이 북과 비슷하므로 석고라는 이름을 붙였다. 돌 표면에 진대(秦代)의 전자(篆字)에 가까운 문자가 새겨져 있는데, 중국 최고(最古)의 금석문으로 꼽힌다. 원래 섬서성(陝西省) 부풍현(扶風縣) 서북쪽 진창산(陳倉山)에 흩어져 있던 것을, 당(唐)나라 때 정여경(鄭餘慶)이 봉상부(鳳翔府)에 있는 공자의 사당으로 옮겼다가, 다시 북경의 국자감(國子監)으로 이전했다고 한다.

155 선니(宣尼)의……권위 : 선니는 포성선니공(褒成宣尼公)으로 추시(追謚)된 공자(孔子)를 가리킨다. 붓 아래 권위란 공자가 역사를 서술하면서 지녔던 원칙인 춘추필법(春秋筆法)의 권위를 가리키는 말로, 《춘추곡량전》의 서문에 "한 글자의 칭찬이 화곤을 받는 것보다도 영광스러웠고, 한마디의 폄하가 시장에서 맞는 회초리보다도 욕스러웠다.〔一字之褒, 寵踰華衮之贈; 片言之貶, 辱過市朝之撻.〕"라고 한 것이 그 실례이다.

이륜당

彝倫堂

예악과 의관이 모두 옛일이 되어 버렸으니　　禮樂衣冠一渺茫
이륜당 위에서 다시 눈물로 옷깃 적시네　　彝倫堂上更霑裳
인적이 끊긴 긴 회랑에는 새가 내려앉고　　長廊鳥下人聲絶
땅에 가득 푸른 홰나무에는 절로 석양이 지네　　滿地青槐自夕陽

당 아래 양쪽 긴 행랑에는 아무도 지키는 사람이 없었다. 한 사람의 수재(秀才)라도 만나서 대화를 나누어 보고 싶었지만, 끝내 그러지 못하였다.

문 승상[156] 사당

文丞相祠

중국의 멸망을 고금이 슬퍼하는데	中州淪沒古今傷
문 승상의 사당에는 초목만 황량하네	文相祠堂草木荒
오직 해마다 동국의 사신이 와서	惟有年年東國使
유상을 배알하며 한번 분향한다네	拜瞻遺像一焚香

156 문 승상(文丞相) : 송(宋)나라 말엽의 승상이자 애국지사인 충렬공(忠烈公) 문천상(文天祥, 1236~1282)을 가리킨다. 자는 송서(宋瑞)·이선(履善)이고, 호는 문산(文山), 봉호는 신국(信國)이다. 이종(理宗)과 익왕(益王)을 섬겼고, 임안(臨安)이 함락된 뒤에도 송나라 단종(端宗)을 받들고 근왕군을 일으켜 원군(元軍)과 싸웠으며, 위왕(衛王) 때 조양(潮陽)에서 패전하여 원군의 포로가 되어 연경(燕京)에 3년 동안 억류되었다. 온갖 회유에도 굴하지 않고 〈정기가(正氣歌)〉를 지어 자신의 충절을 나타내고 죽었다. 그 당시 그의 첩이었던 안씨와 황씨도 그를 따라 순절(殉節)하였다. 《宋史 文天祥列傳》

옹화궁[157]

雍和宮

귀신같은 솜씨로 창건해서 그런지	神施鬼設刱規模
하늘 위 누대엔 기색이 남다르네	天上樓臺氣色殊
황제가 때로 와서 공손히 절하고 꿇어앉는지라	皇帝時來恭拜跪
순황색의 비단 자리가 부처 앞에 펼쳐 있네	純黃錦席佛前鋪

두 번째 其二

복도가 하늘을 가로질러 황제의 성을 엿보니	複道橫天瞰帝城
실물인지 그림인지 모호해 그런 이름이 붙었네	似眞如畫若爲名
빽빽한 만 송이 연꽃 속에서	蔥蔥萬朶蓮花裏
때로 공중의 또렷한 신기루를 보네	時見空中蜃閣明

157 옹화궁(雍和宮) : 북경 안정문(安定門) 안에 있는 궁으로, 청(淸)나라 세종(世宗)의 잠저(潛邸)였는데 세종 즉위 후에 라마교 사원으로 만들었다.

청나라 황제가 하지에 방택에 제사를 지내면서, 조선의 정사와 부사에게 칙령을 내려 지영하게 하였다. 해가 장대 몇 개만큼 높이 떠오른 뒤에야 비로소 제사를 마쳤다. 단문을 나가 지영하는 곳에 이르러 조선의 사신은 어디에 있느냐고 묻고 이어서 유심히 바라보았다. 십여 걸음 지나서 가마에서 몸을 돌려 주목하는데, 얼굴에 기쁜 기색이 역력하였다. 후에 예부의 신하에게 이르기를 "조선의 사신이 예모가 매우 좋다. 다른 외번에 비할 바가 아니다."라고 하였다고 한다

淸帝以夏至祭方澤勅朝鮮正副使祗迎日高約數竿始罷祭出壇門至祗迎處問朝鮮使何在仍熟視之行過十許步自轎中轉身注目面上有喜色後謂禮部臣曰朝鮮使禮貌甚好非他外藩可比云

수수한 위의로 방단을 나서니　　威儀草草出方壇
누런 일산으로 겨우 가한(可汗)[158]인지 알았네　　黃繖纔容辨可汗
가마 속 몸을 돌려 사신을 살피시니　　轎裏傾身看使者
한나라 의관 보고 속으로 기뻐하였으리　　也應心喜漢衣冠

158 가한(可汗) : 몽고(蒙古), 돌궐(突厥), 회흘(回紇) 등의 민족이 자신들의 왕(王)을 일컫는 호칭이다. 여기서는 청나라 황제를 지칭한다.

연경 잡영
燕京雜詠

서산은 아스라하고 노하는 긴데	西山縹緲潞河長
번화한 황제 마을은 즐거움이 다하지 않네	帝里繁華樂未央
상인의 수레는 붉은 준마가 끌고	商貨車騰紅叱撥
왕가의 지붕 기와는 푸른 원앙이 덮었네	王門瓦覆碧鴛鴦
군대가 설령을 정벌하자 커다란 비를 세웠고	師班雪嶺碑千尺
천단에 제사 마치자 만방에 비가 내리네	祭罷天壇雨萬方
고금의 모든 책을 사고에서 간행하니	今古全書刊四庫
무영전의 상아 찌[159] 향기가 은은하네	武英牙軸細聞香

금천(金川)을 평정하자마자[160] 태학의 뜰 앞에 대첩비(大捷碑)를 세웠고, 또 날이 가물어 친히 기우제를 지내자 비가 내렸다. 그러므로 경련(頸聯)에서 언급한 것이다.

159 무영전(武英殿)의 상아 찌 : 무영전은 북경에 있는 전각 이름인데, 청나라 건륭(乾隆) 초기에 이곳에서 십삼경(十三經), 이십이사(二十二史) 등을 교각(校刻)하였다. 상아 찌는 서책의 포갑(包匣)을 고정할 목적으로 꽂아 두는 상아로 만든 찌를 가리키는데, 훗날 서책을 의미하는 말로 쓰였다.

160 금천(金川)을 평정하자마자 : 금천은 중국 사천성(四川省)에 있는 만주족의 땅이다. 청(淸)의 옹정제(雍正帝) 초에 사라분(莎羅奔)이 안무사(按撫司)에 임명되자 자기 관할 지역을 대금천(大金川)이라 하고, 구토사(舊土司) 택왕(澤旺)의 관할 지역을 소금천이라 불렀는데, 건륭제(乾隆帝) 초기에 사라분이 반란을 일으키자 건륭제가 1747년에 3만 대군을 동원하여 진압하였다. 《欽定平定金川方略 卷1》

두 번째 其二

대추 잎 처마에 늘어져 온 관이 그윽한데	棗葉垂簷一館深
정양문 안의 옥하관 물가에 있네	正陽門內玉河潯
책 때문에 잠 설쳐 삼경까지 깨어 있고	書排客睡侵三鼓
수레에 실은 이름난 샘물은 십금에 샀네	車載名泉買十金
남쪽 선비들은 가련하게 우어를 규제당하고	南士可憐禁偶語

'금(禁)' 자는 평성(平聲)이다.

통관은 태반이 청심환을 요청하네	通官多半乞淸心
노니는 물고기들 유리 어항에 갇혔으니	遊魚鎖在琉璃盌
물상과 인정이 모두 갇히었구나	物象人情兩滯淫

오랑캐 황제가 바야흐로 엄한 법으로 신민들을 다스리므로, 남방에서 입사(入仕)한 한인(漢人)들은 목숨이 경각에 달린 것처럼 불안해하였다. 그래서 제5구에서 언급하였다. 통역하는 사람들이 마침 유리 어항에 오색의 붕어를 담아서 바쳤으므로, 결구에서 언급하였다.

세 번째 其三

통주의 흰 돌로 큰길을 만드니	通州素石築康莊
동문까지 곧게 흰 비단 그림자가 기네	直抵東門練影長
화수와 헌원이 탁록에서 다투었고[161]	禍首軒轅爭涿鹿

161 화수(禍首)와……다투었고 : 화수는 중국의 우환덩이였던 치우(蚩尤)를 가리키고, 탁록은 하북성(河北省) 탁록현(涿鹿縣) 남쪽에 있었던 지역의 명칭이다. 이마에

이전의 협사는 함양으로 들어갔네	前塵俠士入咸陽
더위 피해 원명원[162]으로 봄에 거둥하시어	圓明避暑春移仗
불국에 영험을 빌며 밤에 향을 태우네	佛國祈靈夜爇香
왕성한 운수 백 년 만에 여직[163]이 차지하니	旺運百年歸女直
새벽 창에 부질없이 녹로검[164]의 빛이 비치네	曉窓空射轆轤光

네 번째 其四

해가 비친 붉은 투구는 피처럼 선명한데	日照紅兜似血鮮
금천을 소멸시킨 건 전에 없던 용맹이네	金川掃滅勇無前
성 모퉁이의 곰을 걸어 둔 별관엔 기운이 엄숙하고	城隅氣肅懸熊館
갑문 입구엔 코끼리를 씻기는 시내의 물결이 거세네	閘口波騰浴象川

구리를 두르고 안개를 내뿜는 괴물 치우가 탁록 판천(阪泉)에서 난을 일으키자 황제(黃帝) 헌원씨(軒轅氏)가 제후에게 군사를 징발하여 탁록의 들판에서 싸우면서 지남거(指南車)를 만들어 치우를 무찔렀다고 한다. 《史記 五帝本紀》

162 원명원(圓明園) : 청나라 이궁(離宮)의 하나이다. 북경 서쪽 교외에 있으며, 원명원・장춘원(長春園)・기춘원(綺春園) 3원으로 구성되어 있다. 1709년 강희제(康熙帝)가 네 번째 아들 윤진(胤禛)에게 하사한 별장이었는데 윤진이 옹정제(雍正帝)로 즉위하고 나서 1725년 황궁의 정원으로 조성하였다. 그 뒤 건륭제(乾隆帝)가 바로크 건축 양식을 더하여 원명원을 크게 넓혔고 장춘원과 기춘원을 새로 지었다. 넓고 아름다운 정원과 바로크식 건축으로 유명했으나, 1860년 아편전쟁 당시 영불(英佛) 연합군이 북경을 점령하는 과정에서 파괴되었다.

163 여직(女直) : 여진(女眞)의 다른 이름이다. 거란은 1032년 홍종(興宗)의 이름을 피하여 여진을 여직으로 변경하였다.

164 녹로검(轆轤劍) : 한(漢)나라 때 만들어진 보검의 이름으로, 검의 손잡이 쪽이 둥근 모양이다.

약소국은 가련하게도 오래도록 갈을 섬기니[165]	弱國可憐長事葛
슬픈 노래는 옛날에 연을 칭했던 것을 믿지 못하네	悲歌不信古稱燕
오묘한 이치는 아득하니 누구를 통해 헤아릴까	玄機窈窅憑誰測
동해로 돌아갈 사람은 밤마다 하늘을 살피네	東海歸人夜看天

청나라 황제가 사냥을 하여 곰을 잡아서 돌아왔는데, 무게가 몇백 근은 되었다. 전체를 바짝 말려 별관(別館)에 웅크려 두었는데, 보는 이들이 모두 뒤로 물러섰다. 그래서 제3구에서 언급한 것이다.

다섯 번째 其五

수많은 기정[166]이 황제의 거처를 호위하고	百隊旗亭拱帝居
유리의 성가는 차거[167]를 뛰어넘네	琉璃聲價軼硨磲

유리(琉璃)는 창(廠) 이름이다.

비록 사해에 동문[168]의 교화가 없다고 해도	雖無四海同文化

165 갈(葛)을 섬기니 : 갈은 옛날 무도한 나라인데, 제(齊)나라 선왕(宣王)이 사대교린(事大交隣)의 도리에 대해서 묻자, 맹자(孟子)가 "탕왕(湯王)은 갈을 섬겼고, 문왕은 곤이(昆夷)를 섬겼다."라고 하고, 이어서 "대국으로 소국을 섬기는 자는 천리(天理)를 즐거워하는 자요, 소국을 가지고 대국을 섬기는 자는 천리를 두려워하는 자이니, 천리를 즐거워하는 자는 온 천하를 보전하고, 천리를 두려워하는 자는 자기 나라를 보전한다."라고 하였다.《孟子 梁惠王下》

166 기정(旗亭) : 시루(市樓)라고도 한다. 관찰 지휘 등의 목적으로 저잣거리에 세운 누각이다. 위에 깃발을 세워 두었다 하여 이렇게 부르는 것이다.

167 차거(硨磲) : 조개의 일종으로, 이를 다듬은 것은 칠보(七寶)의 하나로 장식에 쓰인다.

168 동문(同文) : 제도나 생활 양식 등이 차이가 없어 동등한 입장에 있는 것을 말한

그래도 천년토록 다른 형태의 책들이 모이네　猶市千年異樣書
무지개 기운[169] 비껴서 삼시[170]의 달과 이어지니　虹氣斜連三市月
운황[171]이 멀리 칠향거[172]에 스며드네　芸黃遠沁七香車
월나라 사람에게 장보가 끝내 무슨 소용이랴[173]　越人章甫終何用
변하여 기방의 이유[174]에 저장되었네　兌作箕邦二酉儲

다. 《중용장구(中庸章句)》 제28장에 "지금 천하에는, 수레는 수레바퀴의 치수가 같으며, 글은 문자가 같으며, 행동은 차례가 같다.〔今天下車同軌, 書同文, 行同倫.〕"라고 하였다.

169 무지개 기운 : 좋은 서화(書畫)를 많이 수집하여 보관해 둔 곳에서 나는 광채를 가리키는 말로, 송(宋)나라 미원장(米元章)이 이름난 서화를 많이 모았는데, 그것을 배에다 싣고 강으로 갈 때 밤에 광채가 뻗치는 것을 보고, 사람들이 미가홍월선(米家虹月船)이라 불렀다는 고사가 있다.

170 삼시(三市) : 떠들썩한 시장으로, 대시(大市), 조시(朝市), 석시(夕市)를 말한다. 《주례(周禮)》 〈지관사도(地官司徒) 사시(司市)〉에 "대시는 오후에 여는 시장으로 백성을 위주로 하고, 조시는 새벽에 여는 시장으로 상인을 위주로 하고, 석시는 하오에 여는 시장으로 판부(販夫)와 판부(販婦)를 위주로 한다."라고 하였다.

171 운황(芸黃) : 향초인 운향(芸香)의 노란 꽃을 가리킨다. 꽃잎이 벌레를 쫓을 수 있어서 서책을 보관하는 곳에 필수적으로 비치하였다. 후에 장서를 가리키는 말로도 쓰였다.

172 칠향거(七香車) : 갖가지 향목(香木)이나 향기 나는 도료를 가지고 제작한 수레로, 흔히 화려한 수레를 가리키는 말로 쓰인다.

173 월(越)나라……소용이랴 : 장보(章甫)는 은(殷)나라 때 쓰던 치포관(緇布冠)의 별칭으로, 흔히 선비들이 쓰는 관을 일컫는다. 《장자(莊子)》 〈소요유(逍遙遊)〉에, 송나라 사람이 장보관을 월나라에 가지고 가서 팔려고 했으나 월나라 사람들은 모두 단발(斷髮)을 하고 문신(文身)을 새겼으므로 소용이 없었다는 고사가 있다.

174 이유(二酉) : 대유산(大酉山)과 소유산(小酉山)이다. 전설에 의하면 소유산의 바위 동굴에 서적 수천 권이 있었는데 진(秦)나라 때 어떤 사람이 여기에 숨어서 공부하다가 그대로 남겨 둔 것이라 한다.

여섯 번째 其六

정북향의 신령스러운 언덕이 만 구역을 통솔하니 直北神皐統萬區
오색찬란한 아름다운 기운이 다투듯 서려 있네 榮光休氣競盤紆
그저 천지에 응해 분주히 협력하여 祇應天地紛同力
이미 원명 시대부터 이곳에 도읍을 정하였네 已自元明此定都
남황색 깃발 펼쳐 천만 부대를 구별하고 旗擺藍黃千部別
금벽빛 누대는 구룡이 떠받든 듯하네 樓搖金碧九龍扶
법장사의 높은 탑에 두 눈이 어질하니 法莊高塔雙眸眩
완연히 한 폭의 황주 그림을 대하는 듯하네 宛對皇州一幅圖

일곱 번째 其七

녹수 청운을 멀리까지 바라보고 綠樹靑雲眼目初
유람 위해 때로 태평거를 빌리네 遊觀時借太平車
백성들 풍속은 시장에서 황금 부처를 팔고 民風市賣黃金佛
황제의 뜻으로 못에는 금붕어를 기르네 皇旨陂藏紫鬣魚
남쪽의 연꽃은 병란을 겪은 뒤에도 향기롭고 南內荷香灰劫後
서쪽에서 온 산맥은 태항산 자락일세 西來山脈太行餘
누대가 아무리 아름다워도 내 땅이 아니니 樓臺信美非吾土
꿈에 부상의 해 뜨는 곳으로 찾아가네 夢入扶桑出日墟

여덟 번째 其八

만 리 길 와서 노니는 것 도리어 기이한데	萬里來遊還一奇
웅도라서 작은 고려와는 같지 않네	雄都不似小高麗
군대는 종일토록 겹겹으로 성을 호위하고	軍容盡日層城護
보기는 한밤중까지 늘어선 상점에서 알겠네	寶氣中宵列肆知
회흘의 새로운 화장을 누가 닮을 수 있나	回紇新粧誰得似
서양의 기이한 악보를 자연스레 불어 대네	西洋異譜自然吹
진부한 선비가 어찌 흥망에 대해 논하랴만	腐儒何與興亡事
취한 채 서대[175]에 올라 눈물을 쏟는구나	醉上西臺涕泗垂

회흘(回紇)의 여자가 바야흐로 청나라 황제의 총희가 되었으므로, 편내에서 언급한 것이다.

175 서대(西臺) : 자릉대(子陵臺)로, 송나라 단종(端宗) 때의 절사(節士)였던 사고(謝翶)의 유적이다. 사고는 문천상(文天祥)이 원(元)나라에 대항해 군사를 일으키자 향병(鄕兵) 100여 명을 거느리고 합류하였으며, 문천상이 죽었다는 말을 듣고는 서대에 올라 그의 신주를 마련한 뒤 통곡하면서 초혼(招魂)의 노래를 부르고, 이어서 〈등서대통곡기(登西臺慟哭記)〉를 지었다. 《晞髮集 卷10》

청나라 황제가 합장한 채 부처를 섬기면서 장수하기를 기원했다는 말을 듣고서

聞淸帝合掌事佛以祈益壽云

향 사르고 합장하며 하루가 다 가도록	燒香合掌度朝昏
죽음이 두려운 선우[176]가 세존에게 아첨하네	畏死單于媚世尊
부처의 힘으로 수명을 연장할 수 있다면	若道延年能藉佛
소군[177]은 어찌하여 지금까지 살지 못했나	蕭君何不至今存

176 선우(單于) : 한(漢)나라 때 흉노족을 다스리는 군장(君長)의 칭호인데, 여기서는 청나라 황제를 가리키는 말로 쓰였다.

177 소군(蕭君) : 독실한 불교 신지로서 불교를 중국에 널리 보급하였던 양(梁)나라 무제(武帝)를 가리킨다. 그의 이름이 소연(蕭衍)이기 때문에 이렇게 표현한 것이다.

몽고 태자가 그 빈을 데리고 내조하니, 청나라 황제가 오룡정에 거처하게 하였다. 빈은 매우 정성스럽게 부처를 섬겼다고 한다

蒙古太子率其嬪來朝淸帝處以五龍亭嬪事佛甚謹云

사막의 향기로운 수레가 제궁을 배알하니	沙漠香車謁帝宮
기린 적삼 담비 옷이 봄 하늘에 빛나네	麟衫貂服映春空
사뿐사뿐 걸어서 용정 안으로 들어가니	盈盈步入龍亭內
오경의 갑사 등이 예불하느라 밝네	五夜紗燈禮佛紅

태액지
太液池

패궐[178]에서 나온 빛이 수면에 가지런하니　　貝闕流輝水面齊
요지[179]가 바로 옥동의 서쪽에 있네　　瑤池只在玉蝀西

옥동(玉蝀)은 문 이름이다.

주나라 왕이 반도의 색을 사랑하였다지만[180]　　周王浪愛蟠桃色
연꽃[181]이 비에 젖어 숙여지는 것만 하랴　　爭似芙蓉裛雨低

178 패궐(貝闕) : 조개로 장식한 궁궐로, 하백(河伯)이 사는 용궁(龍宮)을 가리킨다.

179 요지(瑤池) : 곤륜산(崑崙山)에 있다는 전설상의 못으로, 불로불사(不老不死)의 영약(靈藥)을 가졌다고 하는 신화 속의 여선(女仙) 서왕모(西王母)가 그 못에 살았다고 한다. 《史記 大宛列傳》

180 주(周)나라……사랑하였다지만 : 주나라 목왕(穆王)이 천하를 유람하다가 요지에서 서왕모를 만나 극진한 환대를 받았다는 이야기가 《열자(列子)》 〈주목왕(周穆王)〉에 보인다. 반도(蟠桃)는 요지에서 서왕모가 키우는 복숭아로, 3000년에 한 번 꽃이 피고 3000년에 한 번 열매를 맺는데, 이 복숭아를 먹으면 불로장생한다고 한다. 《太平廣記 卷3》 여기서 반도의 색은 목왕이 연정을 품었던 서왕모의 미색을 가리키는 말이다.

181 연꽃 : 당(唐)나라 현종(玄宗) 때 태액지에 연꽃이 가득하였는데, 그 꽃이 활짝 필 무렵 현종이 귀척들과 주연을 베풀고 그 꽃을 완상하다가 좌우 신하들에게 양 귀비(楊貴妃)를 가리키며 이르기를 "어찌 말할 줄 아는 나의 이 꽃만이야 하겠느냐.〔爭如我解語花〕"라고 했던 고사가 있다. 《開元天寶遺事 卷3 解語花》 여기서는 양 귀비를 가리키는 말이다.

두 번째 其二

만사가 끝난 매산[182]에 상서로운 해가 졌는데[183]	萬事煤山瑞日沈
웃음을 짓는 연꽃아, 너는 무슨 마음인가	蓮花獻笑爾何心
빈주에 금은두[184]는 보이지 않고	蘋洲不見金銀豆
환관만이 녹음 아래서 졸고 있네	惟有黃門睡綠陰

182 매산(煤山) : 북경(北京)에 있는 인공산(人工山)으로, 만세산(萬歲山)이라고도 한다. 명(明)나라 말기 이자성(李自成)이 반란군을 이끌고 북경에 쳐들어왔을 때 명나라의 마지막 황제인 의종(毅宗)이 이 산의 동쪽 기슭에서 자결하였다.

183 상서로운 해가 졌는데 : 의종황제가 죽은 것을 비유한 것이다.

184 금은두(金銀豆) : 팥알 크기의 금은으로 된 화폐를 말하는 것으로, 명나라 세종(世宗) 경태(景泰) 연간에 황제가 은두(銀豆), 금전(金錢) 등을 땅에다 뿌려 놓고, 궁인들과 내시들이 다투어 줍게 하는 놀이를 즐겼던 고사가 있다. 《錢通 卷1》

오룡정

五龍亭

피리 소리와 배가 이리저리 떠다니는데　鳳吹龍舟任去留
찬란한 노을 속에 갇힌 오룡루일세　明霞隱約五龍樓
백발에 비로소 속세의 태를 벗으니　白頭始換塵埃骨
분수에 넘치게 균천[185] 속에서 한나절을 노닐었네　分外匀天半日遊

185 균천(匀天) : 균천(鈞天)으로, 하늘나라의 음악인 균천광악(鈞天廣樂)을 말한다. 진(秦)나라 목공(穆公)이 병이 들어 사람을 알아보지 못할 정도였는데, 곧 깨어나서 말하기를 "내가 옥황상제가 있는 곳에 갔더니 매우 즐거웠으며, 여러 신선과 균천광악을 들었다."라고 하였다. 《列子 周穆王 註》 여기서는 황실의 음악을 가리킨다.

법장사 탑에서 황성을 엿보는 노래
法莊寺塔瞰皇城歌

법장사의 탑이여, 어찌 그리도 웅장한가	法莊之塔何壯哉
바위 형세가 하늘을 향해 우뚝하네	石勢撑向中天嵬
그 배 속 빈 공간으로 길 하나가 매달렸으니	其腹空洞一路懸
몇 번이나 돌고 돌아 계단을 올라갔네	躋攀拾級屢盤回
중간은 꽉 막혀 아무것도 안 보이고	中間逼塞無所見
혼돈의 구멍이 위쪽으로 뚫려 있네	混沌之竅上頭開
황성의 수많은 문이며 수많은 가옥까지	皇城千門復萬戶
하나하나 석양 속에서 또렷하게 보이네	一一宛帶斜陽來
서경[186]과 동락[187]인들 어찌 이와 같으리오	西京東洛何如此
시야 가득 펼쳐진 광경에 분주히 배회하네	滿眼光氣紛徘徊
가없는 녹수의 겹겹 그늘 속에	無邊綠樹重陰裏
용루 봉궐[188]이 들쭉날쭉 솟아 있네	龍樓鳳闕參差起
그 아래에는 수레가 날마다 줄을 이으니	其下車轂日相擊

186 서경(西京) : 전한(前漢)의 수도인 장안(長安)을 가리킨다.

187 동락(東洛) : 중국의 낙양(洛陽)을 가리킨다. 한(漢)나라와 당(唐)나라 때는 낙양을 동도(東都)라고 불렀기 때문에 동쪽 낙양, 즉 동락이라고 한 것이다.

188 용루(龍樓) 봉궐(鳳闕) : 용루는 왕세자의 거처 및 왕세자를 가리키는 말이다. 중국 한나라 〈성제기(成帝紀)〉에 나오는 말로, 성제가 태자로 있을 때 계궁(桂宮)에 거처하였는데 임금이 태자를 불러 용루문(龍樓門)으로 나오게 하였다는 데서 비롯하였다. 봉궐은 원래 한나라의 궁궐 이름인데, 후대에는 궁궐의 대명사로 쓰였다.

하늘을 덮은 붉은 먼지가 그칠 때가 없네　紅塵蔽天無時已
꽃구름이 천제의 단에서 흩어지지 않는데　彩雲不散天帝壇
울리는 종소리에 후왕의 마을임을 쉽게 알겠네　鳴鍾易識侯王里
후왕은 천시를 과시하지 마소　侯王且莫誇天時
상제는 믿기 어려워 천명이 자주 옮겨 갔다네[189]　天帝難諶命屢移
영균[190]이 어찌 참으로 죽지 않기를 원했겠나　靈均豈願眞不死
먼 사행길에 시를 지으니 그 뜻이 비장하네　遠遊篇成其意悲

189 천명이……갔다네 : 나라가 망하여 새로운 나라가 개국하는 것을 가리킨다.

190 영균(靈均) : 전국 시대 초(楚)나라 회왕(懷王) 때의 충신이자 문장가인 굴원(屈原)의 자이다. 그는 삼려대부(三閭大夫)로서 직간을 하다가 조정에서 모함을 받아 좌천된 후, 자신의 억울한 심정을 읊은 〈이소(離騷)〉 등을 짓고 상강(湘江)에 투신하여 자살하였다. 《史記 屈原列傳》

장가를 급히 지어서 반정균, 이정원에게 주며 이별하다
走草長歌贈潘庭筠李鼎元爲別

젊어서는 남다른 뜻 품었기에	少小抱奇志
벼슬을 뜬구름처럼 보았었지	軒冕浮雲視
경사 백가를 제법 읽었고	經史百家頗閱歷
금강산 오대산을 마음껏 유람하였지[191]	金剛五臺恣遊戲
한스러운 건 자취가 창문의 벌[192]과 같아서	但恨蹤跡似窓蜂
중국의 인물과 산수를 보지 못한 것일세	不見中州人物與山水
금년에 사신 되어 바쁘게 내달려	今年奉使催叱馭
황성까지 삼천 리 길을 한숨에 왔네	皇城一踔三千里
황성의 남쪽, 사신의 객관이 자그마한데	皇城之南使館小
답답하게 나를 겹겹 문 속에 가두었네	鬱鬱鎖我重門裏

191 금강산……유람하였지 : 번암이 30세이던 1749년(영조25) 오대산 사고(五臺山史庫)에 포쇄관(曝曬官)으로 다녀오는 길에 금강산을 유람한 일이 있다.

192 창문의 벌 : 세상을 널리 보지 못하는 갇힌 신세를 비유적으로 표현한 말이다. 당(唐)나라 때 고령(古靈) 신찬 선사(神讚禪師)가 대중사(大中寺)에서 불경을 공부하다가 행각(行脚)하여 백장 선사(百丈禪師)를 만나 개오(開悟)하였다. 그러고 나서 본사로 돌아오니 옛날에 불경을 가르치던 스승이 아직도 경전만 읽고 있었다. 하루는 그 스승이 창 아래에서 불경을 읽고 있는데 벌 한 마리가 창문의 종이에 부딪치며 밖으로 나가려 하였다. 이에 신찬 선사가 말하기를 "세계가 이렇듯 광활한데 그쪽으로 나가려 하지 않고 낡은 종이를 뚫고 있으니, 나귀의 해에나 나갈 수 있을 것이다.〔世界如許廣闊, 不肯出, 鑽他故紙, 驢年出得.〕"라고 하였다고 한다. 《傳燈錄 卷9 南嶽 百丈海嗣 古靈讚》

때로 건거를 타고 근심을 풀어 보니 有時巾車聊寫憂
찬란한 것은 그저 금은방일세 炫煌只是金銀肆
열흘이 되도록 한산의 돌[193]을 못 만나고 一旬未遇寒山石
휴가 날에 한가로이 법장사를 찾았네 暇日閑尋法藏寺
법장사 안에서 하늘이 기회를 주어 法藏寺裏天借便
중국의 두 학사와 해후하였네 邂逅中州二學士
이후는 다시 아미산의 풀을 시들게 할 만하고[194] 李侯復枯峨嵋草
반자는 속에 야광주[195]를 품었네 潘子中懷夜光寶
한바탕 웃고 오랜 벗처럼 수레를 맞댄 채[196] 一笑傾蓋如故人

193 한산(寒山)의 돌 : 훌륭한 문장을 가리키는 말이다. 한산은 한산(韓山)의 오류인 듯하다. 남조(南朝)의 유신(庾信)이 북방에 사신으로 갔다 왔을 때 사람들이 묻기를 "북방에 문사(文士)들이 어떠하던가?"라고 하니, 답하기를 "한산의 한 조각 비석이 더불어 말할 만하고, 그 나머지는 당나귀 울고 개 짖는 것과 같다."라고 한 고사가 있다. 한 조각 비석은 온자승(溫子昇)이 지은 한산사(韓山寺) 비문을 가리킨다. 《古今事文類聚 別集 卷13》

194 아미산(峨嵋山)의……만하고 : 두보(杜甫)의 〈검각(劍閣)〉이라는 시의 "주옥이 중원으로 가 버리자, 민산과 아미산의 기운이 쓸쓸해졌네.〔珠玉走中原, 岷峨氣悽愴.〕"라는 구절의 의사를 차용하여 상대를 주옥같은 인물에 비유한 것으로 보이나, 자세한 뜻은 미상이다.

195 야광주(夜光珠) : 밤에도 빛이 나는 아주 좋은 구슬로, 반정균의 문장이 아주 좋음을 뜻하는 말로 쓰였다. 진(晉)나라 갈홍(葛洪)이 육기(陸機)의 문장을 평하여 "육기의 문장은 현포적옥(玄圃積玉) 같아서 야광주가 아닌 것이 없다."라고 하였다. 《何氏語林 卷7 文學》

196 수레를 맞댄 채 : 덮개가 맞닿을 정도로 수레를 가까이 기울여 대화를 한다는 뜻으로, 처음 교제하는 사람끼리 뜻이 맞아 단번에 옛 친구처럼 된 것을 말한다. 《사기(史記)》 〈추양열전(鄒陽列傳)〉에 "속담에 '백발이 되도록 오래 사귀어도 처음 만난 사람 같고, 수레를 기울이고 잠깐 이야기하더라도 오랜 친구 같다.'라는 말이 있는데,

종횡무진 필담하며 회포를 풀었네	縱橫筆談傾懷抱
문득 자석 같은 친밀한 교분을 허락하고	密契便許投磁針
곧바로 저호[197]를 가벼이 여기던 옛 우의를 맺고자 했네	古誼直欲輕紵縞
해가 저물기 전에 갑자기 헤어지니	白日未暮遽分手
돌아오며 서운하여 오래 돌아보네	歸來黯黯長回首
한림관을 기약하는 약속은 공연히 부질없고	後期空負翰林館
이별의 뜻은 양관의 술잔[198]을 잡지 못했네	別意未把陽關酒
사신이 일어나 보니 명성이 지기에	行人起視明星沒
수레 몰며 다시 부상의 나무를 향하네	驅車復指扶桑樹
수레 앞 압록강엔 파도 소리 일어나고	車前鴨水波聲起
지난 일은 아득히 꿈속처럼 여겨지네	茫茫往事如夢裏
인생에서 이런 만남은 이미 천금과 같거늘	人生此會已千金
몹시도 만족을 모르면 사치가 아니런가	苦不知足無乃侈
그저 원하건대 살아서든 죽어서든 잊지 말고	但願生死兩不忘
인편이 있으면 자주 안부 편지나 주고받세나	有便頻寄相思字

이정원은 촉(蜀) 지방 사람이므로, 편내에서 언급하였다.

이것은 무슨 뜻이겠는가. 그것은 서로를 알아주느냐 알아주지 못하느냐에 달려 있다." 라고 한 것에서 나왔다.

197 저호(紵縞) : 저는 삼베로 만든 옷이고, 호는 흰 비단으로 만든 허리끈이다. 서로에게 주는 귀한 선물을 가리키는 것으로, 오(吳)나라의 계찰(季札)이 정(鄭)나라의 자산(子産)에게 호대(縞帶)를 보내니, 자산이 이에 저의(紵衣)로 보답하였다는 고사에서 온 말이다. 《春秋左氏傳 襄公29年》

198 양관(陽關)의 술잔 : 친한 벗과 나누는 술을 말한다. 391쪽 주18 참조.

반정균이 평하기를 "기세가 장강대하(長江大河)나 태산화악(泰山華岳)과 같다. 일필(一筆)로 베껴 내니, 참으로 한유(韓愈)와 소식(蘇軾)과 같은 역량이 있다."라고 하였다.

〈연경잡영(燕京雜詠)〉에 대해 평가하기를 "웅위(雄偉) 걸출(傑出)하니, 대가의 솜씨이다."라고 하였다.

지은이 **채제공(蔡濟恭)**

1720년(숙종46)~1799년(정조23). 조선 후기의 문신으로, 본관은 평강(平康), 자는 백규(伯規), 호는 번암(樊巖)·번옹(樊翁)이며, 시호는 문숙(文肅)이다. 1743년 정시 문과에 병과로 급제하여 승문원 권지부정자에 임명되면서 관직 생활을 시작하였다. 1748년 11월 영조의 특명으로 시행한 한림 소시(翰林召試)에서 수석을 차지하여 예문관 검열과 대교가 되었고, 이후 대사간, 한성부 판윤, 병조 판서, 예조 판서, 호조 판서 등을 역임하였다. 1780년 역적 홍국영과의 친분, 사도세자에 대한 신원 주장으로 공격을 받자 사직하고, 명덕산(明德山)과 노량(鷺梁) 등지에서 은거하였다. 1788년 우의정이 되었으며 2년 후 좌의정으로 승진하면서 3년간 혼자 정승을 맡아 국정을 운영하였다. 영조가 사도세자의 죽음을 후회하여 기록한 〈금등(金縢)〉을 정조와 함께 보관할 유일한 신하로 채택될 만큼 두 국왕의 깊은 신임을 받았으며, 정조의 탕평책을 추진한 핵심적인 인물이었다. 사후인 1801년 황사영 백서 사건(黃嗣永帛書事件)으로 관작이 추탈되었다가 1823년 영남만인소로 신원되었다. 문장은 소차(疏箚)에 능했고, 시풍은 위로는 이민구(李敏求)·허목(許穆), 아래로는 정약용(丁若鏞)으로 이어진다고 한다.

옮긴이 **권경열(權敬烈)**

건국대학교 경제학과를 졸업하고, 한국학중앙연구원 부설 한국학대학원에서 문학 석사 학위를 받고, 동 대학원에서 박사과정을 수료하였으며, 민족문화추진회 국역연수원 연수부와 상임연구부를 졸업하였다. 성균관대학교 존경각에서 고서담당 사서로 근무하였고, 한국고전번역원 번역사업본부장으로 재직 중 이다. 번역서로 《매천집 3》, 《가례향의》, 《오음유고》, 《국조상례보편》(공역) 등이 있고, 〈한국고전번역의 특성과 과제〉, 〈문집 번역시 산견되는 저자 중복 사례 및 저자 비정〉 등의 논문을 발표하였다.

번암집 4

채제공 지음 | 권경열 옮김

2021년 12월 31일 초판 1쇄 발행

발행인 신승운 | 발행처 한국고전번역원
등록 2008. 3. 12. 제25100-2018-000049호
주소 (03310) 서울시 은평구 진관1로 85
전화 02-350-4800 | 팩스 02-350-4994 | 홈페이지 www.itkc.or.kr

연구총괄 양기정 | 연구기획 김지민 | 자문 정선용

책임편집 하현주 | 편집진행 김태훈 신진호 김지수
편집교정 박성희 송숙희 | 조판 김지현 이순미 | 제작 김형석
디자인 씨디자인 | 인쇄 ㈜대유기획인쇄

값 20,000원
ISBN 978-89-284-0858-0 94810
978-89-284-0427-8 (세트)